本书由四川省哲学社会科学重点研究基地——社会治理创新研究中心"人民法庭参与基层治理研究"（项目编号：SHZLZD2206），四川省高等学校人文社会科学重点研究基地——基层司法能力研究中心项目"社会治理视域下人民法庭参与基层治理实证研究"（项目编号：JCSF2022-01）资助出版

人民法庭嵌入基层治理研究

RENMIN FATING
QIANRU JICENG ZHILI YANJIU

张邦铺　著

知识产权出版社
全国百佳图书出版单位
——北京——

图书在版编目（CIP）数据

人民法庭嵌入基层治理研究/张邦铺著.—北京：知识产权出版社，2023.6
ISBN 978-7-5130-8704-9

Ⅰ.①人… Ⅱ.①张… Ⅲ.①法庭—社会管理—研究—中国 Ⅳ.① D926.2

中国国家版本馆 CIP 数据核字（2023）第 048008 号

内容提要

如何进一步完善人民法庭制度，充分发挥人民法庭推动基层治理方面的职能，是目前人民法院司法改革面临的重要课题。本书通过实证考察和研究，客观呈现出当前人民法庭嵌入基层治理的状态，并积极探索人民法庭嵌入基层治理运行的新模式，为人民法庭的进一步改革提供借鉴。

责任编辑：李 叶　　　　　　　　责任印制：孙婷婷

人民法庭嵌入基层治理研究
张邦铺　著

出版发行：知识产权出版社有限责任公司		网　址：http://www.ipph.cn	
电　话：010-82004826		http://www.laichushu.com	
社　址：北京市海淀区气象路50号院		邮　编：100081	
责编电话：010-82000860转8745		责编邮箱：laichushu@cnipr.com	
发行电话：010-82000860转8101		发行传真：010-82000893	
印　刷：北京中献拓方科技发展有限公司		经　销：新华书店、各大网上书店及相关专业书店	
开　本：720mm×1000mm　1/16		印　张：22	
版　次：2023年6月第1版		印　次：2023年6月第1次印刷	
字　数：320千字		定　价：98.00元	

ISBN 978-7-5130-8704-9

出版权专有　侵权必究
如有印装质量问题，本社负责调换。

前 言

当前，人民法庭主要设立在乡村社会，是人民法院司法为民的派出机构，其参与社会治理能够提升司法权威和推动社会治理现代化。需要说明的是，人民法庭通过审理案件化解矛盾纠纷，亦可称为广义的社会治理方式。将"人民法庭参与社会治理"这一主题置于社会治理的框架内，观察其是如何适切地将裁判职能延伸至庭外的非诉讼事务处理之中。人民法庭驻扎在社会治理的最前线，是人民法院参与社会治理的重要窗口，肩负着基层社会治理创新的重大责任。发挥好人民法庭在基层社会共建、共治、共享中的作用，既是人民法庭认真履行自身职能的应有之义，也是全面推进依法治国的必然选择。人民法庭积极参与社会治理创新，为经济社会发展提供强有力的司法保障和司法服务。人民法庭社会治理职能本质上以审判职能为基础，是审判职能的延伸，其实质是基层人民法院合理配置司法资源、结构功能重构、回应社会司法需求的深层次创新。如何进一步完善人民法庭制度，充分发挥人民法庭推动基层治理方面的职能，是目前人民法院司法改革面临的重要课题。

一、相关研究的学术史梳理及研究动态

人民法庭制度作为中国特色司法制度的重要内容，对其进行系统研究的成果

越来越多。透过以往研究可以发现,人民法庭在基础建设、工作机制改革、司法方式创新等方面都有长足的发展。有的研究在某一个横截面上展开,如人民法庭在政治、文化、物质方面的建设与管理,在审判业务方面的发展与改革;有的研究专注在某个层次,如人民法庭的功能定位、运作过程、社会影响等;有的研究着重对人民法庭的历史现状进行梳理与描述;有的研究主要为了查找问题并给予建议。最高人民法院近年来对人民法庭各项建设的全面加强,证明人民法庭制度正焕发出新的生机和活力。

目前,对人民法庭制度的研究仍显不足,新时代应当重新审视人民法庭的地位与功能。人民法庭是基层社会治理的中枢,不仅承担着基层法院绝大多数普通民商事案件的一审工作,而且作为社区法院,承担着大量社会公共职能,与地方治理和民生息息相关。人民法庭是司法与基层社会治理实现良性互动的媒介,是实现司法权威与行政权威与民间权威协调、融合的最佳场域,是基层司法自发变革的缩影。

学者对人民法庭有一定研究,但仍有如下不足之处。第一,从研究角度来看,现有成果较少将本书主题置于国家治理体系和治理能力现代化的大背景下,分析人民法庭延伸服务职能。第二,从研究内容来看,缺乏对人民法庭职能运行模式的探索及人民法庭嵌入基层治理实现路径的研究。虽然有的研究认为审判就是人民法庭的固有角色与功能,但为什么应当如此、是否可以改变、改变了能不能解决问题等诸多问题还没有得到充分说明。带着这些思考,本书试图对人民法庭在基层社会的角色与功能进行新的理解与阐释。新时代背景下亟须对人民法庭功能价值与路径完善进行深入探究。借用"嵌入性自主"的理念,本书将基层治理称为"嵌入式自治",在将嵌入式治理应用于基层治理过程中,分析治理过程中的现实困境。第三,从研究方法来看,已有研究在运用量化研究方法对人民法庭嵌入基层治理运行的现状及效果进行定量评估方面较为薄弱,从实证的角度做系统、全面研究的文献还是比较匮乏。综上,本书主题存在较大的研究空间和现实性。

二、独到学术价值和应用价值

"人民法庭作为基层人民法院的派出机构,是服务全面推进乡村振兴、基层社会治理、人民群众高品质生活需要的重要平台,也是体现中国特色社会主义司法制度优越性的重要窗口。加强新时代人民法庭工作,有利于夯实党的执政基础,巩固党的执政地位;有利于满足人民群众公平正义新需求,依法维护人民群众权益;有利于以法治方式服务、巩固、拓展脱贫攻坚成果,全面推进乡村振兴;有利于健全覆盖城乡的司法服务网络,促进基层治理体系和治理能力现代化。"❶

(一)学术价值

第一,党的十九大报告指出:"中国特色社会主义进入新时代,我国社会主要矛盾已经转化为人民日益增长的美好生活需要和不平衡不充分的发展之间的矛盾……人民美好生活需要日益广泛,不仅对物质文化生活提出了更高要求,而且在民主、法治、公平、正义、安全、环境等方面的要求日益增长。"人民法庭应成为预防和化解社会矛盾纠纷的阵地与平台。人民群众司法需求越来越多,司法需求的多样性与人民法庭职能定位不适及发挥不充分之间产生了显性矛盾。因此,应重新界定人民法庭职能,充分发挥其在案件审理执行、指导调处矛盾纠纷、参与辖区社会治理体系和治理能力的现代化建设等方面的作用。人民法庭作用的发挥能够在很大程度上满足基层社会解决生活中所产生的多种社会纠纷的需要。

第二,坚持和完善共建、共治、共享的社会治理制度。社会治理是国家治理的重要方面,提升基层社会治理水平是实现国家治理体系和治理能力现代化的应有之义。最高人民法院出台《关于为实施乡村振兴战略提供司法服务和保障的意见》,并先后召开人民法庭专题工作会议,对人民法庭提出服务全面推进乡村振兴、服务基层社会治理、服务人民群众高品质生活需要的要求,同时对人民法

---

❶ 《最高人民法院关于推动新时代人民法庭工作高质量发展的意见》。

庭参与、服务、促进基层社会治理作出具体安排和部署。面对新形势、新任务和新要求，人民法庭参与、服务和促进基层社会治理意义重大。作为人民法院最基层的单位，人民法庭始终站在化解矛盾纠纷、服务人民群众的第一线，处在推进社会治理、促进乡村振兴的最前沿，是巩固基层政权、维护社会稳定的重要法治力量。人民法庭驻扎在社会治理的最前线，人民法庭所确立的司法权威对基层社会治理创新具有其他机关不可替代的公信作用。我们必须全面加强人民法庭的工作，以改革创新之法解决好推进社会治理体系和治理能力现代化这个重大课题。发挥好人民法庭在基层社会共建、共治、共享中的作用，是人民法庭认真履行自身职能的应有之义。人民法庭是基层治理创新工作的参与者、推动者、保障者，发挥着化解社会矛盾等作用。在全面推进依法治国的进程中，人民法庭应充分发挥司法职能，提升司法权威、延伸审判职能、创新司法服务、建立诉调机制，从而有效推进基层治理创新工作。人民法庭应在立足审判职能的基础上，嵌入基层社会治理体系和治理能力现代化建设，充分发挥在依法治理中的纽带作用和多元纠纷解决机制中的主导作用。

第三，党的十九大报告提出坚持全面依法治国，深化司法体制综合配套改革。因此，应以坚持全面依法治国的战略高度为视点，合理定位人民法庭的职能。在当前司法体制改革的环境之下，人民法庭是司法体制改革"关键的关键"，其关系到司法体制改革的成败。然而人民法庭的改革重点在法庭的职能创新方面。在职能定位方面，应在回归诉讼事务与非诉讼事务兼具的同时，更加注重通过非诉讼手段化解社会矛盾，参与到社会治理中。党的十九大报告提出，健全自治、法治、德治相结合的乡村治理体系。在乡村振兴的战略背景下，人民法庭参与社会治理的实效性是目前备受关注的论题。

（二）应用价值

第一，研究人民法庭嵌入基层治理有助于人民法庭职能的科学定位，明确人民法庭的职能建设，充分发挥人民法庭在多元化纠纷解决机制中的纽带作用。

第二，人民法庭作为人民法院的派出机构根植于基层，最为直接地体现了司法为民、公平正义。结合司法实践，应加强人民法庭审判职能社会延伸。人民法庭作为基层司法服务的一个窗口，置身于国家治理和社会治理是其本质属性和分内职责，不能就案判案，而要寓审判权力行使和社会管理服务于一身。

第三，考察人民法庭嵌入基层治理的现状，有利于推进基层治理的发展与完善。因此，研究人民法庭嵌入基层治理，对于进一步认知基层司法的复杂性、多元性和独特性具有"窥管见豹"的样本意义，对推进社会治理体系和治理能力现代化具有现实意义。

CONTENTS

目 录

第一章 ▲ 人民法庭的职能定位 / 001

第一节　文献综述 …………………………………………… 002
第二节　人民法庭职能定位的历史演变 …………………… 004
第三节　人民法庭职能定位的困境 ………………………… 008
第四节　人民法庭职能发挥面临的困境 …………………… 011
第五节　人民法庭职能定位的实现路径 …………………… 013
第六节　反思与展望：对人民法庭职能定位的再思考 …… 018

第二章 ▲ 人民法庭在基层治理法治化中的作用 / 020

第一节　人民法庭在基层治理法治化中的现状 …………… 021
第二节　人民法庭在基层治理法治化中的作用 …………… 022
第三节　人民法庭推进基层治理法治化的路径 …………… 026

第三章 ▲ 人民法庭职能运行的问题及改革 / 033

第一节　人民法庭职能运行存在的问题 …………………… 033

第二节　人民法庭司法运行面临的主要问题 …………………… 035
第三节　人民法庭职能运行存在问题的原因 …………………… 037
第四节　人民法庭职能创新路径 ………………………………… 038
第五节　人民法庭职能运行改革的具体思考 …………………… 041

第四章　人民法庭运行模式优化　/ 046

第一节　人民法庭运行模式尚不成熟 …………………………… 048
第二节　对人民法庭运行模式优化的思考 ……………………… 057
第三节　打造具有中国特色的人民法庭运行模式 ……………… 059

第五章　人民法庭诉源治理　/ 073

第一节　人民法庭参与诉源治理的理论基础与功能定位 ……… 074
第二节　Ｃ市Ｓ区人民法院"五区法庭"参与诉源
　　　　治理的实证分析 ………………………………………… 081
第三节　人民法庭参与诉源治理所面临的困境 ………………… 090
第四节　优化人民法庭参与诉源治理的路径 …………………… 098

第六章　人民法庭诉调对接纠纷解决机制　/ 109

第一节　诉调对接纠纷解决机制的正当性解读 ………………… 109
第二节　Ｓ省Ｐ县法院人民法庭诉调对接纠纷解决机制的
　　　　具体运行 ………………………………………………… 112
第三节　人民法庭诉调对接纠纷解决机制运行的实证分析 …… 117
第四节　人民法庭诉调对接纠纷解决机制的完善 ……………… 127

第七章 ▲ 人民法庭民商事案件繁简分流机制 / 134

第一节　民商事案件繁简分流的价值与考量　…………　136
第二节　人民法庭民商事案件繁简分流机制存在的问题　…………　143
第三节　人民法庭民商事案件繁简分流机制的完善建议　…………　151

第八章 ▲ 人民法庭一站式多元化纠纷解决机制 / 162

第一节　一站式多元化纠纷解决机制的意义　…………　162
第二节　一站式多元化纠纷解决机制的应用现状　…………　164
第三节　一站式多元化纠纷解决机制的运行困境　…………　170
第四节　一站式多元化纠纷解决机制的完善对策　…………　177

第九章 ▲ 人民法庭智慧化建设 / 192

第一节　建设智慧法庭的背景　…………　193
第二节　对智慧法庭相关概念的基本认知　…………　195
第三节　建设智慧法庭的必要性　…………　199
第四节　智慧法庭的构架　…………　204
第五节　智慧法庭的现状　…………　208
第六节　智慧法庭发展的困境　…………　212
第七节　智慧法庭的完善　…………　217

第十章 ▲ 人民法庭指导人民调解 / 223

第一节　人民法庭指导人民调解的必要性 ········· 224
第二节　人民法庭指导人民调解的现状 ············ 227
第三节　人民法庭指导人民调解工作的完善 ······ 236

第十一章 ▲ 人民法庭巡回审判制度 / 252

第一节　人民法庭巡回审判制度的演变与价值 ··· 252
第二节　马锡五审判方式 ································ 261
第三节　人民法庭巡回审判制度的现状 ············ 268
第四节　人民法庭巡回审判制度的完善 ············ 272

第十二章 ▲ 人民法庭审执一站式诉讼服务 / 278

第一节　人民法庭一站式诉讼服务的现状 ········· 278
第二节　人民法庭一站式诉讼服务的意义 ········· 288
第三节　人民法庭审执一站式诉讼服务的完善 ··· 291

第十三章 ▲ 人民法庭助力乡村治理 / 306

第一节　人民法庭参与乡村治理的困境 ……………………… 307
第二节　人民法庭助力乡村治理 ……………………………… 313
第三节　人民法庭推进"三治融合" …………………………… 327

参考文献　/ 330

后　记　/ 336

第一章 ▲ 人民法庭的职能定位

　　人民法庭的职能是指人民法庭应有的作用或功能，是指按照法律规定，人民法庭在工作中具有相应的职权及需承担相应的责任。人民法庭对外仍然突出法庭的审判职能，对内则由其开展的各项以实现审判职能为目的职能体系。人民法庭的主要职能是以审判工作为中心，积极参与社会治理创新，为经济社会发展提供坚强有力的司法保障和司法服务。人民法庭的职能由国家根据社会发展和政治需要进行设计，本质上由其自身具备的特点和所处环境决定，也深受历史传统和特征的影响。随着社会的变迁，人民法庭的功能也需要根据时势变化再定位和予以调整。尤其在新时代全面实现依法治国的背景下，迫切需要重塑人民法庭的职能并探寻实现路径，以更适应人民的司法需求和政治现实需要。各种纠纷矛盾尤其是基层社会的矛盾呈现出多元化、多发性和化解难度大的特征，与基层民众日益增长的司法需求相比，人民法庭现有的司法能力和司法运作方式显得越来越不堪重负。因此，如何充分发挥人民法庭在多元化矛盾纠纷化解体系中的纽带作用显得特别重要。以人民法庭职能为视角，从人民法庭面临的问题着手，在对人民法庭设置的现状和职能定位进行研究的基础上，探索以快速处理案件、多元化解纠纷、合理能动司法、升级司法服务为路径，在传承现有人民法庭职能的基础上，构建新的人民法庭职能体系。

第一节 文献综述

人民法庭受学者关注的程度并不高。现有的研究多是关于人民法庭的对策性文章，其关注点主要集中在人民法庭的设置及其存废等具体问题上。纵观研究我国人民法庭制度的相关文献，2005年徐智慧撰写的题为"我国人民法庭制度研究——从实证的角度"硕士论文，以人民法庭制度建设为调查对象，对人民法庭制度建设从历史考察、存在的必要性与正当性基础、现状透视、存在问题的原因，以及人民法庭制度的改革与完善等方面作了比较系统全面的论述。谭世贵和邵俊武认为，人民法庭工作存在着简易程序滥用、审判方式改革措施得不到落实、法官队伍业务水平低下、独立行使审判权受干扰很大、法庭建设造成了财力和物力的浪费、受自身条件制约容易滋生司法腐败等诸多问题，主张人民法庭应予取消。❶❷章武生提出，每乡设一个法庭，用调解仲裁等替代性纠纷方式处理纠纷，便于人们对简单纠纷的解决，与人民调解组织形成某种互补，即其主要观点是将人民法庭的主要职能由审判转变为调解仲裁。❸然而，与此恰恰相反的是，最高人民法院近年来对人民法庭各项建设的全面加强，证明新时期我国人民法庭制度正焕发出新的生机和活力。高其才、周伟平、姜振业在《乡土司法》一书中，以参与式观察获得的材料为基础，以内在视角从法庭概况篇、法庭法官篇、法庭运作篇三方面对人民法庭进行了详细的实证分析，涉及人民法庭的内部结构、外部关系、自身运行、整体特点，探讨了社会变迁对基层司法的影响及人民法庭、司法本身在社会变迁中的功用，但该书主要还是为了探求"乡土司法"的

---

❶ 谭世贵.中国司法改革研究[M].北京：法律出版社，2000：136.

❷ 邵俊武.人民法庭存废之争[J].现代法学，2001（5）：147.

❸ 章武生.基层法院改革若干问题研究[J].法商研究：中南财经政法大学学报，2002（6）：46.

内涵和特点，对我国人民法庭制度的研究仍显不足。顾培东教授提出，在新的历史条件下，应当重新审视人民法庭的地位与功能。人民法庭改革有助于恰当实现基层人民法院在地方社会治理中的职能。❶ 李鑫、马静华指出，人民法庭不仅是一个颇具我国特色的司法装置，同时更是一个顺应时代需要的司法创造，它不仅是制度型塑的产物，还是司法回应社会公众需求的积极创新，更是司法与基层社会治理实现良性互动的媒介，是实现司法权威与行政权威和民间权威协调、融合的最佳场域，是基层司法自发变革的缩影。人民法庭可以成为新一轮司法改革政策与具体实践的结合点。❷ 在以往的研究中，一些研究指出，人民法庭的存在与运行始终遵循着一套政法逻辑。自2009年以来，最高人民法院明确要求"人民法庭应当积极主动开展法律服务，创新法律服务形式和途径，变被动为主动，大力提高法律服务质量和水平，把人民法庭建设成为联系广大农民群众、满足农民群众司法服务需求的重要阵地和平台"。对此，学界也存在争议。虽然有的研究认为这就是人民法庭的固有角色与功能，但为什么应当如此、是否可以改变、改变了能不能解决问题……很多问题还没有得到充分说明。带着这些思考，笔者试图对人民法庭在基层社会所扮演的角色及其功能进行新的理解与阐释。

总之，我国人民法庭制度从创立到现在，对我国人民法庭制度持批判态度并主张撤销的学术理论比较多，但真正对我国人民法庭制度特别是就近年来人民法庭的发展现状，从实证的角度做系统、全面地研究的文献还是比较匮乏。

---

❶ 顾培东.人民法庭地位与功能的重构[J].法学研究，2014（1）：29.
❷ 李鑫，马静华.中国司法改革的微观考察——以人民法庭为中心[J].华侨大学学报（哲学社会科学版），2016（3）：51.

第二节 人民法庭职能定位的历史演变

制度的产生需回应社会现实需求，符合社会形势的制度才具有生命力，才能对社会有积极的促进作用。纵览半个多世纪以来我国人民法庭产生与发展的实际状况，人民法庭经历了不同形势下的变迁，人员、配置及职能定位都有区分。人民群众认识司法公正和司法权威是具体的，大部分通过身边法庭的工作和法官的行为来衡量和感知。

一、不同历史时期人民法庭的职能定位

（一）中华人民共和国成立初期作为政府领导下的临时特别法庭的职能定位

1949—1954 年，人民法庭的性质为县（市）人民法院民事庭、刑事庭以外的特别法庭，直接受县（市）人民政府的领导，同时又是县（市）人民法院的组成部分，负责审理特定领域的刑事犯罪及有关土地改革的案件，普通民事、刑事案件仍由民事庭、刑事庭受理。其职能定位为完成特定的审判任务而临时设立的特别法庭，特别法庭受政府领导的同时又是人民法院的组成部分，待特定审判任务完成后由省级人民政府以命令撤销。此时人民法庭职能定位为：审理特别案件的临时特别法庭，与人民法院民事庭、刑事庭共同审理案件，实际上享有针对特别案件的独家管辖权。

（二）改革开放前作为人民法院派出机构的职能定位

1954—1976 年，作为基层人民法院的派出机构，人民法庭是在 1954 年《中

华人民共和国人民法院组织法》（简称《人民法院组织法》）中正式确立的，1966—1976年法庭基本处于停滞状态。该法第十七条规定："基层人民法院根据地区、人口和案件情况，可以设立若干人民法庭。"这是我国立法第一次对人民法庭制度作出规定。之后的《人民法院组织法》各修订版均未对此条加以变动。此条也是人民法庭得以存续的根基。到1963年，最高人民法院制定的《人民法庭工作试行办法（草稿）》才得以公布，其中第四条规定，人民法庭的任务为审理一般的民事案件和轻微的刑事案件；指导人民调解委员会的工作，对人民调解委员会调解达成的协议，如果违背政策、法律、法令的，应当纠正或撤销；进行政策、法律、法令宣传；处理人民来信，接待人民来访；办理基层人民法院交办的事项。对于反革命，需要判处刑罚收监执行，需要判决离婚或不离婚，有关干部、知名人士、归国华侨等人员四类案件人民法庭无管辖权。总的来说，此时期人民法庭职能定位为：审理民事案件和轻微刑事案件，指导人民调解委员会，法制宣传，处理人民来信、来访等。

（三）改革开放到20世纪90年代末人民法庭的职能定位

这一历史时期，人民法庭得到大量的恢复和重建，到1998年11月，全国共有人民法庭17 411个，法庭干警达75 553人。❶此时，人民法庭的设置逐步变得合理、稳定，硬件设施得以改善，同时，人民法庭的职能得以进一步明确。1992年最高人民法院工作报告指出："人民法庭……承担着全国百分之八十以上的民事案件和百分之三十五以上的经济纠纷案件和部分刑事自诉案件的审判任务，还要指导人民调解委员会工作，参与社会治安综合治理，处理大量民间纠纷。"1993—1997年，全国人民法庭共受理一审案件10 074 984件，占全国法院受理一审案件总数的50.27%。其中一审民事案件占全国法院受理一审民事案件总数的56.97%，经济纠纷案件占全国法院受理一审经济纠纷案件总数的

---

❶ 胡夏冰.充分发挥人民法庭功能和作用［N］.人民法院报，2012-07-18（02）.

36.36%，一审刑事自诉案件占全国法院受理一审刑事自诉案件总数的 33.43%。❶ 该工作报告对人民法庭如何参与社会治安综合治理并没有直接规定，只是规范了法院参与的八种方式，人民法庭的方式也基本上在这八种方式范围之内。❷ 由此可见，这个历史时期人民法庭职能定位为审理民事（含经济）案件、刑事自诉案件、指导人民调解工作、参与社会治安综合治理。

（四）21 世纪初至今人民法庭的职能定位

21 世纪初至今，人民法庭处于发展与转型时期，其职能定位变得越发清晰。人民法庭职能定位集中体现在 1999 年 7 月 25 日最高人民法院印发的《关于人民法庭若干问题的规定》的通知，该规定对人民法庭的职能进行了规范。2005 年 9 月 23 日，最高人民法院印发《关于全面加强人民法庭工作的决定》的通知，再次加强了对人民法庭的规范力度，将现代规则之制完全应用于法庭。此时期人民法庭职能包括：审理民事案件和刑事自诉案件，有条件的地方可以审理经济案件；办理本庭审理案件的执行事项；指导人民调解委员会的工作，对发现人民调解委员会调解民间纠纷达成的协议有违背法律的，应当予以纠正；通过审判案件、开展法制宣传教育、提出司法建议等方式，参与社会治安综合治理；办理基层人民法院交办的其他事项。2014 年 12 月 4 日，《最高人民法院关于进一步加强新形势下人民法庭工作的若干意见》提出始终坚持司法为民，切实发挥人民法庭的审判职能；积极参与基层社会治理，切实发挥人民法庭桥梁纽带和司法保障

---

❶ 任鸣.我国人民法庭工作面临新的挑战［J］.法律适用，1999（1）：21.

❷ 1985 年 4 月 3 日在第六届全国人民代表大会第三次会议上，最高人民法院工作报告指出，"人民法院参加对社会治安进行综合治理的其他工作，主要有以下几项：第一，及时正确调解处理人民内部纠纷，加强对人民调解委员会的业务指导……第二，通过公开审判，运用典型案例进行广泛的法制宣传教育。第三，派法院干部到学校、工厂、商店、乡村讲法制课……举办法制学习班……第四，对判处缓刑、管制、免刑的犯罪分子进行考察，协助有关部门落实监管措施。第五，对有轻微违法犯罪的人落实帮教措施。第六，接受法律咨询，解答机关、团体、企事业单位、个人提出的有关司法问题，介绍法律知识，提供法律服务。第七，根据罪犯劳改中的表现，对确有悔改的，依法减刑，对抗拒改造、构成犯罪的，依法严惩。以促进他们的分化瓦解，改恶从善。第八，开展司法建议活动"。

作用；牢牢把握司法为民、公正司法工作主线，代表国家依法独立公正行使审判权，是人民法庭的核心职能；依法支持其他国家机关和群众自治组织调处社会矛盾纠纷，依法对人民调解委员会调解民间纠纷进行业务指导，积极参与基层社会治理，是人民法庭的重要职能。2021年9月13日，《最高人民法院关于推动新时代人民法庭工作高质量发展的意见》，提出"坚持'三个服务'。紧扣'三农'工作重心历史性转移，发挥面向农村优势，积极服务全面推进乡村振兴；紧扣推进国家治理体系和治理能力现代化，发挥面向基层优势，积极服务基层社会治理；紧扣新时代社会主要矛盾新变化，发挥面向群众优势，积极服务人民群众高品质生活需要"。此时期人民法庭职能定位为：审理民事（经济）案件和刑事自诉案件，执行本庭案件，指导人民调解委员会工作，参与社会治安综合治理（以审判案件、开展法制宣传教育、提出司法建议等方式）。

二、大而全到缩小版的基层法院：人民法庭职能定位的演变轨迹

从整个人民法庭的职能定位演变可以看出，人民法庭职能主要包括审判职能、指导人民调解委员会职能、法制宣传职能、参与社会治安综合治理职能等。随着职能不断增多，人民法庭俨然演变为"缩小版的基层法院"。从人民法庭的审判职能来看，职能范围逐步扩大。就民事案件而言，在民商分立之前，人民法庭经历了从一般民事纠纷到民事和经济纠纷都管辖的演变历程，从审理排除特定的离婚案件、身份特殊的民事案件向民事案件转变，在民商合一后法庭可以审理大民事范围内的案件；就刑事案件而言，经历了从判决结果排除管辖向审理刑事自诉案件的转变；就执行案件而言，经历了从无到有的发展历程。就指导人民调解委员会工作而言，经历了不断规范化的历程，依据由政策、法律、法令缩小为法律，方式由应当纠正或撤销缩小为纠正，确认人民调解协议效力的程序逐渐规范和正规；法制宣传职能由单独进行政策、法律、法令宣传，转变为作为人民法庭参与社会治安综合治理的一种方式、方法；参与社会治安综合治理职能由附属

基层法院向三种主要方式参与的转变。在立审执分立的贯彻上，从方便当事人诉讼、降低诉累出发，法庭在一定程度上存在立、审、执合一的工作模式。按照上述职能演变历程，人民法庭与基层法院相比，审判业务职能除行政案件外基本涵盖立、审、执各个环节，人民法庭已演变成缩小版的基层法院。

第三节 人民法庭职能定位的困境

从宪法的规定看，我国人民法庭的职能作用是十分清晰的，其基本职能是依法从事案件的审判和执行活动。然而，并不能由此推断出人民法庭职能仅限于此。指导调解、法制宣传、提出司法建议等都在人民法庭工作范围内，甚至存在被辖区基层政府当成职能部门从事行政活动导致职能变形与异化的现象。人民法庭的职能界定是否全面准确、界限是否清晰明了和作用是否及时有效等问题，都需要从细处着眼，由实践评价，从而观察、揣摩、分析人民法庭职能运作的良性轨道。

一、人民法庭审判职能设置与机关庭审判职能同一化，人民法庭乡土司法特性被削弱

经过大规模撤并后留存的法庭，其职能配置、管辖案件类型和案件难易程度与机关庭无异，仅以地域作为划分依据明显有失偏颇。人民法庭作为基层法院的派出机构，处在法院工作的最前沿，具有与基层联系最密切、与人民群众接触最直接的显著优势。其与机关庭同质化的特性导致优势难以突出，人民群众难以从法庭中感受到便捷、亲民的司法服务。邻里纠纷、家庭矛盾等这些乡土社会的小矛盾，在法庭职能未凸显的情形下，从法庭到机关庭久拖不决无法及时化解的隐忧，如同只需到乡镇卫生所打针吃药的小病症，却偏偏要拖延导致病情加重到城关医院医治。

二、审判职能定位未体现民事审判庭与人民法庭层级，致使指导缺失

按照《最高人民法院机关内设机构及新设事业单位职能》的规定，民事审判庭指导人民法庭办案相关工作。最高人民法院1993年发布的《马原副院长在全国民事审判工作座谈会上的讲话》也再次重申和强调了基层法院民事审判庭和中级以上法院民事审判庭对人民法庭指导工作要重视、落到实处。然而事实上，提出要求到落到实处，时间过去二十多年，直到现在四级法院民事审判庭没有出台一个指导人民法庭工作的规范性文件。

究其根源就在于民事审判庭和人民法庭的职能定位和区分存在问题：一是人民法庭除承担民事案件审判外，还可以审判一定的刑事案件、执行，也可以直接立案，而民事审判庭仅负责民事案件审理，导致被指导一方的义务范围实际超出指导一方，民事审判庭指导难以落到实处和得以充分发挥；二是人民法庭除承担审判外，还承担其他职责，这些职责范围同样也超出了民事审判庭的工作范围，同样超出民事审判庭指导的范围；三是民事审判庭和人民法庭在审理民事案件上没有实质区分，难、简案都在审理，并且民事审判庭和人民法庭法官存在双向流动，在处理疑难复杂案件的能力方面，民事审判庭较人民法庭并无显著的优势，民事审判庭对人民法庭的指导难以使法庭信服；四是指导工作一般是上下级之间，基层法院民事审判庭与人民法庭处于同一个位阶上，这让基层法院民事审判庭对人民法庭的指导有违传统；五是由于下级法院人民法庭情况千差万别，基层法院民事审判庭指导缺位，致使上级法院民事审判庭虽与人民法庭有职级上的差距，但由于缺乏有效的信息沟通机制和平台，导致上级法院民事审判庭的指导也只是负有职责，无法发挥指导职能。

三、职能定位与"两便"原则关系处理不当

"两便"原则（即便于人民群众诉讼、便于人民法院审判）是我国设立和配置

人民法庭职能的出发点，也是指导人民法庭职能发挥的立足点。一方面，对"两便"原则本身之间的关系，在司法实践中存在只重一面的现象，往往强调一面而忽视另一面。在改革开放之前法庭发展迅猛，确实方便了当事人诉讼，但也存在诸多司法不规范现象。改革开放后，案多人少、矛盾凸显，法庭不规范导致的弊端逐步显现。通过大规模撤并和规范化建设，法庭的职能运作呈现出规则之治的趋势，强调诉讼程序的规范，遵循举证规则，随之而来的是现代司法规则之制在乡村社会的弊端开始显现。有学者指出："人民法庭审判工作已开始出现一种与农村的实际、农民的实际相脱离的倾向，对诉讼中的各种形式要件强调到了不适当的地步。巡回就地办案正在逐渐为坐堂问案所取代，方便群众、方便诉讼的'两便'原则正在逐渐被淡忘，人民司法的光荣传统面临着被丢弃的危险。"❶ 因此又出现了向方便当事人诉讼一端回归。就人民法庭而言，便于当事人诉讼是基础、是根本，便于人民法院审判则应建立在方便当事人诉讼基础之上，如果法庭不能以方便当事人为根基，就会存在生存危机。因此，要正确处理两者的关系，同时要不断丰富"两便"原则的内涵，尊重审判规律，提高审判效率，且要方便人民群众诉讼。另一方面，从职能定位角度来看，现行职能定位模式并没有从"两便"原则出发进行职能配置，而是基本沿用基层法院的职能对人民法庭的职能进行设置。

四、职能过分求全，缺乏针对性和适用性

一方面，人民法庭审案范围大而全，人民法庭审理案件疲于应对。人民法庭审判职能涵盖基层人民法院在其管辖的一审民商事、刑事自诉和执行案件，忽视了法庭辖区的纠纷特点、人员配备、审判水平状况对法庭管辖案件的影响，过分求全，导致许多法庭的案件管辖范围从审理简易民商事案件、轻微刑事自诉案件扩展为无论繁简难易的民商事案件、刑事自诉案件，只要是发生在人民法庭所

---

❶ 杨平忠，欧阳顺乐. 新时期加强人民法庭建设的基本思路 [J]. 人民司法，2000（10）：24.

辖区域内，都由其审理或执行，直接导致人民法庭难以应对与日俱增的乡村社会矛盾，裁判案件的质量无法得到根本保证。另一方面，除审判职能外的其他职能发挥因精力有限无法正常履行，指导人民调解委员会的工作也仅仅停留在确认人民调解协议效力或为完成相关工作任务而临时开展，三种方式参与社会治安综合治理，往往也是为了完成工作任务被迫参与或者为了与当地党政搞好关系不当参与。例如，以法制宣传的方式参与社会治安综合治理，人民法庭采取的普遍方式就是摆摊设点，出现与司法所法制宣传混同的趋势。人民法庭的职能定位应紧紧围绕执法办案、"两便"原则进行，不求其全但求其用。

第四节 人民法庭职能发挥面临的困境

在全面推进依法治国的大背景下，法治是国家治理的基本方式，治理的重心在基层，基层治理法治化的水平影响着国家政策目标的实现。新时代背景下，人民法庭始终坚持"代表国家依法独立公正行使审判权"的核心职能，服务于基层治理。当然，人民法庭发挥职能也面临一些困境。

一、人民法庭职能难以满足基层社会的司法需求

随着全面依法治国和社会治理能力现代化步伐的不断推进，社会公民的法治素养和维权意识也在与时俱进地增强。人民法庭作为人民法院的基层单元，承担着大量的基层矛盾纠纷案件的审判任务和调解任务，既要时刻关注社会动向和最新政策，进行裁判理念方式转变，又要位于基层一线，贴近群众，积极协调配合辖区党委政府开展社会基层治理工作，及时把握和反馈社情民意，能动调处矛盾纠纷。总而言之，时代进步、任务量增加、工作要求提高并行，但目前人民法庭

在司法资源配置上并未完全匹配工作要求,在审理裁判案件上和参与社会治理上后劲不足,并不能完全高度匹配人民群众的现实司法需求。

二、人民法庭司法能力不足

2005年,《最高人民法院关于全面加强人民法庭工作的决定》的颁布,导致人民法庭数量减少,尤其是取消了区、县城区法庭,一方面使得人民法庭成为了彻彻底底的乡村法庭而面临"边缘化"的危机,另一方面造成人民法庭和基层法院机关民事庭之间的区别仅为地域差别,使得人民法庭的审判任务大大增加。人民法庭人员配置能力不足、化解纠纷的能力和技巧经验不丰富等,严重制约人民法庭科学、良好发展。很多人民法庭开展矛盾纠纷调解工作,也特别注重调解工作,但调解的方式和方法还有待进一步完善。部分人民法庭目前的功能等同于机关庭,存在与机关庭"同质化"现象。

三、诉讼外解纷组织的配置保障不完善

解纷组织人员配置不完备。目前还没有形成全覆盖的多部门、多层面的组织体系,纠纷解决机制尚未覆盖企业用工、建筑等各行各业和各基层组织。此外,队伍整体素质有待加强。一方面表现在解纷人员来源不确定,更换调整频繁,且解纷人员主体结构单一,行业内专职解纷人员零星存在,律师、社会志愿者等专业解纷人员较为缺乏。另一方面是没有明确规定各类人员的资质要求,只是采用"综合能力强、责任心强、有一定调解能力"这样概括的说法,导致调解队伍的人员素质和水平参差不齐。

第五节 人民法庭职能定位的实现路径

如何在新的历史条件下，重视和发挥人民法庭这一"基层法院中的基层法院"的功能与作用，从而更好地适应基层社会对审判工作的实际需求，加强司法审判与基层社会的融合与互动，并为中国特色司法审判制度的形成与完善提供局部性经验，成为亟须解决的问题。人民法庭具有政治和司法双重功能，它直接面向基层，面向广阔农村和城市社区。

一、围绕"新两便"重新定位法庭职能

传统"两便"原则中便于人民群众诉讼具体表现在以下三个方面：司法组织便民，即民事审判机关和审判组织的设置尽量接近人民，如基层人民法院设置人民法庭；司法活动便民，即民事司法活动的方式方法便于人民群众进行诉讼活动，如就地审判、巡回审判等；司法程序便民，即各种民事诉讼程序规则，要通俗易懂、言简意赅、手续简便。❶便于人民法院审判体现在：便于法院独立行使审判权；便捷的诉讼程序；相对宽泛的法官职权，赋予人民法院对程序进行的控制权，防止诉讼迟延、恶意诉讼、虚假诉讼等；发展替代性纠纷解决方式，切实减轻法院的审判压力；追求实质正义。

《最高人民法院关于全面加强人民法庭工作的决定》中提出，坚持"便于当事人诉讼，便于人民法院依法独立、公正和高效行使审判权"的"新两便"原则。"新两便"原则蕴含了诉讼效率理念、多元纠纷化解理念（协同主义）、司法主体性理念。根据"新两便"原则的要求，法庭职能定位为以便捷的方式方便人民群众参诉办事，大力提高审判效率，就地、就近、快速维护人民群众合法权

---

❶ 熊先觉.司法制度与司法改革［M］.北京：中国法制出版社，2003：77.

利；转变司法方式，采取有助于维护当事人在司法程序中的主体地位、降低司法强制性的方式增强司法的民主性，采取尊重乡土社会实际、遵循司法审判规律在乡村采取柔性司法的方式增强司法的可接近性，增加民众对司法的信任感，提升司法公信力；合理运用多元化纠纷解决机制，增加人民群众纠纷解决渠道，降低纠纷解决成本；认真履行法院组织法赋予的法制宣传职责，坚持以随案说法的方式开展法制宣传。

人民法庭在人员合理化配置基础上，从案件快速处理、纠纷联动化解等实际工作内容出发，建立规范化的职能定位体系。

二、探索新时代人民法庭职能运行的新模式

探索人民法庭职能定位的理论创新，着力构建一套更加符合新时代要求的人民法庭功能构架及运行机制，是新时代人民法庭职能运行的需要。在公正司法和参与基层治理的基础上，可以结合实际需要与客观情况朝三个方向发展。一是基层司法多元化纠纷解决中心方向，即为适应新时代社会矛盾的复杂形态与环境，主动改变人民法庭过去单纯依赖执法办案的矛盾化解方式，形成"以执法办案为主轴，以多元化矛盾纠纷解决机制为配套，符合当地客观情况与特点"的纠纷化解机制，使人民法庭具备多元化解基层矛盾纠纷的综合能力，能够从最基层、从人民群众身边去化解社会矛盾，营造一个法治、公平、稳定的社会环境。二是基层司法为民综合服务中心方向，即为满足新时代人民群众对于优质、便捷、高效法律服务的需要，主动改变人民法庭过去主要依靠审判的单一服务结构，形成"以提供案件审判服务为中心，提供优质、便捷、高效的司法配套服务为特点，贴近当地群众需求与期望"的综合服务结构，能够把最好的综合化司法服务直接送到人民群众的身边，把司法为民的"最后一公里"建设成为"畅通无阻、环境优美的高速公路"。三是基层司法制度创新试验中心方向。方向引领未来，新时代人民法庭的路径选择必须符合新时代发展方向。

三、人民法庭职能定位的实现路径

新时代背景下，应找到人民法庭的职能定位并分析其运作方式的影响因素及职能发挥的障碍因素，找到司法改革的突破口和侧重点，探索新时代人民法庭职能运行的新模式，以为研究司法改革问题提供新的视角。此外，应坚持矛盾纠纷源头治理、多元化解，将司法触角尽力向外延伸，充分发挥审判职能在基层治理中的作用。人民法庭应当围绕化解矛盾纠纷主旨主责，以"着重创新基层社会治理机制"为突破点，积极构建"功能复合型"新型人民法庭。

（一）人民法庭的设置要坚持便于当事人诉讼的基本原则

人民法庭的位置设置要充分考虑辖区的人流量和经济发展水平、外来务工人员和当地户籍人员的比例问题。一般城乡结合部基层矛盾纠纷主要集中在房屋土地拆迁纠纷、邻里纠纷、劳资纠纷等，人民法庭的职能设置要充分根据矛盾纠纷案件的受理类型加以调整。

（二）对案件快速处理的思考

面对司法资源的有限性、案多人少的现实，必须大幅度提高审判效率，快速处理案件。快速处理案件的核心就是案件的繁简分流制度和速裁程序。而案件繁简分流的核心就是人民法庭审简单案件、民事审判庭审复杂案件，这样可以有效地解决民事审判庭在指导人民法庭工作上存在的错位问题，解决人民法庭初任法官应对复杂和新类型案件能力不足问题，提高基层人民法院应对新类型和复杂案件的能力。案件的快速处理，一方面不仅将人民法庭从繁重的审判任务中解脱出来，让其有更多的精力开展其他相关工作；另一方面高效解决纠纷可以赢得人民的信任，树立人民法庭的良好形象，一定程度上缓解司法资源的稀缺性问题和裁判效果的有效性问题。同时，通过高效审案，可以大大提高以审判案件的方式达到法制宣传教育和参与社会综合治理的良好效果。因此，人民法庭职能创新的重点和中心就是案件快速处理。

（三）大力推进"诉非衔接"工作

人民法庭应当立足司法本职，充分发挥审判职能，加大对其他纠纷解决机制提供专业指导的力度，为基层调解保驾护航。积极发挥人民法庭在多元化纠纷解决机制中的主导和核心作用，充分运用现有的大调解机制，深入推进"诉非衔接"工作，落实调解优先、调解到位的工作思路，发挥各级调解组织作用，加大对人民调解工作的指导力度，通过人民调解、行政调解、行业调解等多种途径调处矛盾纠纷，将诉讼手段和非诉讼手段有效衔接，力争矛盾纠纷解决在萌芽状态。及时将多元化纠纷治理纳入社区街道综合治理中去，切实做好基层的矛盾纠纷排查调处工作。积极主动加强同当地派出所、司法局、综合治理办公室等基层组织沟通联系，形成合力，纠纷共治。另外，就社区调解成功的案件，及时做好司法确认，固定调解成果，做好诉非衔接，节省司法资源。重视对社区、乡村、司法所等基层调解组织的指导、培训工作，以各街道、乡镇为支点，依托现有的网格管理模式，加强非诉讼解纷人才的专业培养和储备；充分发挥好民间法律服务志愿者的力量，与基层调解员一起参与纠纷化解工作；整合社会资源和民间智慧，以法治思维和法治方式参与基层矛盾纠纷多元化解，将矛盾源头化解着力点锁定在基层，充分融合法治、德治、自治，强化道德示范和法律预测功能。

（四）对宣传随案说法的思考

人民法庭是基层治理、司法为民的服务者，应该以人民法庭自身的审判工作为核心，利用自身的优势来开展法制宣传，通过审判达到法制宣传、教育案件当事人及人民群众的目的。人民法庭可以考虑采取群众乐于接受的、具有创新想法的宣传手段，如"走进法庭听庭审""送法上门"等生动活泼的宣传教育形式，能达到更好的宣传效果，提升群众的遵法守法意识，从源头上减少矛盾纠纷的产生，切实做好司法为民。人民法庭可以利用多样化的庭审形式开展法制宣传工作，如巡回法庭、以案释法、坝坝法庭等，从而正向引导基层群众遵法守法，并积极履行法定义务。依据辖区内案件的类型划分巡回审判的地点，特别是注重审理发案率较高的案件、发案率较高的地方、地区特色的典型案件等，变传统的坐堂问案为走进田间地头开展多样化形式的审判工作，用民众喜闻乐见的方式宣传法制，起到"审理一案教育一片"的效果。

（五）健全、完善诉讼服务体系

人民法庭位于基层，是靠近人民群众的最前沿，只有将现代化诉讼服务资源下沉，守护好人民法庭"第一道防线"，才能真正提升司法公信力。人民法庭参与社会治理日渐增多，与基层人民群众工作联系密切，人民群众对司法的期待要求很高，将增强服务意识上升到人民法庭应有的服务职能已经刻不容缓。因此，应不断提升人民法庭信息化建设水平，通过依托线下、线上诉讼服务中心，自助服务终端，家庭电脑和移动客户端等平台，充分运用互联网、人工智能、大数据等先进信息技术，构建诉讼服务新模式，努力实现对乡村诉讼服务全覆盖，推动司法便民工作再上新台阶。深入探索"线上＋线下"立体化审判新模式，推动起诉、立案、举证、质证、开庭、裁判、执行全程在线化运行，切实方便当事人诉讼。人民法庭的服务全域覆盖核心就是服务的零距离、网格化、基层满覆盖。通过服务全域覆盖改变人民群众对人民法庭的看法和态度，提升法院形象和司法公信力，促进人民法庭职能作用的更有效发挥。

第六节 反思与展望：对人民法庭职能定位的再思考

在新时代背景下，如何进一步发展和完善人民法庭制度，充分发挥人民法庭在解决社会矛盾纠纷、推动基层社会治理方面的职能，是值得思考的重要课题。

一、人民法庭职能定位需首先满足群众的司法需求

人民法庭应秉持能动司法的理念，在遵循基层司法基本规律的基础上，主动回应基层社会发展的需求。应延伸司法审判职能，走出法庭，通过司法建议、参与社会综合治理等形式服务于地方、服务于民众。例如，满足民众对法制宣传的需求，充分认识审判与开展法制宣传、法制培训的内在良好互动联系；紧抓纠纷联动化解，注重从源头治理并预防，满足民众基层一线第一时间诉讼服务的需求；满足乡村社会的司法需求，不仅当定分止争的裁判员，还应为辨法析理的宣传员、社情民意的调查员。

二、以法院与法庭层级职能划分为有效抓手

重新定位和设计法院与法庭之间的层级关系，注重厘清机关庭与人民法庭之间的职责关系，以合理的职责配置和有效的审判资源整合，充分发挥机关庭的审判指导功能和人民法庭的纠纷快速处理功能。

三、以创新法院参与基层治理为重要途径

在法庭布局上打破行政区域的限制，创造性地构建基层司法区域，最大限度消减对基层司法的不当干预。精心搭建并充分利用诉调对接中心，依托大调解平台协调行政调解、人民调解和社会调解等各种纠纷化解机制，有效促成纠纷在诉前合理分流，以平和的方式得到解决。

四、立足审判职能，嵌入基层治理

人民法庭是基层诉源治理能动参与者、司法为民服务者、法治思想践行者。纠纷产生前，围绕服务基层治理层次开展以下三项工作。一是为人民群众开展法治宣传工作，提升人民群众的法治意识，培育"无讼"土壤；二是为民间调解组织、行业调解组织、志愿服务组织等开展法律知识培训，为基层诉源治理工作储备力量；三是围绕社区发展治理、产业功能区建设、乡村振兴战略实施、民生事业发展、生态环境治理等区域重点工作为基层治理决策上提供法律建议和指引。人民法庭参与地方治理，更应当积极主动地为当地党委政府建言献策，及时高效地服务于党委决策，并通过纠纷化解专报形式、提出合理司法建议形式，能动参与社会治理。人民法庭在审执工作开展过程中，发现问题应及时向有关单位或个人提出司法建议，这是人民法庭职能工作的延伸和提升，也是人民法庭参与社会治理的重要手段，包括对人民代表大会立法、政府制定规范性文件提出立法建议，向企业组织、行业协会提出管理建议，向行政部门提出规范行政行为的建议等。人民法庭针对一些苗头性、倾向性问题所提的司法建议，应以尽力减少和消除矛盾纠纷和风险防范、推进社会治理体系和能力现代化为主旨。

第二章 ▲ 人民法庭在基层治理法治化中的作用

人民法庭是人民法院"基层的基层",是我国最前沿的审判力量,是参与基层社会治理的重要力量。基层社会治理是一个庞大的系统工程,是全社会共同的责任,社会各方力量都应参与其中,以有效地预防和减少纠纷,遏制违法,制止犯罪,实现社会的长治久安。人民法庭作为人民法院"基层的基层",应作为参与基层社会治理的重要力量、身处社会治理的第一线,推进社会治理。人民法庭作为多元化解纷机制建设的重要参与力量,要充分发挥司法在多元化纠纷解决机制建设中的引领、推动和保障作用,为促进经济社会持续发展、全面建成小康社会提供有力的司法保障。2014年,《最高人民法院关于进一步加强新形势下人民法庭工作的若干意见》明确将"积极参与基层社会治理,是人民法庭的重要职能"确定为人民法庭的职能。最高人民法院原院长周强强调:"要充分认识人民法庭在基层政权建设和基层治理中的重要意义,要始终坚持司法为民……要积极参与基层社会治理。针对广大农村'熟人社会''人情社会'的特点,人民法庭要在坚持合法自愿的基础上,着力加强调解工作,妥善处理民间纠纷,积极修复邻里关系,让大量矛盾纠纷通过调解等方式得以化解。"[1]第四次全国人民法庭工作会议强调,人民法庭积极参与社会治理,要立足法定职责,促进完善自治、法

---

[1] 周强. 最高人民法院党组召开会议专题学习贯彻孟建柱同志在第三次全国人民法庭工作会议上的重要讲话精神[N]. 法制日报, 2014-07-26(01).

治、德治相结合的城乡基层治理体系，促进法治乡村建设。2021年，《最高人民法院关于推动新时代人民法庭工作高质量发展的意见》，指出人民法庭作为基层人民法院的派出机构，是服务全面推进乡村振兴、基层社会治理、人民群众高品质生活需要的重要平台，也是体现中国特色社会主义司法制度优越性的重要窗口，并再次强调人民法庭应积极服务基层社会治理。可见，积极参与基层社会治理，是人民法庭发挥自身职能、实现自身价值的内在体现。

第一节　人民法庭在基层治理法治化中的现状

一、审判辅助人员的能力有限

从人民法庭审判辅助人员现有的能力上看，法官还不能从事务性的工作中解放出来。笔者在旁听人民法庭审理案件时，发现书记员在庭审的记录过程中频繁出现错误，导致承办法官不得不多次向其提出纠正意见。一个缺乏专业知识的书记员，不仅没有为法官分担工作，还增加了法官的工作负担。

二、审判人员自身的审判能力有限

从人民法庭审判人员自身的力量来看，自从法官员额制以后，审判人员的数量急剧下降。而立案登记制度施行以来，人民法庭所受理的案件数量呈现井喷式的增长。这使得人民法庭内"案多人少"的矛盾尤为突出。另外，人民法庭审判人员的审判能力也有待提高。

三、人民法庭的机构建设不足

人民法庭的审判庭虽然在建设时处于麻雀虽小、五脏俱全的状态，但随着录音录像设备、电子显示屏等新设备的引进，审判庭的格局就显得有些拥挤了。有的审判庭设计得过于狭窄，以致挂上电子显示屏后，半个国徽都被遮挡住。还有的人民法庭审判庭的数量过少，在一个法官人均每年办理三四百件案子的人民法庭，却只有一个审判庭，这显然是不能满足法官开庭需求的。

四、未充分发挥法治宣传教育功能

人民法庭的法治宣传教育往往流于形式，为了完成任务而进行宣传。一方面，人民法庭的宣传手段单一。人民法庭的法治宣传教育往往局限于特定的时间和特定的地点，通过摆点、讲座等灌输方式普法，效果并不尽如人意。另一方面，人民法庭忽略了法治宣传教育的核心阵地——庭审。庭审是人民法庭进行法治宣传教育的核心阵地，庭审的仪式感强化了法律的庄严肃穆，对人民法庭实现法治宣传的效果而言大有裨益。人民群众旁听庭审，是法官进行法治宣传教育的良好契机。但许多人民法庭的法官忽视了这一点，在进行法治宣传教育时并未给予庭审足够的重视。

第二节 人民法庭在基层治理法治化中的作用

一、依托司法审判功能，化解社会矛盾

人民法庭是国家行使司法权并参与司法活动的重要载体。司法活动的核心

功能是审判，而审判的首要任务是定分止争、维护社会秩序。传统司法理论认为，司法权仅是判断权的一种，否认了其直接参与社会治理的功能，并且社会治理与司法权的联系微乎其微。但是，倘若我们站在宏观视角观察，考究国家的产生及其功能，考究司法权的国家属性及其作用，便能得出不同结论。司法权从产生之时就成为国家实施社会治理最行之有效的手段之一。司法权是国家行使权力的重要环节，究其本质，也是社会治理中难以泯灭的重要组成部分。司法产生于纠纷，其基本功能在于解决纠纷。但是，司法功能却不是僵化不变的，各国的司法制度随着其政治、经济、社会的发展变化而不断调整。刑事、民事和行政三大诉讼程序的合法行使，及时处理了社会纠纷，化解了社会矛盾。因此，依托人民法庭的审判职能对社会生活进行调控规制，本身就是一种社会治理。近年来，人民法庭受理的案件数量持续呈现大幅上涨的趋势，现有的审判资源难以承受，使"案多人少"的矛盾越发激化。同时，以诉讼为代表的传统司法资源严重不足，单纯靠传统方式难以摆脱当前人民法庭所面临的捉襟见肘的处境，必然导致案件审、结、执的质量出现偏差。面对工作任务日益繁重的局面，人民法庭切实运用好诉讼调解这一化解社会矛盾的有效方式，着力形成全员、全程、全方位的"大调解"立体式工作格局，促使当事人和谐化解纠纷，真正做到案结事了。通过建立专业化、现代化法庭，促进社会纠纷公正、高效解决。同时，可以运用互联网和大数据技术，探索智慧法庭建设，进而提高解决纠纷的效率。

二、依托司法监督功能，促进依法行政

政府机关作为行使国家行政权的重要部门，是社会治理的重要主体。在制度建设的过程中，务必要高度重视其对治理工作的监管职能。人民法院在监督方面具有法律赋予的权力和职能：一方面，人民法院可以在行政诉讼过程中针对具体行政行为进行合法性审查与合理性审查，进而监督行政机关；另一方面，人民法院务必要充分发挥作用，把确保群众权益与推动依法行政二者有机地统一起来，

致力于从根本上控制有关纠纷的发生，将其消灭在萌芽状态。近年来，学术界从多角度、深层次分析了社会治理问题，包括实现社会治理的具体方法措施，对于实践具有指导意义。过于依靠政府部门的行政权力，严重掣肘了社会治理措施的应有成效。人民法院是行使司法权的主体之一，其本身具有稳定性与中立性，在实现社会治理的过程中发挥"先锋"作用，是人民法院应承担的历史责任。目前，法院受理的新类型案件大量增加，在一定程度上反映了不同社会领域的管理过失，一些可能进一步影响社会稳定的源头性、苗头性问题在法院审理案件的过程中暴露无遗。人民法院通过向行政机关提出司法建议，引导其及时完善监管，弥补相关领域的管理漏洞。具体来看，一要理顺党委、政府和法院的关系，对矛盾纠纷进行合理分流，拓宽解决纠纷的渠道和方式，充分利用人民法院解决社会纠纷的优势，巩固其在社会矛盾纠纷解决体系中的重要地位。二要采取多元化纠纷解决方式方法，完善司法调解、人民调解、行政调解"三位一体"的"大调解"工作格局，使三种调解方式无缝衔接。三要加强各纠纷解决主体的互联互动，构建多形式、多渠道、多层次的社会矛盾纠纷解决机制。四要通过建立信息共享反馈制度，综合运用法律、经济、行政手段，最大限度地减少不利因素。

三、依托司法指引功能，指导社会行为

人民法院所作出的审判对于整个社会而言具有重要的引导作用。人民法院的司法行为本身并不能直接产生利益，但却能够在过程中充分发掘、确保利益，同时领悟生活真谛、传播司法精神，继而达到提升社会价值的神圣高度。通常来讲，人民法院的工作被称为社会与经济发展的"晴雨表"，它能够全面综合社会动态信息，及时通过案例具体情况了解社会纠纷的种类、数量、发展趋势等内容，并且能够实时掌握社会中出现的各种新老矛盾。通过落实司法调研、发布典型案例、实行司法建议等措施，有效推动行业自律等"软法之治"，从而为整个社会的发展与进步提供有效依据，最大程度上对政府机关、社会团体，以及公民

个体等行为起到规范引导作用。

四、依托司法整合功能，推进协同治理

传统的功能主义理论认为，司法具有"整合"作用。但是，人民法院在参与社会治理创新过程中，其整合作用将以何种方式有效发挥尚不明了。要想改善当前窘境，司法部门需要进一步梳理自身的功能及实现各种功能的方式、方法，同时重视与其他系统之间的沟通与交流。当前，我国面临着所谓"司法繁荣"的乐观现象，其深层次却凸显出资源不当配置的棘手问题，将司法由"最后一道防线"前移。具体而言，基层法院建立与完善多元纠纷解决体制是实现社会治理工作的创新之举，这种体制的核心即为法治，包含解决矛盾的具体途径与方法。这些方法互相关联、互相促进，共同形成了一股巨大的治理能量，为化解社会矛盾提供多元的选择可能，通过综合运用多种手段为选择者提供指导和支持。当前，人民法院已经逐步发展成为化解多元纠纷的主体力量，通过人民调解、行政调解、商事仲裁、劳动仲裁等多种形式解决非诉讼争议。基层人民法院通过依法指导人民调解委员会执行相关业务，在推行多元化纠纷解决机制的初期发挥着重要作用。基层人民法院应当整合各种解决纠纷的方式，进一步提高工作效率。多元化纠纷的多种解决方式能够在很大程度上促进社会各方主体的团结协作，实现资源共享与优势互补，从而减轻法院的工作压力，进一步提升司法公信力。因此，人民法院在办理业务过程中不能就案办案、机械司法，把后续赘余问题推向社会，造成案结事不了的尴尬局面，引发不必要的社会问题。人民法院应当在积极整合社会各种资源的基础上，重视在诉讼之外解决纠纷。例如，与地方人民政府、司法行政部门、行业组织及调解组织等相互协作、共同发力，最大限度解决社会纠纷与矛盾。

第三节 人民法庭推进基层治理法治化的路径

湖北省人民代表大会常务委员会《关于充分发挥人民法庭作用 促进基层社会治理的决定》❶明确人民法庭在基层社会治理中的定位、任务、作用，完善人民法庭参与基层社会治理的体制机制，加大保障支持力度，规范人民法庭参与基层社会治理的方式及路径，助力提高基层治理社会化、法治化、智能化、专业化水平。该决定逐项细化了人民法庭参与基层社会治理的路径方式。第一，履行审判职能，定分止争，是人民法庭参与基层社会治理最直接、最有效的方式。第二，参与基层社会矛盾纠纷化解工作是人民法庭立足审判职能，参与基层社会治理工作的重要途径。第三，依托司法裁判加强法治宣传教育是人民法庭助力基层社会治理法治化的有效手段。第四，立足审判职能，参与基层平安建设是人民法庭参与、促进基层社会治理的有力举措。第五，助力乡村振兴和法治乡村建设是新形势下人民法庭参与、促进基层社会治理的新任务和新要求。第六，服务基层社会治理法治化，为基层社会治理提供决策参考是人民法庭发挥专业优势，参与基层社会治理的重要载体。2021年，《最高人民法院关于推动新时代人民法庭工作高质量发展的意见》提出人民法庭要积极服务基层社会治理。第一，"推动健全基层社会治理体系。坚持和发展新时代'枫桥经验'，积极融入党委领导的基层治理体系，充分利用辖区党委组织优势，与城乡基层党组织广泛开展联建共建，推进基层党建创新与基层治理创新相结合，强化党建引领基层治理作用，促进完善中国特色基层治理制度。推广'群众说事、法官说法''寻乌经验'等做法，依

---

❶ 由2021年7月30日湖北省第十三届人民代表大会常务委员会第二十五次会议通过。以省级人民代表大会常务委员会以地方立法形式加强和支持人民法庭工作，为人民法庭服务基层社会治理提供方向指引、路径支撑、保障支持，这在全国尚属首例。

托'街乡吹哨、部门报到、接诉即办'等基层治理机制，推动司法资源向街乡、村镇、社区下沉。充分运用平安建设考核和创建'无讼'乡村社区等政策制度，服务基层党委政府以更大力度加强矛盾纠纷多元化解机制建设"。第二，"明确参与基层治理途径。立足人民法庭法定职责，依法有序参与基层社会治理。对没有形成纠纷但具有潜在风险的社会问题，可以向乡镇、社区有关单位提出法律风险防控预案；对已经发生矛盾纠纷的社会问题，可以提出可能适用的法律依据以及相应裁判尺度，但是不宜在诉讼外对已经立案的纠纷提出处理意见；对审判、执行、信访等工作中发现普遍存在的社会问题，应当通过司法建议、白皮书、大数据研究报告等方式，及时向党委、政府反馈，服务科学决策"。第三，"加强源头预防化解矛盾。加强辖区多发常见类型化纠纷的源头治理，形成源头预防、非诉挺前、多元化解的分层递进前端治理路径。强化与当地乡镇街道的衔接、与综治中心的协同，充分利用网格化管理机制平台，及时掌握和研判综治矛盾纠纷信息，发挥网格员、特邀调解员作用，促进基层纠纷源头化解。充分运用人民法院调解平台等工作平台，推动人民法庭进乡村、进社区、进网格，广泛对接基层解纷力量，形成基层多元解纷网络，在线开展化解、调解、司法确认等工作。推动人民调解员进人民法庭、法官进基层全覆盖，加强委托调解、委派调解的实践应用，充分释明调解优势特点，引导人民群众通过非诉讼方式解决矛盾纠纷"。第四，"加强基层法治宣传。推动建立以人民法庭为重要支点的基层社会法治体系，充分利用专业优势，加强对特邀调解员、人民调解员等在诉前或者诉中开展调解工作的指导，引导支持社会力量参与基层治理。通过巡回审判、公开审理、以案说法、送法下乡等活动，增强基层干部群众法治观念和依法办事能力。发挥司法裁判示范引领功能，推动裁判文书网、人民法庭信息平台与普法宣传平台对接，加强法治宣传教育，推动社会主义核心价值观和法治精神深入人心"。第五，"完善相关纠纷审理规则。人民法庭在案件审理过程中，遇到审理依据和裁判标准不明确等类型化问题，可以及时按程序报告。高级人民法院应当依照民法典、乡村振兴促进法等法律规定，对辖区内反映强烈、处理经验成熟的问题以纪要、审判指南、参考性案例等方式及时明确裁判指引。最高人民法院应当适时就重点法律适用问题出台司法解释或者其他规范性文件"。

一、创建新时代"枫桥式"人民法庭

"发动和依靠群众,坚持矛盾不上交"的"枫桥经验","经历了五十多年的发展,根据不断变化的情况,枫桥的内涵经验不断的升华,成为综合治理的全国政法战线的一面光明的旗帜"。在全面依法治国新形势下,劳动用工、婚姻家庭、农村土地、山林权属、城市化建设等引发的基层矛盾纠纷,呈现多元化、复杂化、群体化等特点,人民群众亟须专业化的法律服务和多元化的矛盾纠纷化解形式。人民法庭更要坚持走群众路线,将马锡五审判方式和"枫桥经验"相结合,创建新时代"枫桥式"人民法庭。

"枫桥式"人民法庭,应该是结合人民群众的司法需求,加强与基层人民调解组织、党委政府的协调联动,形成矛盾纠纷化解合力,提供更高效率、更低成本的矛盾纠纷化解途径,将矛盾纠纷就地化解。依托智慧法院建设,运用微法院等线上平台,形成线上线下,诉前诉中,"前后有序衔接、运转规范协调"的全流程诉讼服务机制,提供高效便民的司法服务。将人民法庭的诉源治理工作纳入矛盾纠纷多元化解的社会综合治理大格局中,依法延伸审判职能,依托城乡四级网格化体系,构建群众多元参与、共建共治共享的基层政法综治一体化平台。

二、深度构建基层多元解纷大格局

随着人民公社等乡村共同体的解体,个人与国家、个人与家庭、个人与传统规范之间的纽带变得松懈,对社会的情感和道德责任感日益淡薄,意识形态系统运作的条件发生改变。人民法庭作为基层中的基层,在联结国家与人民关系方面的作用十分重要。

（一）积极参与辖区社会综合治理

人民法庭的司法运作在修复国家与乡民之间的关系，维系意识形态认同方面所扮演的角色越来越重要。人民法庭应积极参与辖区社会综合治理，利用法治引导各类主体发挥社会治理功能。在政法委员会（简称"政法委"）领导下，以各人民法庭所在地为中心，将各乡镇划分为相应的数个片区，将片区内人民法庭、司法所、派出所、社区矫正中队等政法力量纳入基层社会综合治理平台，建立基层片区政法工作联席会议，人民法庭不定期汇报工作、困难问题及意见建议，弥补人民法庭与各基层组织的互动不足，充分了解其司法需求。立足党建引领基层治理，充分发挥党领导下的统筹资源、协调联动、高效运行的优势，推动协调跨部门、跨乡镇的社会综合治理事项，实现司法深度下沉，以审判体系与审判能力现代化助力基层社会治理体系。

（二）加强多元解纷机制建设

坚持把非诉讼纠纷解决机制挺在前面，从源头上减少诉讼增量。人民法庭参与基层治理中的矛盾纠纷多元化解，是对适宜调解的案件，经当事人同意，委托给特邀调解组织、特邀调解员或者由人民法院专职调解员进行调解，对调解达成协议需要进行司法确认的，予以确认，调解不成的及时转入诉讼程序，畅通诉非衔接。推动建立统一的在线矛盾纠纷多元化解平台，推广线上线下相结合的司法确认模式，促进调解成果当场固定、矛盾纠纷就地化解。

同时，人民法庭应积极参与政法委综治中心的社会综合治理，依托党建，设立"党建+审务"诉源治理工作站，创建"无讼"社区，将人民法庭整体置于党委、政府矛盾纠纷多元化解大格局下，注重工作程序衔接，实现治理协同性，盘活社会综合治理大棋局。

三、搭建基层治理平台,"法治"与"自治""德治"协同并进

人民法庭除了完成审理、执行案件的基本任务外,还要履行指导人民调解委员会的工作、参与社会治安综合治理等特殊职责,但这些特殊功能的发挥无疑必须以人民法庭的固有权能为基础而作延伸。❶ 人民法庭在提高基层社会治理能力,调动基层组织参与矛盾化解,以法治推动自治,全面推进依法治国的过程中发挥着重要作用。搭建基层社会治理平台成为人民法庭参与基层社会治理的最有效方式之一。

(一)建立定期联席制度,为搭建基层治理平台提供制度保障

一是建立联席机构。建立由人民法庭、乡镇党委政府、司法所、派出所为成员的基层治理法治化领导小组,在人民法庭设立办公室,定期召开联席会议,互通有无,进行矛盾纠纷的梳理登记,统筹协调各方工作。二是司法信息互通。围绕智慧法院建设,人民法庭应善于挖掘辖区乡镇案件的司法数据价值,对审理过的案件进行定量研究、综合研判,为辖区乡镇党委政府决策提供科学支撑。同时,通过对审理中的案件数据进行及时汇总更新,为基层治理提供更便捷与更动态的司法服务,拓展司法为民的新领域、新渠道。各乡镇的民意联系人定期向领导小组汇报各村社的矛盾纠纷及调处情况,并协助领导小组查找当事人、化解矛盾。三是重点工作、案件的沟通联席。领导小组定期召开联席会议,了解各乡镇的重点工作及司法需求,有针对性地重点服务中心工作。同时,人民法庭借助司法优势,应积极为社会治安建设提供司法保障,在审理民事案件的过程中,如发现案件背后可能存在乡村黑恶势力及社会治安风险,及时向辖区乡镇党委政府反馈,互通信息,共同维护社会稳定。四是适时提出司法建议。在定期联席过程中,对其他成员的不规范行政行为或者有法律风险的行政行为提出司法建议,从

---

❶ 毛煌焕,罗小平. 人民法庭审执关系:从分立到协调——以基层社会治理优化切入[J]. 法治研究,2014(12):101.

根本上减少纠纷的发生。

（二）构建联调联处机制，为搭建基层治理平台提供法律保障

一是构建多元化调解体系。建立与辖区政府综合治理办公室、司法所、派出所联调联处机制，对领导小组办公室登记的矛盾纠纷，定期组织各方共同化解。二是健全行政调解与司法确认工作的有机衔接。建立法庭与司法所、乡镇的调解委员会等调解组织的联系机制，调解案件的信息共享，对于可以司法确认的，均引导当事人到法庭进行司法确认，赋予协议的执行力，促进纠纷的化解。三是健全委托调解制度。对适宜调解的案件，在征得当事人同意的情况下，暂缓立案，先行委托有关调解组织进行调解，并由法官给予业务指导。例如，达成调解协议的由人民法庭予以司法确认，调解不成的则转回登记立案。在充分利用矛盾纠纷多元化解机制的同时，也保障了当事人的诉讼权利。四是健全特邀调解制度。邀请村社区有威望的乡贤和基层组织负责人、社区工作者等调解能力较强的同志担任法庭特邀调解员。特别是选任具有教育学、心理学、社会学等相关专业背景的家事特邀调解员和家事调查员，共同组成家事纠纷调处团队。到法庭的案件先由特邀调解员进行调解，将矛盾化解在萌芽状态，同时缓解案多人少的压力。五是建立村民自治指导制度。人民法庭在尊重村民自治的前提下，由法官指导村民修订乡规民约，加强矛盾纠纷的诉源治理。定期梳理、剖析辖区涉村民委员会（简称"村委会"）的内部管理、土地流转、农村建房等相关民事案件，有针对性地提出改进意见和建议，为村民自治提供重要参考。

（三）立足司法推进基层治理"三治"融合

自治、法治、德治共同促成基层治理体系的不断完善，基层治理中的"三治"融合，应该是法、理、情的统一。基层自治是法律框架下由法律提供强制保障的自治，法治是自治和德治的依据，德治是自治和法治的基石。人民法庭要立足司法，找准司法推进"三治"融合的切入点，以法治搭建自治与德治桥梁，规

范保障自治，推进支撑德治，寻求法、理、情的统一。在"后乡土性"基层治理中旗帜鲜明地弘扬社会主义核心价值观，吸收人民法庭司法的优良传统，加强与人民群众的情感联结，践行群众路线，"担负起在乡村社会重塑和实现国家法律规范价值的职责"。

第三章 ▲ 人民法庭职能运行的问题及改革

第一节 人民法庭职能运行存在的问题

虽然导致当前人民法庭功能弱化、参与社会治理创新不够的原因是多层面的，但笔者认为，根本和核心的原因在于人民法庭职能配置不科学，未能根据中国的实际构建起保障人民法庭功能充分发挥的职能体系。《中华人民共和国宪法》《人民法院组织法》《最高人民法院关于人民法庭若干问题的规定》《最高人民法院关于全面加强人民法庭工作的决定》《最高人民法院关于进一步加强新形势下人民法庭工作的若干意见》《最高人民法院关于推动新时代人民法庭工作高质量发展的意见》等规范性文件，架构起了人民法庭以审判职能为核心的职能体系，包括审判、法制教育、指导调委会工作、参与综治和提供司法保障职能。各职能依据人民法庭的不同工作任务及性质进行划分，存在一定的交叉，并以规范化为目标。现行人民法庭的职能体系各项职能的简单叠加，既未体现出人民法庭面对的乡村传统熟人社会与城市工商陌生人社会之间的差异性，也未反映出人民法庭在职能运行模式和司法技术方面与机关庭应有的区别，更没有彰显出人民法庭在社会治理创新重心下移背景下作为基层社会治理体系重要单元的独特性，无法承载人民群众日益增长的司法需求,难以担当人民法庭有效参与基层社会治理创新的责任。

一、职能之间存在交叉,尚未形成完整科学的体系

现有职能体系中,法制教育职能、指导调解委员会工作职能都可以被参与综治职能所涵括,相互之间存在包含关系;提供司法保障职能主要是通过审判工作或延伸工作来体现,与审判职能和参与综治职能也存在交叉关系;参与综治职能又难以覆盖人民法院参与社会治理创新的各个方面。无论从内容上看,还是从职能设定的技术上看,现行职能体系框架均不是一个科学完备的人民法庭职能体系构架。

二、职能内容难以满足基层社会的司法需求

传统的以纠纷解决为核心,包括审判、法制教育、指导调委会工作、参与综治及基层法院交办事项的职能体系逐渐无法满足基层社会对司法的需求。法制教育职能已经不能满足社会对法律知识的渴求,广大农民特殊的接近司法的需求也难以在旧有职能框架内得到回应,纠纷化解职能也仅仅停留在审判工作的范围之内。

三、职能配置难以满足社会治理的需求

人民法庭是国家运用法律手段管理社会的重要渠道,在社会治理中发挥着不可替代的作用。人民法庭本身就是社会治理的重要组成部分,并对社会治理具有能动作用。从 2006 年开始加快的"两所一庭的建设",正契合了这种背景。人民法庭不仅要依法履行好审判职能,还要努力做好诉调对接,借助社会力量形成化

解纠纷的多元解决机制；不仅要依法维护社会稳定，还要践行能动司法促进经济社会健康发展；不仅要善于解决纠纷化解矛盾，还要将关口前移，积极参与社会治理创新，注重源头化解和预防。社会治理创新的要求与当前人民法庭的平面职能配置极不相适应。

四、人民法庭职能配置同一，未与其优势链接

经过大规模撤并后留存的法庭，其职能配置、管辖案件类型和案件难易程度与法院无异，法庭职能配置过分与法院等同、求全，缺乏针对性和适用性，仅以地域作为划分依据，人民法院代替人民法庭管辖明显有失偏颇。这种情况下人民法庭的功能优势难以发挥，人民群众难以从法庭中感受到便捷、亲民的司法服务。基层社会的小矛盾在人民法庭功能优势无法发挥的情况下，存在从人民法庭到人民法院久拖不决无法及时化解的隐忧。

第二节 人民法庭司法运行面临的主要问题

人民法庭在司法运行中往往面临一些问题与相应的抉择，主要是裁决方式认识误区、司法能力不足、"两便原则"执行遇到障碍等。

一、裁决方式存在认识误区

人民法庭在价值选择上往往偏重调解而并非判决，逐渐形成"调解中心主义"。这种现象的产生，既有乡土社会、熟人社会的原因，也有国家层面上"定分止争"的司法追求，更有上级法院对基层法院审判质效考核"调解撤诉率"

指标的原因。于是基层实践中，案件审理成为"办案子"（重点就是这个"办"字），"办案子"的主要手段就是"做工作"，法官利用"背靠背"、私人关系甚至事先透露判决结果等方式反复做当事人的思想工作，实践中这种做工作的效果往往还是很不错的。可见，"调解中心主义"的思维已然对人民法庭司法运作方式产生了重大影响。这种影响不可否认在某种意义上促进了司法工作的良性发展，但是更应注意的是，这些影响也有可能将司法工作引向危机，带来法院在司法上的紧张。在这后一情形下司法行为有可能成为一种为调解而调解的扭曲调解，这与彰显规则之治的司法价值产生了一定的冲突。

二、法庭司法能力不足

从人民法庭人员结构和配置来看，面临辖区面积增大、人口增多、纠纷多发且日益复杂的情况下，审判人员和书记员人手少、年龄两极分化、学历较低、审判经验较少，且法庭人员不安心于法庭工作，同时办公用房、执法用车、职级待遇和薪酬等司法装备保障情况也不容乐观的情况。上级法院对人民法庭的审判业务指导方式单一、力度不够，法官接受培训机会较少，法庭之间业务交流不足，也很难让法院内部形成"合力"。

三、"两便"原则执行遇到障碍

"便于当事人诉讼"和"便于法院司法审判"之间存在悖论，如果抉择不当则会造成不利后果。如果过于片面强调便于当事人诉讼甚至可能失掉司法的中立性，导致司法效率的低下、浪费司法资源；相反，过于片面强调便于法院司法审判，则会导致基层司法脱离了群众路线的方针，无法真正实现司法为民。

简易程序适用障碍。由于立法的偏差和实践应用差误，造成了简易程序不简易的现象。一方面，简易程序本身的简易机制不足。这种简易机制的缺乏，使得简易程序本身与普通程序的差别不大,难以实现其简易审理提高效益的目标。另一方面,实际上人民法庭通常的做法是将新收案先通通适用简易程序,在审理中发现疑难案件再转入普通程序,这实际上降低了审判效率。也就是说,在对个案以简易程序进行审理的过程中投入的司法资源是一种没有效益的支出。

第三节　人民法庭职能运行存在问题的原因

一、民事审判部门指导工作的缺位

按照基层人民法院内部机构职责,民事审判庭指导人民法庭工作。民事审判庭与派出法庭在机构级别是对等的,两者承担的案件审判任务和疑难案件的审理大致相当,导致民事审判庭没有太多的精力对派出法庭进行指导。

二、案多人少

人民法庭案件受理数量的增加,导致其所承担的审判任务繁重。人民法庭除了开展审判工作外,没有太多的精力开展与审判密切相关的如法制宣传、积极参加大调解等工作。

三、职能体系没有与时俱进

现有人民法庭职能体系没有与社会经济的发展与时俱进,主要依托于最高人民法院制定的《关于人民法庭若干问题的规定》所形成的人民法庭职能体系,原有职能体系已经不能更好地满足现实的需求。

四、人民法庭工作方式和干警认识不到位

人民法庭的工作方式还主要局限于原来的"坐庭"式办案，开展的巡回审判、法制宣传大多是为了完成任务，没有认识到审判与开展法制宣传、法制培训的内在良好互动联系。人民法庭也没有发挥身处一线和基层的优势，变孤立办案、被动候诉为多方联动化解纠纷、主动融入辖区社会治理创新之中。

第四节 人民法庭职能创新路径

当前，人民法庭工作的定位应当超越"乡村司法""乡土司法"的范畴，人民法庭的定位和职能应当是基层司法的主要体现，尤其是民事审判工作的基础；人民法庭应当成为司法在人民群众中的触角，是应体现"为民司法"最先的"窗口"；人民法庭应当充分发挥在多元化矛盾纠纷化解体制中的纽带作用，是诉非衔接工作的第一战场。人民法庭的理想状态应当是包揽简易、小额的一审民事案件审理，调撤率高、审判效率高，应成为诉非衔接和信访维稳工作的重要纽带和工作基础。为此，人民法庭应"定好位、触角准、为民实、亮窗口"。

一、准确定位人民法庭

一是人民法庭职能定位。将人民法庭职能定位于"近、快、联、促"，拉开人民法院与人民法庭的职责层级。"近"是就近解决矛盾纠纷的基础性审判单元；"快"是缩短办案周期的速裁审判单元；"联"是联合其他社会力量联合化解纠纷的"网络结点"，形成化解纠纷合力；"促"是通过加强对纠纷调处组织的指导、支持制度，发挥司法指引作用，促进相关组织和个人增强调解能力。二是与地方

党委政府关系的定位：独立性兼具建设性。在确保司法中立的前提下，以司法建议等方式推动当地辖区行政机关依法行政及相关组织依法开展活动。三是与人民群众之间的定位：服务与司法规制。按群众需求而决定配送内容，发挥司法的教育、评价、指引、示范作用，使人民法庭成为司法服务的配送站。四是长远职能定位：以司法的国家强制力为支撑，以高效便捷化解纠纷为基本点，以有效融入乡村治理秩序为关键，真正形成司法与非司法相互衔接、共同治理乡村社会新格局。

二、合理布局人民法庭

从审判资源的合理配置、每个派出法庭所处的乡村社会具体条件和受理案件特点等因素合理确定人民法庭的具体设置、选址和案件管辖范围，对人民法庭原设置的标准进行合理优化，打破原有法庭镇级行政区划布局，形成一心（院机关）多点（派出法庭）、点位呼应的法庭布局模式。2021年最高人民法院颁布的《关于推动新时代人民法庭工作高质量发展的意见》，提出坚持"三个优化"："综合考虑城乡差异，一要优化法庭布局。区分城区法庭、城乡结合法庭、乡村法庭，不断优化人民法庭区域布局。二要优化队伍结构。结合案件数量、区域面积、人口数量、交通条件、信息化发展状况、参与乡村振兴和社会治理任务等因素，建立并实行人员编制动态调整机制。三要优化专业化建设。坚持综合性与专业化建设相结合，实现人民法庭专业化建设更好服务乡村振兴和辖区基层治理需要。农村地区要继续加强和完善综合性人民法庭建设；城市近郊或者城区，可以由相关人民法庭专门或者集中负责审理道交、劳动、物业、旅游、少年、家事、金融商事、环境资源等案件；产业特色明显地区，可以由专业化人民法庭专门负责审理涉及特定区域或者特定产业的案件。"

三、集约优化、科学配置人民法庭职能

一方面将原机关庭管辖的法院所在地及附近乡镇的简单民事案件交由人民法庭处理，另一方面为了实现人民法庭就近快速处理案件和培养初任法官的职能定位，适当减轻法庭干警办理复杂案件的压力，将复杂案件交由机关庭审理，并明确相应的转办措施，从而实现人民法庭审简单案件、机关庭审复杂案件的格局，在基层法院内部形成简易审和复杂审的两个审判单元。同时，依托诉讼服务中心实现全域收案和统一立案，程序性事项集约办，采取法官巡回、主动上门、送法下乡等方式极大地方便原属院机关庭管辖乡镇的民事案件的当事人，解决在法院所在地不设人民法庭时人民法庭全域办案的两便问题。

四、转变人民法庭司法理念和方式

坚持以人民为中心，坚持强基导向，深刻把握人民法庭处于服务群众、解决纠纷第一线与守护公平正义"最后一道防线"的辩证统一关系，有效发挥桥梁、窗口作用。一是强化意识。强化法庭干警的大局意识、宗旨意识、法律意识和责任意识，在程序运用、审判方式、民俗运用上主动关注，与创新时期的乡村社会和农村群众形成良性互动，并能对其需求作出有效回应。二是转变方式。将传统的关门办案、坐堂办案、作息办案等司法方式向积极争取多方联动化解纠纷、全时空办案，不断完善多元化的纠纷解决机制、不断创新参与社会治理转变，实现法庭办案法律效果、政治效果与社会效果的有机统一。

五、创新人民法庭司法服务和司法政务

本着整合审判资源、完善民意沟通表达机制的目的，在机关建立诉讼服务中心的基础上，法院在人民法庭按人民群众需求设立诉讼服务分中心。一方面，在

其职能配置上，院机关诉讼服务中心更多考虑的是全面性，人民法庭作为诉讼服务配送站则更侧重于服务职能的针对性和特色化，当地群众需要什么服务就配送什么服务。另一方面，在服务方式上也要有所区别，院机关诉讼服务中心更多地考虑是标准化、规范化，而人民法庭则要在坚持基本规范的前提下更注重服务的方便性和灵活性。同时将诉讼服务分中心作为法庭文化建设的有力载体，打造独具特色的区域型法庭文化长廊，使其成为人民群众表达诉讼需求、进行诉讼活动、寻求司法公正、全方位接触司法的重要场所。

第五节 人民法庭职能运行改革的具体思考

在基层司法中贯彻群众路线，人民法庭应当成为司法在人民群众中的触角，是体现"为民司法"的最先"窗口"。人民法庭审理的案件多涉及基层群众个人利益，是贯彻为民司法的重要阵地。社会转型阶段的矛盾多发性、我国司法的"人民性"都决定了司法社会化的结果，人民法庭的工作就应当适应和体现司法社会化、群众化。

一、明确审理案件运行机制的群众性

乡村司法应当在调解和判决的抉择中偏重于调解，"能调则调"。调解的良好效果会激起法官在调解上的积极性和热情。对于一些纠纷，尤其是人民法庭所面对的纠纷来说，"硬判"往往容易激起当事人的不满，社会效果也不佳，而调解利于维稳、便于执行的特点则更值得人民法庭重视。当前的诉讼调解机制也还存在一些问题，要做好诉讼调解工作必须明确几点：首先，要将诉讼调解与诉非衔接结合起来，在诉讼中充分利用好委托调解、邀请调解、联合调解，争取当地

村社集体组织、基层党委、政府的支持，灵活开展调解工作；其次，调解不是万能的，更不是"和稀泥""拖时间"，"当判则判"是对人民法庭调解工作的重要补充；再次，法官的业务素质不仅是法律适用，调解技能也是法官培训的重要内容；最后，还要注意调解后的延伸。执行局的同志反映，近年来对调解书申请强制执行的案件数量增多。这说明诉讼调解并不是调了就结束了，更要注重调解后的延伸，督促、保证当事人对调解书的履行。

人民法庭面对的当事人，常常是经济条件困难、文化程度不高。这样的当事人法律意识淡薄，不懂得如何运用自己的诉讼权利，更没有经济条件聘请执业律师代理诉讼。即使是在法官的释明和指导下，还是无法正确表达自己的观点，更别说通过诉讼行为推动诉讼进程。因此，无论是职权主义还是当事人主义都不能适应人民法庭所面临的乡村社会。人民法庭的诉讼模式应当是在当事人主义的基础上，法官充分发挥能动司法，吸收职权主义的某些特点。法官不应一味地消极被动，而是主动释法，合理调查案件事实，推动诉讼程序进行。具体可总结为三点：一是法官在当事人权利处分上应偏重当事人主义，保证当事人自由、合法、合理地行使权利；二是在事实调查上应当偏重职权主义，法官应发挥能动作用主动查明事实、认定证据；三是法官要充分行使释明权，多向当事人阐释法律规定，避免当事人因不懂法而作出错误决定。

从司法技术而言，纠纷类型的定型化是人民法庭法官所面对的纠纷场景的突出特点，因此在案件审理过程中法官需要丰富的社会经验、全面的司法技术、高超的司法智慧。人民法庭的法官在司法中使用的技术包括事实判断术，调解术，用法（政策、习惯等）术等。而调解说服与预裁判的调整集中展示了法官的技术。这种技术很难说是单纯的司法技术，但这一技术却是人民法庭法官的看家本领。除此以外，法官在审理案件中，要充分重视民俗习惯的适用。在法律没有规定或者规定模糊时，要充分结合当地实际，适用民俗习惯来审理案件，达到裁判结果的最大社会化效果。

二、以"两便"原则为指导，提高诉讼效率，实现高效司法

既然人民法庭审理的多是简单、小额、人身性强的民事案件，那么就要求其简化程序、提高效率，以节约当事人的诉讼成本和司法资源。因此，对简易程序制度进行重构，解决简易程序"不简"的问题。人民法庭对于不符合简易程序和小额诉讼程序条件的案件，应当建立速裁机制。

推进案件繁简分流。积极优化司法确认程序，完善小额诉讼程序和简易程序规则，健全审判组织适用模式，推行在线审理机制，依法综合运用督促程序、司法确认程序、小额诉讼程序、简易程序、独任制审理等，积极推广适用令状式、要素式、表格式等裁判文书，有效降低当事人诉讼成本，提升司法效率，充分保障人民群众合法诉讼权益。

三、对纠纷联动化解的思考

在社会矛盾的凸显期，人民群众对建立多元化的纠纷解决机制的需求非常迫切，因此，为人民群众提供更多可供选择的纠纷解决方式是人民法庭当前面临的重要工作任务。建立健全多元纠纷解决机制实际上就是纠纷联动化解❶。纠纷联动化解工作开展得越好，人民法庭所面临的审判压力就越小。通过纠纷联动化解，可以大大提高法制宣传教育的效果，创新人民法庭参与社会治理的方式方法，一定程度上弥补政府参与社会治理带来的失灵。

---

❶ 纠纷联动化解就是按照"党委领导、政府支持、多方参与、司法推动"的多元纠纷解决机制的要求，配合有关部门大力发展替代性纠纷解决机制，扩大调解主体范围，完善调解机制，为人民群众提供更多可供选择的纠纷解决方式。

四、对法制宣传的思考

目前承担法制宣传和教育的职能部门除了法院系统,其他政府部门和相关机构也在履行这个职责。人民法庭的法制宣传教育不能简单等同于其他部门的法制宣传,而应该以人民法庭自身的审判工作为核心,利用自身的优势来开展法制宣传,通过审判达到法制宣传、教育案件当事人及人民群众的目的。

五、对诉讼服务互联互动的思考

为人民服务一直是人民法庭干警工作的宗旨。人民法庭由于人员和办公条件的限制显然无法和法院机关看齐,但是人民法庭也应当制定相应的诉讼服务制度,至少应指定专人承担诉讼服务工作。从相关调查情况来看,目前人民群众反映最多的问题不是法院审判公正的问题,而是法院干警工作作风和态度问题。因此,应通过以下方式提高人民法庭的服务质量。

(1)提升一站式诉讼服务能力。坚持因地制宜,在人民法庭建立诉讼服务站,在人民法庭及辖区乡镇街道综治中心或者矛盾调解中心设立自助诉讼服务设备,方便当事人随时随地办理诉讼业务;建立健全诉讼服务辅导机制,为人民群众提供在线调解、开庭等事务现场辅导服务;进一步增强人民法庭跨域立案诉讼服务质效,更加方便群众就近起诉、办理诉讼事务;有条件的人民法庭,可以设立视频调解室,提供跨地域视频调解等服务。

(2)完善直接立案机制。推进完善人民法庭直接立案或者基层人民法院派驻立案机制;推进人民法庭跨域立案服务,确保能够作为立案协作端办理跨辖区、跨县、跨市、跨省立案;适应人民法庭辖区主导产业或者中心工作需要,合理确定收案范围。

(3)推动解决送达难。发挥数字化时代电子通信优势,加强电子送达,推行集约化送达方式;发挥基层网格员作用,充分调动网格员积极性,发挥其熟悉社区情况、了解辖区人员信息的优势，综合运用现代和传统手段破解送达难题。

（4）推进直接执行机制。探索部分案件由人民法庭直接执行的工作机制，由人民法庭执行更加方便当事人的案件，可以由人民法庭负责执行。可以根据人员条件设立专门执行团队或者相对固定人员负责执行。案件较多的人民法庭，探索由基层人民法院派驻执行组等方式，提高执行效率，最大限度地方便群众实现诉讼权益。人民法庭执行工作由基层人民法院执行机构统一管理，专职或者兼职人员纳入执行人员名册，案件纳入统一的执行案件管理平台，切实预防廉政风险。

第四章 ▲ 人民法庭运行模式优化

人民法庭作为人民法院面向与服务人民群众的第一线，明确人民法庭职能定位、优化法庭运行模式已成为打造新时代人民法庭的重要指向标。人民法庭植根基层，处在化解矛盾纠纷最前沿，在构建美好和谐社会中发挥着中坚作用。作为极具地方特色的人民法院基本单元，人民法庭建设必然是人民法院在基层建设中的重要组成部分。长期以来，人民法庭在理论上普遍被定义为"乡土司法"，人民法庭也因此被附上"偏远""不便"的刻板印象。实则不然。国家机关一直试图通过国家权力在能够摸到的领域维护国家权威，并在各个领域进行了各种尝试和努力，人民法庭就是落实这种努力的一种手段、一种机制，是连接国家权力与基层社会的重要纽带，不可或缺。❶人民日益增长的美好生活需要和不平衡、不充分的发展之间的矛盾往往通过基层社会中的一些小细节体现，在依法治国语境下，这种主要矛盾也在人民法庭这里得以凸显。

社会变迁和经济发展不仅推动经济文化的发展变化，还直接影响基层民众观念上的转变，其中，最直观的变化就在于社会公众对通过法律诉讼手段解决纠纷的认可。从原本的"熟人社会"到"半熟人社会"，甚至到"陌生人社会"，这一转变导致原有的纠纷解决文化日渐凋零。在传统的诉外解纷机制效果式微处境

---

❶ 苏力.送法下乡：中国基层司法制度研究［M］.北京：中国政法大学出版社，2011：23.

下，将人民法庭定位为司法边缘角色已无法满足基层民众的现实需要，特别是一些偏远地区存在的司法主体缺位现象，更使得大量矛盾纠纷无法及时得到化解，这与当前我国力图实现的全面依法治国目标不相吻合。在司法体制改革的背景下，如何快速、高效解决一线矛盾纠纷，建成一个最贴近人民群众的现代人民法庭，对于完善基层社会治理、推动和谐社会建设具有极为重大的意义。我国地域辽阔，民族文化各有差异，独有的区域性特征使得我国司法运作不能照搬照抄西方的司法模式。我国当前应然角度下的人民法庭与实然条件下的人民法庭职能定位产生的矛盾与冲突导致人民法庭司法难以平稳运行，因此，如何突破重围构建新型人民法庭是当前我国司法改革的重点。《最高人民法院关于进一步加强新形势下人民法庭工作的若干意见》中指出，人民法庭的核心职能在于必须牢牢把握司法为民与公正司法的工作主线，代表国家依法独立公正行使审判权。当下法治中国的建构以依法治国为主流意识形态和价值导向，法治建设绝不能忽略基层这一部分，也绝不能回避基层司法所暴露的本土化法治问题。人民法庭作为基层人民法院的派出机构，应当始终坚持审判权核心，在完成审判质效前提下将司法服务工作贯穿社会治理各环节，充分发挥人民法庭定分止争的司法功能和参与基层社会治理的社会功能。随着社会经济与发展形势变化，人民法庭在解决基层社会纠纷方面表现出的需求与优势远大于起初预设，人民法庭的功能特征较为集中地凸显出其便民利民的思路与取向，并逐步呈现出从边缘角色被推向中心的趋势，这就导致人民法庭的运行现状难以满足于现实需要，很大程度上制约着人民法庭功能职能的良性发挥。以人民法庭为法院审判运行机制改革的先锋面向基层社会，必能对司法运作效力产生较为强烈的助推作用。作为我国特有的一项司法制度，解决人民法庭司法运作问题应当立足于我国基层法院的基础，在新的历史条件下重新审视人民法庭所凸显的问题与不足，并加以改革完善，切实推进人民法庭司法运行体系和运作能力现代化。

第一节 人民法庭运行模式尚不成熟

当社会出现某种功能性需求，则该功能可能会被赋予某类或某个主体以实现该需求，反之，当某主体被赋予该项功能，则其应当主动发挥该功能以实现其效力。❶ 人民法院天然的权威性决定了其作为司法主体的不可替代性，而人民法庭作为国家司法权下沉基层社会的权力主体，应当充分发挥其效能以铺设一条更为平稳的法治轨道。在国家的大力倡导下，各基层法院纷纷开启"重心下移"模式，塑造新型审判资源配置格局，以充分发挥人民法庭自身优势，力图实现真正的"司法为民"。然而司法实践中暴露出的问题依旧突出，新的问题层出不穷，种种现象折射出当前人民法庭司法运作模式尚不成熟。因此，有必要坚持问题导向，重新审视并分析问题，这也是新形势下重构人民法庭功能运作的唯一途径。

一、规则严肃性与纠纷特殊性之间的矛盾与摩擦

规则遵循往往是维护法庭秩序的第一要义，然而基层社会背景下的规则在这一规定面前可能会与实际情形发生冲突与碰撞。基层社会立足地方基础，有其天然的风俗习惯和运行逻辑。相较于法院机关庭而言，人民法庭所面对的当事人对现代司法的程序正当性等规则可能只是略知一二，所具备的法律素养可能致使其在叙述案件事实、提交证据及辩论环节存在一定的问题，这些问题不仅可能造成其在案件事实及相关证据理解上有障碍，还在很大程度上拖延案件进程，进而导致法庭案件的积压。在诉讼目的上，当事人往往并不关心法律规范如何规定、诉

---

❶ 冯兆蕙，梁平. 新时代国家治理视野中的人民法庭及其功能塑造 [J]. 法学评论，2022（1）: 138.

讼程序如何实施及是否实施到位，面对程序权利的保障他们似乎更关注裁判的实体结果及自己的利益是否受到损害，甚至将其当作评判法律及法官是否公正的标准。因此，对于一些当事人自身证据意识薄弱的案件，人民法庭往往要求法官在审判中主动推进案件进程，积极帮助双方当事人调查取证，化被动为主动以更好地掌握审判节奏。但是，这同时对法官如何把握调查尺度提出了新的挑战，"主动下的司法"不仅会给审判者增加额外的负担，甚至可能造成审判者被迫背负上由另一方当事人强加的所谓"偏袒"枷锁。代表国家权力下沉的人民法庭对于基层社会，特别对乡村社会而言是一种需要本土居民努力融合的外来力量，但对党和国家而言其又是使国家意志能够在基层社会体现的战略选择。现代法治理念规则等多起源发展于城市地区，如果生搬硬套法律规范加以适用不仅可能无法达到法治目的，还可能适得其反，引起群众对法律权威的质疑。但是，人民法庭深入基层，并不意味着基层司法必须完全建立在地方性基础上而否定法律规则；同样地，基层司法也不可能完全呈现出单一法律适用的状态而对地域特征不加考虑。基层司法即基层社会的法治化治理，割裂看待基层司法不仅不能有效达到定分止争的效果，还会在很大程度上使司法脚步停滞不前，不能达到从"化解纠纷"到"预防纠纷"的目的。一些"乡村社会"的地域性同样决定了人民法庭审判模式不能完全等同于法院的审判庭，法官在具体运用法律过程中应当对各种因素加以考量，而不应只作为一台法律机器按部就班行使规则，以达到明面上"依法裁判"的效果。但是，如果以结果导向取代规则导向，完全把解决纠纷作为目的而忽略审判权的规则之治，法律规则含义可以为满足纠纷解决需要而随便变化甚至曲解，法律适用的论证过程往往就会沦为对裁判不公的粉饰❶。这种操作的后果就是法庭治理呈现出不伦不类的非正式主导现象，程序意识有被工具化操作所替代的迹象。

---

❶ 郭建勇. 司法理性与司法国情：审判权功能之实证探究——以民事司法政策变迁为视角[C]//全国法院系统第二十二届学术讨论会论文集，2011：11.

二、"立案难"呈现新形态

立案登记制的落实很大程度上降低了当事人踏进司法诉讼的门槛的概率，逐渐突破了长期以来"立案难"的瓶颈。然而新的问题接踵而至：立案门槛的降低促使当事人更愿意通过诉讼的方式解决争端，大量案件"井喷式"进入诉讼。本以为案件数量的骤然上升仅会增大法官的工作压力，实则当事人对法院的"不人道"也开始怨声载道，司法评价一时间也随之降低了，反而造成了"两头不讨好"局面。我国的案件管辖一般遵循"原告就被告"原则，这一原则的贯彻对于法院弄清案件事实、缩短诉讼周期及案件最终的执行都有一定的益处。然而实践中大量原、被告由于各种原因分隔两地，各种程序使得当事人折返于住所地和管辖法院之间，使得距离管辖法院路途遥远的当事人耗费大量的时间和金钱，甚至出现诉讼成本高于诉讼标的额的情况，最终得不偿失。[1] 当事人在忙于解决纠纷的同时还疲惫于诉累，与"两便原则"的目的相悖，不利于法治建设的施行。

跨域立案制度是人民法院进行司法试点改革的一项重要举措。跨域立案制度充分体现了司法上的就近原则，当事人可以选择就近法院提交立案材料立案，由接收材料的法院代为上传至有管辖权的法院，并代管辖权法院向当事人送达有关法律文书。在跨域立案下，最初的法院仅承担对材料形式审查、对当事人进行风险提示及法律释明的责任，实质审查仍由有管辖权的法院进行。跨域立案制度的施行似乎减轻了当事人一定的诉累，相较于网上立案而言，它能够容纳更多的纠纷主体，有效弥补了网上立案在一些案件上立案不能的缺陷。然而，该模式下的立案仍需要花费两地法院工作人员的时间和精力，如果不予立案则会进入"补交材料—初审—二审"的新一轮循环，不仅当事人的诉累未能从根本上予以消除，还给法院增加工作负担，是否真正做到"经济立案"仍有待考量。跨域立案的模式尽管顺应了"互联网+"的司法潮流，但受场地不足等客观因素的掣肘，其面

---

[1] 常天阳. 民事诉讼中跨域立案诉讼制度简析[J]. 湖北经济学院学报（人文社会科学版），2018（5）：89.

临的困境仍难以突破,"案多人少"的矛盾也使一些法院不愿接收其他法院的材料,而是要求当事人直接到管辖法院进行立案,一系列障碍使得跨域立案制度无法发挥其应有的功效而最终流于形式。

三、繁简分流机制缺乏明确标准

立案登记制的实行在某种程度上实现了当事人的诉权,但矛盾纠纷"井喷式"涌向法院特别是基层法院的问题接踵而来,案件数量的急剧上升加上法官员额制度的实施致使法官人数无法得到应有的增长,法院工作量呈现超饱和状态,"案多人少"的矛盾越演越烈。矛盾纠纷的有效化解是司法运行的最终目的,现阶段重要的是如何探索出一条新的路径,以优化案件繁简分流的运行机制,保证法庭平稳运行。当下我国正处于社会转型的关键时期,各种矛盾纠纷致使人民群众的诉讼需求呈现快速增长态势,"熟人社会"到"半熟人社会"的发展也使群众的司法观念发生变化,开始期望通过诉讼程序解决矛盾纠纷,并且这种诉讼程序应当体现出公正性和高效性。繁简分流机制的实行可以在很大程度上满足社会公众在司法上的多元化需求,其致力于利用尽可能低的诉讼成本获得尽可能多的诉讼利益,从而呈现成本与收益相适应的状态。通过建立有效的案件繁简分流机制,寻求最佳利益优化方案,实现简案快审、繁案精审,在合理分配法院有限资源的同时保证案件审判质量,推动法庭审判权的有效运行。

司法实务中多数基层法院民商事案件的繁简分流主要通过诉前、诉中及诉后三个层面来进行。诉前是通过构建先行调解机制,将大部分简单案件通过和解与调解的方式进行诉前分流,在立案以前解决矛盾和纠纷,减少进入诉讼程序的案件数量;诉中在于通过对案件简易程度的划分对其分配不同的程序以优化审判资源的配置,提高诉讼效率与诉讼质量;诉后则是对简案与繁案适配不同侧重点以完成裁判文书的书写,实现简案简写、繁案精写。究其本质,现有语境下的繁简分流就是将无序的资源用一种有序的流程实现审判效能的过程,人民法院应当长期坚持问题导向和需求导向以对审判资源进行优化配置。作为司法在基层社会的延伸，人民法庭的具体司法运作理应与人民法院审判庭有所不同。随着经济社会的快速发展，各种大型案件层出不穷，清一色事实清楚、法律关系明确的简单民商事案件已成为过去式，法庭案件积压如山，其中不乏一些复杂疑难案件。长期以来，由于在案件上缺乏一定的区分标准和分流规则，繁简分流机制在地域性特征明显的人民法庭下的运行十分混乱，一些基层法院甚至不考虑人民法庭的人员配备、辖区特征等因素而片面执行人民法庭受案范围的规定，直接将不论繁简分类的民商事案件与刑事自诉案件机械式交由人民法庭审理，"重心下移"模式的运行偏离了正确轨道，严重拖累人民法庭的案件进展，进而影响法庭的司法运行。

四、调解与判决的偏废

我国采用"调审合一"的诉讼模式，以法经济学为视角，如果将人民法院解决纠纷的整个过程比作市场，调解与判决作为解决纠纷的手段，则应将其视为该市场中可供顾客挑选的产品。顾客对于纠纷解决方式往往会从它们的所耗成本和预期收益进行计算与权衡，以及评判最终收益实效保障的实现程度。❶ 此时顾客会产生一种"经济人"心态，即总会倾向于选择能给自己带来更大经济利益的机会。这里的顾客并非仅针对当事人而言，事实上，法官作为案件审判者往往主导着当事人审理方式的选择，成为这里的"顾客"。从成本上看，法院在调解上所耗费的时间成本和人力成本与判决相比相对较小。一方面，调解协议不可上诉规避了法官错案追究的执业风险，法官无须承担因错误裁判而导致司法资源被无效消耗甚至被惩罚的风险；另一方面，诉讼判决的时长动辄几月上年，一些案件的终局效力较弱、执行较难，加上案件数量的剧增使法官因"趋利"心理而更倾

---

❶ 赵毅宇. 法院调解的成本收益分析 [D]. 湘潭：湘潭大学，2017：26.

向于采用更加省时高效的调解方式。不仅如此,从另一角度看,公平作为一个历史性的范畴,对于处于不同阶段的不同人群而言,对公平内涵的界定可能不尽相同。完全依照客观事实和实体法律关系所作出的判决可能达到了公平所要求的尺度,但对于当事人而言,裁判结果可能并非真正的公正,而调解则跨越了横亘在公平与公正之间的这个难关,能够给予当事人追求的公正。从预期收益来看,调解所创造的不仅仅在于当事人的个人收益,对于社会而言,法院调解与《中华人民共和国民法典》(简称《民法典》)中规定的鼓励交易原则精神具有相当的一致性,这在一定程度上有利于市场资源的合理流动与有效配置,实现的也是集体利益而非单个人的利益。❶现代司法强调,要充分发挥调解的独特作用,对于能够适用调解的纠纷要先行调解,这本身意在倡导"和为贵"的理念。然而,近年来各地人民法院为落实司法政策需要与配合法院内部考核,法官越发追求案件调解数和调解结案率,类似问题在以调解为重心的人民法庭更为突出。本应平衡互济的两种解纷形式开始倾斜,逐步呈现"重调轻判"的实践现状。

审判者适用调解的基础本是双方当事人在自愿的基础上达成合意,但在多重原因引发的"重调轻判"背景下,调解已不再是一种解决纠纷的手段,而是法官完成结案指标的一个目的。法官为达成调解协议通常会反复做各方当事人的思想工作,参诉当事人在法律知识上的缺乏也促使法官会将这一自愿选择的行为转化成强制行为,致使实践中经常出现久调不决、压迫调解甚至强制调解的情形,不仅导致本应判决的案件被规避判决,还引发调解后义务人不自觉履行、权利人申请强制执行或申诉信访等更为复杂的事件,司法公信力日渐削弱。而当事人在这种施压下也不得不作出利益让步,这不免造成当事人权益减损,这一现象也逐渐成为现实调解中的常态。更严重的是,由于调解的目的重在使双方当事人达成合意,在认定事实与适用法律方面可能无法做到判决所需要的准确度,因此不法分子可能会利用调解的合法形式掩盖其真正的非法目的,法官也可能急于完成调解

---

❶ 赵毅宇.法院调解的成本收益分析[D].湘潭:湘潭大学,2017:28.

结案而忽视了对案件事实的审查，最终导致不法当事人有机可乘。❶

功能价值的评判对于判决与调解功能定位的回归具有一定意义。法院依据法律规则判断是非曲直并依法判决是司法裁断的基本方式，调解则是基于化解社会矛盾纠纷需求的一种补充，强调追求或实现的是一种可接受的正义。事实上，调解与判决仅是作为当事人选择适用的两种手段，司法资源的供给总量总体上是保持不变的状态。在调解优先的政策导向背景下，先行调解意味着司法资源从判决向调解转移，案件调解说理的时间增多也就意味着在调查取证和法律适用所投入的时间减少，而对法官而言，强调调解则会使其对判决上的研究相对弱化，长此以往不仅可能使司法职能的地位逐渐被非司法职能所取代，导致司法职能的阉割，甚至可能造成更深层次的连锁反应。❷

五、人民陪审员的闲置

普通公民参与案件审判是司法实现社会价值的一种方式，从普通公民视角看待司法对案件裁判结果具有一定参考，但实践中由于权力的倾斜，当分歧出现时陪审员的意见往往难以左右审判者的认知，对最终结果并不能起到实质性的影响。尽管这种模式有其自身劣势所在，但纵观整个进程来说还是利大于弊。在执行陪审职务时，人民陪审员享有与审判员同等的权利，这在我国法律中有明确规定。通过人民陪审员制的施行，陪审员可以以其自身知识经验与专业法官形成互补，法官的职业思维惯性缺陷也可以通过集体智慧的发挥得到弥补，案件的审判质量有了进一步保障。

在人民法庭制度背景下，人民陪审员制度对我国基层社会实现法治化治理也

---

❶ 钟蔚莉，胡昌明，王煜珏.关于审判监督程序中发现的虚假诉讼的调研报告[J].法律适用，2008（6）：55.

❷ 刘振会，荣明潇.判决与调解：在衡平互济中实现公平正义——"重调轻判"现象的理性思辨[J].山东审判，2014（2）：76.

有一定的促进作用。陪审员制度的施行本在于将审判中的一部分权力放置于人民或者说一部分公民手中，然而实践中人民陪审员陪而不审、审而不议、"貌合而实独"这一陪审制虚化现象却并不少见，陪审员实际参审率难以得到保障。实践中人民陪审制功能与价值相背离的状态并不符合这一制度设计的初衷，而导致出现这一问题的根本原因就在于人民陪审员未能实际具备有效参与审判活动的能力。尽管关于适用《中华人民共和国人民陪审员法》的司法解释中明确规定人民陪审员只对适用法律发表意见，需要参与表决的部分仅限于事实认定，但未受过专业培训的陪审员在法律思维上的缺陷也会导致其在事实认定上存在困难，特别是在陷入事实认定还是法律适用问题判定的两难境地时，规定将其视为事实认定问题也增加了人民陪审员的判断难度。人民陪审制的设计初衷是加强司法与群众间的密切联系，从大众认知的视角对案件进行评判，并通过这种联系与社会公众建立起一种监督机制，确保司法的公开透明，而上述矛盾似乎使该制度陷入了一种恶性循环。

在司法领域，法官作为审判庭的主导者具有绝对的权威性，权力分配的初始划分似乎已经在大概率上决定了案件审判的最终走向。参与陪审的公民在自身法律知识欠缺的条件下往往会对法官产生一种"屈从心理"，尽管最终裁判结果与其心理预期具有一定差距，但他们会因为内心天然的"屈从性"而试图自我妥协和自我说服，更甚者，法官会通过将权力移交审判委员会的方式，变相将陪审员的裁判权予以架空。❶ 此外，一些法官长期以来形成的固式审判思维让其习惯了"独办"，相比于合议他们更愿意以一己之力承担整个审判的实质性活动，而陪审员往往也在这种习惯下默示了这种处理方式。在这种情形下，陪审工作的运行基本处于一种无序状态，无法形成长效稳定的机制。应当注意的是，当前甚至很长一段时间以后，这种权力偏移在司法体制背景下并无可能完全消除，但这种偏移并非一无是处，司法机关如果对规则设置加以有效校准，裁判结果也可以被赋予一定的积极促进作用。

---

❶ 赵飞龙. 权力偏移视角下的"陪而不审"[J]. 商丘师范学院学报，2020（5）：72.

六、巡回审判流于形式

人民法庭的生命力在于基层，而制度的生命力在于践行与实践。价值观念的多元化发展无形中增加了人与人之间的摩擦，对经济利益的追求促使人们逐渐摒弃一味遵循的"以和为贵"的理念习惯，新型价值观的确立和多重矛盾纠纷的涌现也使得解纷机制面临着新一轮的危机。《关于推动新时代人民法庭工作高质量发展的意见》提出，人民法庭要坚持"三个便于"原则，其核心是确保法官公正高效地行使审判权，同时确保当事人能够方便及时地进行诉讼，使人民群众对公平正义的诉求能够在无数案件中得到回应。巡回审判是人民法庭深入基层化解纠纷的举措之一，作为马锡五审判方式的传承与创新，巡回审判为人民法院打通司法正义"最后一公里"明确了解决路径，在其他解纷方式难以发挥作用的境况下，巡回审判制度还是给予乡土社会司法温暖的服务保障。

当前巡回审判制度所面临的争论和批判主要包含以下两个方面：一是制度层面。目前巡回审判大多都只在一些政策性文件中以指导意见的形式出现，在正式的法律里几乎没有具体规定，仅在《中华人民共和国民事诉讼法》（简称《民事诉讼法》）第一百三十八条里简略提到巡回审理可以根据需要进行。在无制度约束的情况下，基层法庭只能通过自身经验进行摸索判断。二是经济原因，即所谓的成本问题。巡回审判的核心在于方便当事人诉讼，而方便当事人诉讼通常需要以时间和金钱为代价。一直以来巡回审判主要将视线放置于农村偏远地区，面对的几乎都是诉讼标的较小的案件或是邻里琐事。在巡回审判模式下，法官需要深入农村与老百姓进行"面对面"交谈，通常也无法避免嘈杂的庭审环境，在投入大量人力物力的同时还考验法官的业务能力，一旦发生突发性事件法官还需及时应对疏导。当在巡回审判上支付的时间增多，在自身受理案件量不变的条件下，这无形中可能会降低案件的审判质量。在巡回审判模式下，法官与群众实现了进一步接触，虽然很好地减少了当事人诉累，但一些法官可能难以适应奔赴乡间田头和舟车劳顿，在审理时付出远甚平时的精力也使得自身疲于应对，一定程度上打击了法官的积极性。

第二节　对人民法庭运行模式优化的思考

现代社会管理理论认为，参与社会管理的主体应当多元化而不应局限于国家这个唯一主体。❶法治能够作为一种独特的话语结构在于其契合了国家在特定历史条件下政治目标的转变及诉求，法律系统的存在和政治系统的存在与稳定息息相关，不论是基于结构与功能之间的逻辑关系出发，还是从其运行规律分析思考，法律功能的有效发挥始终是实现和维持政治稳定的必要条件。❷党和国家意识形态的渗透有利于基层与上层、地方与中央的整合，要构筑顺应时代发展的人民法庭司法配置，就必须在坚持现代化建设的前提下将本土资源予以融合，共同作为人民法庭改革的司法发展取向。人民法庭面向群众、面向基层。作为党和国家意识形态发挥作用的主要工具之一，人民法庭在连接个人与社会、个人与国家之间的关系上发挥着重要的纽带作用。毋庸置疑，人民法庭的功能运作状况可以较为集中地反映人民法院审判的价值取向。基层社会背景下，社会上难以发展出真正意义上能够替代传统公社那样维系意识形态的一种结构或机构，在基层社会保障不健全的现状下，唯有法律可以凭借国家赋予的权威力量，以一种合理且有效的方式进入基层民众生活。民众往往对国家法律有着较为强烈的认同感，而人民法庭的运行一方面以法律为依托，代表了我国司法权威，另一方面又契合了基层社会对规则的司法需求。在这种境况下，人民法庭司法运作的优劣深刻影响着国家与人民关系能否得以维系与发展，这对于整合法律与政治也有着不可忽视的作用。

近年来，司法高举人民利益旗帜，这绝不仅是一种"喊口号"式的宣言，而是需要司法机关落实到位的一种价值观念和行为上的践行改革。中国司法审判有自身的特点，这种特点来源于我国国情，植根于我国本土文化，不能草率地通用

---

❶ 倪瑞兰，葛存军.社会管理创新视域下的检察职能重构研究 [J].探求，2013 (S1): 154.
❷ 刘新星.社会整合与人民法庭的功能定位 [J].河北法学，2012 (6): 163.

西方司法理论来衡量我国司法。人民法庭作为具有司法自治色彩的机构，在治理上可以不用完全拘泥于传统的法院模式，而可以试图逐渐转向多元化格局发展。因此，进行人民法庭的功能重塑与运行模式的转变，逐步形成法院"重心下移"的工作模式，以化解矛盾纠纷为主要导向更好地适应基层社会的实际需求，可为中国特色司法审判制度的形成与发展提供一些局部经验。❶

主张"固守式"法治还是"扩容式"法治反映了当代司法对人民法庭功能塑造的不同理解。❷ 前者意在让民众接纳吸收国家法治，进而构建类城市社区的法治；而后者则是主张主动挖掘基层社会资源并延展，使之与国家法治相融合，并有目的性地建构现代基层法治体系。透过现行有关人民法庭的具体实践可以看出，目前人民法庭的建构仍然大量依托于人民法院的机关庭模板，法庭通过复制模板成为操作指南并加以运行，对自身所处的环境背景和地域文化却只有微不足道的研究。这不是在否定法院机关庭的司法运作模式，人民法庭作为基层法院的派出机构，在遵循法律规范与法律程序的前提下还应对基层社会关系进行全方位考量。我国走的是"一切从实际出发，理论联系实际"的思想路线，不能抛开具体环境谈论司法和谐，而人民法庭被裹挟于法治与地方性的多元需求当中，如何给予合适的供给需要通过不断的实践与摸索得出答案。人民法庭应当充分利用现有的司法改革成果，并在这个基础上结合自身特征开创更加适应社会需求的资源配置，利用自身优势切实高效发挥职能优势，着力探索一条人民法庭运行模式改革与优化的新路径。

尽管人民法庭的特殊性赋予其得天独厚的优势，但其特殊的司法运作模式也造成了人民法庭的法官在多元化目的之间艰难地找寻平衡，难以兼顾的几重目的背后是司法理念的缺失和制度构建的缺失与滞后。❸ 全面深化司法改革的背后往往是各种机构之间的利益拉扯，这些改革的效果或多或少会波及人民法庭，进而要求人民法庭回馈同样的举措，甚至以牺牲法庭中案件的实际处理效果为代价。

---

❶ 顾培东. 人民法庭地位与功能的重构 [J]. 法学研究，2014（1）：29.
❷ 冯兆蕙，梁平. 新时代国家治理视野中的人民法庭及其功能塑造 [J]. 法学评论，2022（1）：134.
❸ 戴鸿峰. 我国人民法庭司法运作方式存在的问题与完善 [D]. 苏州：苏州大学，2010：14.

打铁还需自身硬，人民法庭要想在法治轨道中平稳运行，就必须开创一条具有自身特色的现代化道路。

第三节 打造具有中国特色的人民法庭运行模式

具体知识往往来源于基层实践。❶人民法庭应当做好基层司法改革的先行军，让基层司法需求可以以一种更为集中的方式被更多的人看到，应站在微观角度对现代社会运作所面临的具体问题加以解决而非仅停留在宏观层面。人民法庭的司法活动与基层社会有着千丝万缕的关系，其改革方向必将涉及我国绝大部分民众的法律福祉。如前所述，一件事物功能的赋予意味其应当承担一定的义务和职责。社会功能是审判组织存在于现代法治社会的合理性基础，其价值标准也依赖于社会功能而被衡量与评判。❷由于社会功能一般通过纠纷解决、权力配置和法律统一来体现，因此优化人民法庭运行模式有必要促进三者的联系，通过三者的有机整合共同发挥真正的价值。

一、优化人民法庭运行的理念

（一）能动司法下的新型审判模式

司法被动性一直被认为是民商事审判领域的一项基本原则，主要针对司法程序，即遵循法定程序、尊重当事人处分权并对法官权力加以规制，以防法官依据自身的自由裁量权滥用权力而任意裁断。当事人诉讼模式与职权主义诉讼模式的单一适用对于身处基层社会的人民法庭并非完全配套，仅依据纯粹的两种诉讼模

---

❶ 苏力. 送法下乡[M]. 北京：中国政法大学出版社，2000：4.
❷ 左卫民，周长军. 变迁与改革：法院制度现代化研究[M]. 北京：法律出版社，2000：88.

式开展审判工作不仅不能推动诉讼发展稳步前进,反而可能制约人民法庭运行工作的顺利开展。❶我国国情决定了我们不能直接照搬其他国家的诉讼模式,基层地区特有的地方性也决定了基层法庭不能直接沿用非基层法庭的运行规则。如何建构一个兼收并蓄的、具有中国特色的新型审判模式,对于当下处于转型期的基层司法来说尤为关键。

基层司法开辟一种新型的模式应当考虑基层所具有的种种特征,以更好地找寻一种适合我国地域文化及乡土人情的审判模式,这也就对基层审判者的法律素养提出了更高要求。能动司法理念的萌生与发展对于人民法庭审判职能有着其独特的价值。在我国,当事人主义诉讼模式更多体现在处分主义,即当事人有权决定是否将纠纷提交至法庭与权利的请求范围,而法庭会根据当事人的诉讼请求,在当事人提出的事实、主张的范围内审理案件。司法能动性主要是为了实质性地运用司法,它赋予法官较大的自由裁量权,从而最大限度地实现社会公正。相较于当事人主义而言,能动司法与职权主义的亲和度更高,它更多的是在强调优化改进审判者在审判权上的运作方式。我国法庭在证据方面以职权主义模式为主,但城乡地区的差异性决定了司法机关不能对基层地区适用同一种诉讼模式。当事人在是否提交证据与应当提交什么证据方面上的法律意识往往较为薄弱,案件审判进程难以推进。此时基层法官在证据问题上应当扮演更积极的角色,秉持较为主动的姿态进行审判。由于能动司法的功能更能在基层法庭得以发挥和体现,因此基层司法应当更加主动地发现、解决纠纷,把矛盾纠纷有效化解在基层,而非拘泥于"裁判"的字面职能分工。在遇到当事人质疑公正的情境下,应当主动向其释明其行为目的及意义所在,以防"能动"被误解为"乱动"。能动司法从一开始就注入了极强的政治倾向,要求始终把人民这个要素放在司法首位。在社会转型时期,司法应当着眼于基层社会的现实情况开展能动运作,实现能动司法、积极司法、有效司法。

---

❶ 韩洁.人民法庭审判机制的实证考[D].苏州:苏州大学,2012:32.

（二）注重规则与实践运作的平衡

无论是审判权的纠纷解决功能还是规则之治功能，它们都是对不同功能定位的侧重，都有其合理性可言。人民法庭要想在审判方式上走出两难境地，并不一定要在主动与被动中作出取舍。❶ 国家一直倡导"努力让人民群众在每一个司法案件中感受到公平正义"，而实现这个需求需要审判者给予每个当事人应有的对待，这需要客观的事实与正确适用法律的共同反映。人民法庭司法运作得以平稳运行的前提是坚持事实和法律的客观公正性，其后才应当是技术操作的规范化。❷ 对审判权的功能偏差进行校正，不能仅对二者之一做单一强调，而应对其进行整合适应，从而构建一条融合我国司法理性与基层社会社情民意的良性互动道路。

人民法庭地域的特殊性决定了其与中级以上层级法院审判功能的差异性。人民法庭的审理对象大多都是繁琐的、以经济利益为主要类型的纠纷，而后者面对的通常是具有一定影响力的较为重大的案件，这类案件的审判结果一般可以为社会确认或提供某些规则，进而实现对社会的规则治理。相较于中级人民法院这类层次而言，人民法庭的功能似乎更体现在解决当前个案的矛盾纠纷。尽管处于司法权力末梢，但打入基层、深入人民群众的模式也让人民法庭在发现案件事实、厘清纠纷焦点上具有得天独厚的优势。案件事实认定需要证据加以支撑，在缺乏充分可信的证据证明案件事实的情况下，就需要审判者结合经验法则和逻辑规则对案件事实进行综合、全面的认定。人民法庭深入基层，不仅需要审判者依据法律规则界定权利义务关系，还应当从纠纷背景及当事人之间关系出发，寻求最恰当的解决几方矛盾的方式，避免过分强调权利而导致当事人产生不必要的矛盾对立情况。特别是对涉及人身关系或者需要维持长期利益的纠纷，在需要一方当事人长期履行义务的情况下，人民法官更应当以更柔和的方式化解不必要的戾气，

---

❶ 韩洁.人民法庭审判机制的实证考[D].苏州：苏州大学，2012：25.
❷ 禹得水，高峰.国家治理视野下的人民法庭（1949—2014）[J].政法学刊，2015（2）：27.

适时适用调解以达到事半功倍的效果，从而实现从控制和效率向公正与和谐方向的转变。要在重塑法庭制度性权威基础上进一步强化人民法庭解纷功能，这就需要法官在保持居中裁判者身份的同时在规则与现实的张力间找寻权力与权利，以及实体正义与程序正义之间的平衡。❶

二、优化人民法庭运行的基础：良好的纠纷审理规则

司法权作为法院最直接、最核心的职能，其基本属性为基于事实和法律作出正确的裁判。司法审判作为法治的中间环节，不仅是解决个案纠纷和实现权利救济的一种机制，司法权的有效运行对于党和国家开展社会治理、实现依法治国也具有较为重大的意义。深化司法体制综合配套改革，形成公正、高效、权威的司法制度和审判规则是当下人民法院的一项重要任务。如果说制度的缺失是由于国家立法机关和司法机关对人民法庭职能未能准确定位的结果，那么法庭内部审判权的配置失衡则更多的是因缺乏明确的群体决策规则所致。❷ 人民法庭的地域特殊性决定了其在案件审理过程中可能会面临许多突发状况，存在很多利用法学理论和法官法律经验也无法解决的难题，导致法庭审理常常陷入瓶颈。因此，对于案件审理中遇到的审理依据和裁判标准不明确等类型化问题，法官可以及时依照程序向上报告，由高级人民法院通过援引纪要或判例的形式对辖区内反映强烈、处理经验成熟的问题予以解答。对于影响重大或具有强烈代表性的问题，最高人民法院也应当就法律适用问题适时出台司法解释或相关规范性文件，以对人民法庭审判工作进行良好的指引。需要注意的是，要正确处理人民法庭与基层法院、上级法院和人民法庭与地方党委、政府的关系，避免人民法庭依法独立的审判权受到外界干扰，确保人民法庭司法的独立性。

---

❶ 韩洁.人民法庭审判机制的实证考[D].苏州：苏州大学，2012：9.
❷ 徐秉晖，袁坚.对审判权优化配置的实证分析与改革建议[J].时代法学，2015（6）：71.

三、优化人民法庭运行的路径：以审判为主线，搭建诉讼治理功能平台

（一）开启"家门口立案"新模式

立案制度的改革创新对于司法改革进程具有积极意义，如何使制度更好地服务大众值得深思。跨域立案涉及诉讼法中管辖制度的范畴，在地域管辖和级别管辖方面均有所涉及，因此最初接收法院的审查范围关系到该制度的实施是否违反《民事诉讼法》中关于管辖的规定，以及下级法院对于上级法院管辖的案件是否具备审查能力的问题。立案材料先后经历形式审查和实质审查两个阶段再辗转至当事人，这可能无形中复杂化了立案程序，但如果直接赋予接收法院实质性的审查权则与我国当前法律规定相违背，甚至可能造成管辖权的混乱。为此，有必要建立法院之间横向和纵向的制度化、系统化协作联动机制，打造全面跨区域诉讼服务新格局，实现开放共治的社会治理新面貌。❶ 这一构想的实现可以由立法机关和司法机关通过完善立法和出台司法解释的方式加以解决，法院应当设定共同的立案标准，由各级法院之间达成互相授权立案的协议，以实现更好的司法服务。

基层法院以辖区为单元设立了人民法庭这一机构，因此通过人民法庭开展立案工作可以更加深入推进矛盾纠纷化解机制建设，进一步解决人民群众的司法需求。通过人民法庭直接立案的形式对前来立案的当事人进行立案指导及释法答疑，可以有效解答民众在司法程序和实体上的困惑，甚至可以通过工作人员的巧妙手法将矛盾纠纷有效制止在立案之前。为大幅提高人民法庭立案效率，收案范围应当根据法庭所在地的中心工作需要或所在辖区的主导产业来进行确定，并使其具备一定的合理性，对于不适应的案件可以在接收后回转人民法院，由法院立案庭予以实质审查并进行立案。由于人民法庭是基层法院的派出机构，因此由同

---

❶ 朱恒顺.期待跨域立案释放更多"红利"[J].浙江人大，2017（7）：40.

一基层法院派出的人民法庭必将统一于同一立案标准,在同一基层法院下的派出法庭可以由法院决定相互之间实行跨域立案制度。至于上升到跨区县、跨市甚至跨省的案件,仍需像之前所述的由法院之间形成合意的"协议",以免与法律规定不相适应。跨域立案制度是我国司法与现代化社会发展融合的一种体现,而一项制度要想得到好的贯彻实施,除消除客观上存在的弊端外,是否确切地落实才是最终决定该制度能否发挥其应有功效的因素。目前跨域立案制度虽早已在多个城市进行试点并得到肯定,但该制度仍未得到全国大面积的推广,实行范围仍局限于一些较为发达的地区,"便于当事人诉讼"原则在该制度上未得以充分体现。不仅当事人由于与司法政策的断联而对该制度一无所知,大量法院立案庭工作人员仍是以"被告住所地"为由拒绝办理,究竟是制度的未为推广导致工作人员所为,还是因为想要减轻法院案件量而推诿,其原因无从得知。让人欣慰的是,《最高人民法院关于推动新时代人民法庭工作高质量发展的意见》中再一次明确提出,要"推进完善人民法庭直接立案或法院派驻立案机制,推进人民法庭跨地域立案服务,确保实现跨辖区、跨县、跨市、跨省立案"。相信该意见的出台将会逐渐成为全国法院系统的指向标,互联互通的跨域立案制度必将在全国各个角落全方位运用和实现。

(二)建立明确的繁简分流标准,完善诉前调解机制

公正与效率是人民法院永恒的工作主题,不讲效率的司法不是公正的司法。繁简分流机制应当发挥其应有作用,在公正和效率之间找到平衡,在公正的前提下努力保证司法效率。我国立法并未对繁简分流机制中简案与繁案的划分标准作出具体规定,最高人民法院也仅提出要依据案件事实、法律适用和社会影响等因素来选择适当程序的概括性兜底规定,这难免造成实务中繁简难分的局面。实践中通常会采用结合案件类型、标的额大小的方法判断案件繁简,或者采取"将法律明确规定不能适用简易程序的案件直接定性为繁案,其余的则是简案"的判断方式,这种方式可能会扩大繁案的范围和数量。尽管两种方式都有其合理性,但

也仅通过客观层面对审理程序进行了初步判断。案件繁简的划分应当是一个动态的过程，法官不应局限于某一个点或面，而应在充分尊重当事人程序选择权的基础上按照程序和实体两方面进行划分识别，实现主观与客观、程序与实体的有机统一。❶

通过程序进行区分，对于能够通过电话、电子邮件等方式通知到当事人，对当事人能够适用直接送达、邮寄送达等文书送达方式，或是当事人自愿放弃举证权利、答辩期限及双方当事人均能随时参加诉讼的案件，可以认定为简单案件，一般适用简易程序或速裁程序审理；而对于参与人数较多、权利义务关系较为复杂的案件，以及涉及公共利益或涉外案件等应当认定为繁案。从实体层面进行判断，在立案阶段，法院可以根据当事人诉讼请求的内容大致判断并予以确认审理程序。如果当事人的诉讼请求单一，如仅涉及金钱给付且数额不大的、仅涉及婚姻关系问题且财产分割简单明了的，可以适用简易程序；一旦当事人提出财产确权、金钱给付甚至牵涉担保、人身关系争议等多项法律关系的，法庭应当将其确认为繁案。在审理阶段，如果当事人双方对案件事实争议过大，需要进行重新鉴定、评估等来查明案件事实的，甚至出现追加当事人、延长举证期限的情形，则不适宜将其界定为简案，而应按繁案处理。法院应当在普通程序、简易程序及速裁程序之间建立有效的联系与衔接，对于适用普通程序却因特殊情形而致案件可以适用简易程序的应当及时回转，以实现案件的高效审理。对于不愿意适用简易速裁程序的当事人，法官应主动向其释明适用该种程序的依据及优点，如若释明后当事人仍不愿适用，也不得强制适用。但也要防止当事人为拖延时限和逃避义务而拒绝适用本该适用简易速裁程序的情形发生，法庭对此应当注意加强审查力度。法庭也应当建立相应的监督机制和救济途径，避免法官过分追求效率而快速结案，损害当事人的合法权益。

诉前调解既是繁简分流机制的重要途径之一，也是多元化解纷机制的重要组

---

❶ 舒学婧.民商事案件繁简分流机制研究［D］.荆州：长江大学，2020：21.

成部分，其可以从源头上有效控制流入法院的案件数量，将大量矛盾纠纷化解在司法诉讼以外，司法资源的有限性也迫切需要诸如诉前调解这样的非诉途径对案件进行分流。诉前调解能否得以开展同样依托于当事人的意愿，它不同于庭前调解，而是作为法院分流的一种方式屹立于立案程序之前。法院应当充分尊重当事人的选择，对于同意进行诉前调解的，调解应当在规定的期限内进行，调解期满仍无法调解的应及时将案件移送立案并进行初步的繁简分流，既要避免久调不立的情形发生，也要防止立案庭成为积压案件的蓄水池。同庭前调解一样，法院也可以根据调解结案率和调解履行率建立相应的调解考核制度，以调动调解人员的工作积极性。

（三）判决与调解关系上的应然回归

"重调轻判"到"调判互济"的拨乱反正，使判决和调解回归其应然价值轨道，对于助力人民法庭司法平稳运行有着重要意义。一直以来判决在司法裁判中都有着不可动摇的基础地位，作为司法功能的主要载体，法院通过事实认定和法律适用对当事人的权利义务进行最终裁判并分配，这是国家意志集中体现的表现。而调解有时虽然不尽符合实体法规定，但其在结果上也同样具有法律效力，其结果的公正性不容否认。但从本质来看，调解体现的是在法律允许框架内当事人之间的一种合意，是私法意思自治的一种体现及当事人对自己权利义务的一种取舍。也正是因为这种合意，调解很难呈现出属于它自身的一套规则或属性，这种个案的成功难以复制，不具有判决一般的普遍适用性。相较于判决而言，调解在司法价值上也难以达到判决所能实现的公平正义，在一定程度上不利于司法规则的建构。[1]但法律既然允许私法自治的存在，也就表明司法允许当事人以调解合意的方式处理案件，实践也很好地证明了调解在解决纠纷上的独特优势。司法判决与调解都是司法功能得以发挥的必要方式，评判二者孰轻孰重也并非司法的

---

[1] 刘振会，荣明潇.判决与调解：在衡平互济中实现公平正义——"重调轻判"现象的理性思辨[J].山东审判，2014（2）：77.

目的所在。离开调解，法官会难以承受判决压力之重，判决质量也将难以保证；离开判决，法院最终也会沦为与民间调解组织功能相等同的机构，法律权威在法院这里不复存在，法院调解也丧失了其本身区别于民间调解的优势。因此，应当正确定位判决与调解的功能，在有效发挥自身优势的前提下弥补另一方式的不足，二者相互补充，互助互济，实现人民法院司法功能价值的最大化。

从宏观与微观两个层面对判决与调解进行评判与优化可以更好地实现二者之间的平衡互济。在宏观层面，调解旨在促使人民法院通过这种更加温和的方式把矛盾纠纷扼杀在摇篮里，然而实践中由于法官理解的偏差和对调解指标的过度追求而导致政策的实际运行逐渐偏离预设轨道，可以说"重调轻判"的结果就是对"重判轻调"的一种矫枉过正。因此，应当通过调整完善司法政策以回归正常的调判平衡的轨道，司法机关在重视调解的同时也应有意识地强调判决的重要性。诱发调解率急剧上升的一个导火索就在于法院下达的对法官调解工作的考核指标，本应以激励为导向促进调解概率的增加，实则却造成法庭审判方式的失调。基于此，解决这一现状的第一要务是对调解考核体系作出新的建构。法院仍可以将调解率作为考核指标，但不以未达标准作为惩罚标准，而以达标甚至突破作为奖励标准替代，在达到标准的前提下进一步以自觉履行率作为加倍奖励，以督促法官，尽量减少强制执行及信访情况的发生。❶ 对于案件调解数量的设定也不应固定于一个数值，法院可以根据外部环境形势变化和地方自身审判规律合理确定数值区间，并适时针对实际环境提出政策指导意见，尽量减少法官遇到突发情况而无法应对的情形发生。在前述基础上，为避免法官过分追求调解率，在奖励机制上还应设定相应的责任机制，即将调解案件也纳入追责范围。这样一来，法官在期望通过调解得到奖励的同时会更加谨慎开启和应对调解案件，调解与判决也将逐渐脱离失衡倾斜状态而回归二者本应存在的轨道。

---

❶ 刘振会，荣明潇. 判决与调解：在衡平互济中实现公平正义——"重调轻判"现象的理性思辨[J]. 山东审判, 2014 (2): 77.

使判决与调解的关系应然回归最关键的当属判决与调解本身。判决作为司法裁判的基础,调判平衡对其提出了更高的要求。当前司法提倡"同案同判",这也表明实现法律适用标准的统一对于审判质效和司法公信力有着极为重要的影响,统一法律适用也是对审判者自由裁量权进行制约、规制与有效指引的要求。法官审判案件时,除应做到类案检索外,还应正确使用证据规则和法律解释方法,以最大限度地降低判决尺度不一致的风险。在正确认定事实与适用法律的基础上法官还应切实提升文书说理的能力,不仅应当体现自身法律思维与裁判法律价值,还应当顾及社会公众的价值取向,兼顾案件处理的社会效果。深入地释法明理能够使案件审理过程的是非曲直得到全方位还原,法官的审判思维可以直观地呈现于大众眼前,这同时倒逼着法官规制自由裁量权。在保证法官自觉规范使用自由裁量权的前提下,法院也应当建立案件登记公示制度,避免案外人无端过问案件造成判决程序的不良污染。而调解作为需要当事人达成合意的解纷手段,法庭首先要做到的就是在调解程序上进行完善。法官询问当事人是否自愿适用调解,可以在让双方当事人大致了解案件具体情况后再进行询问,对于愿意进行调解的案件则继续进行,对于不愿调解的案件则转向诉讼程序,以免耗费过多不必要的时间而拖延案件进展,增加当事人诉累。在调解方式上,由于能否达成最终调解的关键在于当事人对裁判结果的预期是否满意、对该结果是否能达成共识,因此适当降低当事人对裁判结果的乐观预期、缩小当事人之间的预期差距更能有效提高调解成功的可能性。这就要求法庭要做好庭前证据层面的信息交换和庭中事实层面的信息交换,确保当事人双方能够及时接受案件信息并予以消化,并对是否愿意接受己方权利的减损及义务的增加进行抉择。❶调解必须在法律秩序框架下进行,调解的运行不得违背法律基本原则与法律精神。不能为了达成调解而随意曲解法律规则,甚至以损害公共利益或第三人利益为代价,若在这种情形下强行适用调解则会使裁判陷入尴尬的境地,影响司法的公信力。法官此时应当在

---

❶ 赵毅宇. 法院调解的成本收益分析[D]. 湘潭:湘潭大学,2017:39.

查清事实的基础上依法作出判决或作出其他处理，实现司法真正的正义。

（四）合议制下实质陪审权的实现

在坚持和发展中国特色社会主义道路的背景下，我国明确要全面深化司法改革，陪审制改革势在必行。确保人民陪审员实际有效参与审判，实现人民陪审员制度功能价值的实质发挥是依法治国背景下推行司法公开、实现司法民主的坚实基础，而人民陪审员制度的价值功能也决定了陪审制的改革方向。人民陪审员应当发挥其在社情民意上的优势，对案件事实进行确认并发表意见，这份得天独厚的优势在极具区域性特征的人民法庭面前也能够得到更加完美的展现。法庭应当选择最适宜人民法庭司法特征的人员参与陪审，这些人员可能文化素质、法律水平相对较低，但就处理基层纠纷而言他们可能更具优势。但是，尽管现行法律将事实审与法律审加以区分，现实中由于事实与法律并非具有绝对的标准界限，诉讼程序及证据规则的运用很难完全脱离人民陪审员所要参与的范围，这无疑给了一些法律素养偏低的陪审员一个下马威。如果试图通过专业培训的方式解决该类问题，无论培训是否到位，都无法避免陪审员的"类法官化"而产生屈从专业法官的效果。因此，在庭审中引入必要的法官指引机制不失为一种折中办法，这对于克服人民陪审员陪而不审及陪审效率低下问题具有重要意义。在引入法官指引机制的同时，法院也应当扩大人民陪审员来源的多渠道性，尽量在体现制度优越性的同时满足审判工作需要。对于所需要厘清的案件事实，可以由法官主导或经双方当事人讨论形成问题清单，并由法官在不涉及案件的价值判断下将诉讼程序及证据规则等必要事项对陪审员作出必要的说明，解释并证明其指引的合法性及合理性，最后由陪审员作出关于案件事实的评议。❶

合议制的重点在于合议，而这需要审判长与陪审员的通力合作。人民陪审

---

❶ 尤莉.人民陪审制度中的法官指引机制研究［D］.常州：常州大学，2021：25.

员的"陪审"应当体现出政治功能与司法功能的双重价值，人民陪审员也应在法律规定的范围内积极参与裁判，在法官不了解民俗风情与出现思维盲点时及时进行正确引导与纠正，使案件最大程度接近事实真相，以防裁判结果失之偏颇。同时，法庭可以通过庭审笔录记录反映陪审员的不同意见，保障正当程序的实质性。

（五）正视巡回审判背后的社会作用

制度往往是实践经验的产物，评判制度的好坏不应局限于制度本身，而应当放眼于其所处的大环境。如前所述，一个产品是否具备优秀的发展前景不能只关注其所消耗的成本，产品的实际所得和预期所得收益同样是评判和稳固其市场地位的关键，这对于巡回审判制度同样适用。用历史和发展的眼光看待我国在国家治理体系中的方式和手段，可以证明坚持全面依法治国是发展中国特色社会主义制度的显著优势，而"送法下乡"就是将这种优势发挥到基层的一种尝试。巡回审判作为依法治国的一种制度，所解决的并非一个或几个个案纠纷，其背后所体现的是公平价值和正义价值的社会输送，使国家权威和国家意志通过司法的力量渗透到基层地区，从而达到社会稳定的效果。❶巡回审判直接对接人民群众，通过向特定领域的输送途径将人民法庭的基层功能发挥到极致，为基层民众树立法治理念的同时还减轻当事人诉累，将矛盾化解在萌芽状态，有效打通服务群众的"最后一公里"。

新形势下巡回审判以其方便高效的优势实现了政治效果、司法效果和社会效果的有机统一，符合我国基本国情，但其制度运行仍需结合各区域的实际情况而有所侧重，如何使具体的法制充分、适时地回应社会的发展需求是当下我们应当特别关注的问题。新时代巡回审判仍需在制度上开启进一步的拓宽与延展，而目前我国巡回审判制度多为原则性规定，最高人民法院可以在立法框架

---

❶ 卫跃宁.巡回审判：打通司法正义的"最后一公里"[J].人民论坛，2020（S1）：88.

内制定如受案范围、受案类型、区域限制等实施细则以保证整体制度的一致，其他方面可由各巡回法庭根据区域实际情况灵活操作、因地制宜。巡回审判面向的主要是常居于乡村的当事人，他们往往自成一套风俗习惯，法官抱以入乡随俗的工作态度可能会使裁判结果更易被群众接受。法官也并非必须要遵循严格的法庭审判规则，面对法律知识欠缺的当事人，法官更应发挥能动司法的力量，积极引导当事人进行事实认定和质证，尽可能在合理范围内最大程度地保障当事人的权益，让人民群众切实感受到司法温暖。面对巡回审判的困难，社会公众应避免将法官价值简单物质化，法官自身也应对法官职业职能做到准确理解，司法机关对法官这个职业也应当加以一定的体恤，促使法官能够以最好的状态回馈司法。

（六）诉讼案件类型化呼吁审判专业化

人民法庭往往以辖区等具有同一地域特征的计量单位划分其范围，使人民法庭辖区内矛盾纠纷相对集中化，这也提供给人民法庭一个新的思路，即通过加强矛盾纠纷特征对应的法律模块知识，以成立更精细化、更专业化的审判组织回应该区域的社会需求。案件的类型化特征也为人民法庭开展专业化审判提供了可行性，类似于专门法庭的功能，人民法庭可以单独设置几个相对专业化的独任庭，并通过这些专业独任庭对某类或某几类案件进行专门审理。这是现代社会功能分化对司法的现实需求，而人民法庭作为人民法院的前沿地带，能够也应当肩负起这一重任。从经济学的角度看，类型化案件的集中审理不仅能够使案件的处理更加高效，同时还能促进法庭内部成员之间的默契与磨合，降低成本的同时也提高了法庭的司法效率。值得重视的是，法庭专业化可能会导致法庭内部成员在法律意识上的一致性，可能会导致成员一同陷入定式思维而束缚和限制案件的不同走向。因此，专业法庭的法官具备高能力专业知识及超丰富审判经验是探索建立专业性、技术性强的专业化法庭的必需要素，还可以

通过引入专家辅助制度使法庭完成更专业化的审判。❶

  作为化解矛盾纠纷的前沿阵地，人民法庭的司法运行事关经济繁荣昌盛，事关社会和谐安定，事关人民幸福安康，夯实法庭基础、做好新时代人民法庭工作对于在全面依法治国背景下推进国家和社会现代化治理具有重大意义。❷ 如何全面推进基层社会治理、实现高质量服务人民群众，给出一份新时代法治中国建设的完美答卷既是当下司法改革的重点，也是难点。"案多人少"矛盾是我国司法实践在特定环境下必须面临的一个问题，随着经济社会的发展与改革，这个矛盾会在我国持续存在并将长期存在。从人民法庭司法运作模式方向入手仅是利用更加完善的手段对处理矛盾纠纷的过程进行适度的优化，而这对于解决纠纷远远不够。新时代、新思想引领新发展，化解这一问题不仅需要在诉讼制度和程序上寻求解决方法，还需要从诉讼以外的角度寻求应对策略。所谓正本清源，应当坚持以问题为导向，在基层法治现代化建设的基础上，有必要将人民法庭的工作重心从纠纷化解的司法运作拓展至诉源治理，做到"从源头上减少诉讼增量"。"以人民为中心"是坚持和发展中国特色社会主义的基本方略，这也是对人民法庭职能定位的战略指引。全面建设人民法庭，应当以便民为目的，围绕"三个便于""三个服务"及"三个优化"原则，坚持因地制宜推动人民法庭服务基层。随着社会现代化进程的加快，人民法庭必将面临新一轮的考验，人民法庭建设还需尽快跟上时代的步伐。

---

  ❶ 高虹，牛毅刚，王华伟.城市人民法庭建设的功能重塑与路径选择——以四个直辖市 303 个人民法庭为样本[C]//司法体制综合配套改革与刑事审判问题研究——全国法院第 30 届学术讨论会获奖论文集（上），2019：71.

  ❷ 周强.认真学习贯彻习近平法治思想 全面推动新时代人民法庭工作实现新发展[J].法律适用，2021（1）：33.

第五章 ▲ 人民法庭诉源治理

最高人民法院出台的《人民法院第五个五年改革纲要（2019—2023）》（简称《五五改革纲要》）将深化多元化纠纷解决机制作为改革主要任务，强调要创新发展新时代"枫桥经验"，完善诉源治理机制，从源头上减少诉讼增量，促进共建、共治、共享的社会治理格局建设。中央全面深化改革委员会第十八次会议审议通过《关于加强诉源治理推动矛盾纠纷源头化解的意见》，强调"法治建设既要抓末端、治已病，更要抓前端、治未病。要坚持和发展新时代'枫桥经验'，把非诉讼纠纷解决机制挺在前面，推动更多法治力量向引导和疏导端用力，加强矛盾纠纷源头预防、前端化解、关口把控，完善预防性法律制度，从源头上减少诉讼增量"。诉源治理更是"枫桥经验"在司法活动中的实践，人民法庭作为诉源治理的主力军，应当充分发挥"枫桥经验"在诉源治理中的作用，实现矛盾纠纷源头化解，推动社会治理现代化。

第一节 人民法庭参与诉源治理的理论基础与功能定位

一、诉源治理的内容和必要性

（一）诉源治理的主要内容

"诉"是指进入诉讼程序的案件，"诉源"是指诉讼案件产生的根源，"诉源治理"是指从源头化解和治理社会矛盾纠纷。根据《关于加强诉源治理推动矛盾纠纷源头化解的意见》，诉讼源头的追溯有两层含义：第一个是从纠纷多发的领域出发，从源头上减少或者杜绝诉讼性纠纷发生；第二个是构建一套完备有效的社会纠纷矛盾化解体系。而治理是指党政机关、相关职能部门、社会团体、个人等多种主体通过联动合作，对群众的行为进行引导和规范，进而推动社会公共利益的实现。❶ 总的来说，诉源治理是指为预防化解各类社会矛盾，调和当事人的利益冲突，相关职能部门、社会团体及个人采取各项措施、方式和方法，以减少诉讼性纠纷的持续性过程。❷

虽然诉源治理的主体包括了党政及公检法等机关，但诉源治理机制的提出与方案的具体推进主要集中在司法裁判与纠纷解决领域，法院是司法裁判和纠纷化解的重要主体。2019年最高人民法院在《五五改革纲要》中吸纳了诉源治理机制，明确将其列为今后五年人民法院一项非常重要的改革任务，为法院参与诉源治理提供了

---

❶ 王浦劬.国家治理、政府治理和社会治理的含义及其相互关系［J］.国家行政学院学报，2014（3）：12.

❷ 郭彦.内外并举全面深入推进诉源治理［N］.法制日报，2013-01-14（07）.

重要依据。因此，此处讨论的诉源治理是从法院的视角出发，包含四个方面：一是依靠党委政府，调动相关部门组织和群众力量，减少社会纠纷的产生，推动基层治理；二是建立前端解纷模式，让纠纷得到实质性化解；三是引导当事人选择非诉方式解决纠纷，完善诉讼与非诉讼的程序衔接，进行案件分流，减少进入诉讼程序的纠纷；四是构建漏斗型逐级递减的解纷模式，推动社会治理。❶

（二）诉源治理的必要性

（1）基于社会稳定的基础考量。"诉"是社会不同主体之间的一种利益对抗情形，其与公共利益的变化关系密切。❷"诉"增加的客观原因是不同主体之间的利益关系随着社会发展不断变化。"诉"无法完全根除，只能对"诉"进行一定的调节和化解。❸要采用多样化的手段才能构建稳定的社会，这是一个繁杂而系统的工程。法律手段虽是维护社会稳定最基本、最有效的方式，但不能把它作为构建稳定社会的唯一手段，其还不足以维护整个社会的和谐稳定，因为在许多领域，法律没有强制进入的权利。在此情形下，司法不仅要尽可能通过审判及时有效地解决纠纷，而且要积极引导群众少生或不生纠纷与选择适当的方式来解纷，诉源治理在这个方面可以发挥较好的作用。

（2）基于社会治理的整体考量。社会治理是一个完善的体系，涉及社会活动的各个领域，其强调"系统治理、依法治理、源头治理"，追求"良法善治"。当前社会治理的重要推进方向为法治化，其内涵是从根源上降低失序现象，通过运用法律法规和内在的法治精神引导和规范群众的思维与行为模式，并对群众的规则意识和契约精神进行培育与强化。"诉源治理"则是推动社会法治化的重要举措，其由解决表层矛盾转向解决深层次的问题，通过诉讼与非诉讼的双重解纷模

---

❶ 四川省成都市中级人民法院课题组，郭彦. 内外共治：成都法院推进"诉源治理"的新路径 [J]. 法律适用，2019（19）：15-16.

❷ 顾培东. 社会冲突与诉讼机制 [M]. 北京：法律出版社，2004：27.

❸ 何兵. 现代社会的纠纷解决 [M]. 北京：法律出版社，2013：3.

式，平衡社会关系，推动多维度的依法治理。因此，"诉源治理"是社会治理的重要手段。

（3）有利于解决法院内部司法需求。从人民法院视角来看，全国法院案件高位运行、数量急剧增加的趋势尚未改变，必然需要有针对性地推动"诉源治理"。面对制约社会法治发展的人案矛盾难题，必须釜底抽薪，从根源上解决问题。"诉源治理"的目的在于从源头上预防和化解纠纷，对案件进行分流，充分发挥和利用诉源治理机制的特点和优势，引导当事人选择非诉方式解纷，降低当事人行使诉权、使用司法资源的时间和物质成本，弥补完全依靠诉讼途径解纷的局限性，从而降低案件量，节约司法成本。

二、人民法庭参与诉源治理的理论基础

（一）能动司法理论

在我国社会背景下，能动司法是指司法机关在法律规定范围内遵循司法规律，以司法为民为价值目标，运用司法和互联网技术，积极主动地解决社会纠纷和矛盾，追求法律适用效果与社会实效相融合的司法实践的总称。有学者提出，能动司法一方面强调法官肩负社会治理的政治责任，需要其积极发挥主观能动性，另一方面要求司法是以人民为中心，其服务于社会治理大局。❶通过梳理我国理论界对能动司法的相关研究，主要界定为以下三种类型。

（1）实体型能动司法。这种类型又可以细分为二：一种是最高人民法院通过发布权威的文件，如司法解释或是案例指导意见等，以提高法律法规在社会变化发展中的适应性；另一种是法院将能动司法理念贯穿具体案件的审判中，如法官在填补法律漏洞、衡量社会利益的基础上创造性地、能动地适用法律。

（2）程序型能动司法。主要体现为在不同的案件情况下，法官为解决当事人

---

❶ 苏力.关于能动司法[J].法律适用，2010（1）：6.

不方便参与诉讼或是当事人诉讼能力不足等问题，在法律允许的范围内根据不同情况灵活地应用或者简化审判流程，以便对当事人的诉讼利益进行保护。例如，人民法庭的巡回审判方式，在一定程度上保护了因交通或者地域问题无法参诉的当事人的诉讼权益。

（3）服务型能动司法。指司法机关积极延伸司法职能，能动地参与到社会治理中，以维护社会的稳定。例如，部分法院建立的"一站式"诉讼服务中心，或者由"坐堂问案"转变为主动引导群众选择合适的方式化解纠纷，主动开展社会调研，在前端解决纠纷或者预防社会矛盾发生等，皆为服务型能动司法的具体实践。

尽管能动司法在我国法治发展的背景下有其正当性，但通过能动适用司法权解决纠纷，化解社会矛盾仍然需要遵循我国的司法规律，在现行法律框架内进行，不能有所越界，由此可见能动司法的核心要求是立足于司法职能的实现。❶能动司法要区别于"盲动"，能动司法的施行要掌握好适度原则，保持司法的能动适度性，才能避免司法工具主义和盲动司法现象的出现。❷

（二）多元化纠纷解决理论

现今主要的纠纷解决方式可以分为诉讼与非诉讼两种类型，这两种类型相辅相成，共同构成多元化纠纷解决和社会治理系统。❸其内涵是强调诉讼与非诉讼、国家权力与社会自治之间的互补和融合，最终达成实质性化解纠纷的目的。❹当前我国国情下，社会主要矛盾的性质给我国建立多元化纠纷解决体系提供了必要性支撑，同时要求培育社会对矛盾纠纷的调解能力，引导当事人选择多种途径和

---

❶ 张志铭.中国司法的功能形态：能动司法还是积极司法？[J].中国人民大学学报，2009（6）：39.
❷ 姜园.能动司法的理论基础与实践路径[D].大连：辽宁师范大学，2014：19.
❸ 范愉，李浩.纠纷解决——理论、制度与技能[M].北京：清华大学出版社，2010：21.
❹ 龙飞.论多元化纠纷解决机制的衔接问题[J].中国应用法学，2019（6）：130.

方式以解纷，促进社会矛盾的自我消化。❶ 人民法院参与诉源治理就是在多元化纠纷解决理论的基础之上进行发展和创新。除了通过诉讼或者人民调解等来化解社会矛盾以外，还融合行业、社会团体和个人发挥解纷作用。在纠纷的争讼端和发源端，将不同类型、程序的解纷机制进行有效对接，整合多种社会资源，联动各解纷主体，建立覆盖面广、效率高、手段多样的社会矛盾纠纷化解机制，实现法治和社会自治的相互融合与发展。

三、人民法庭参与诉源治理的功能定位

人民法庭是诉源治理的重要参与主体，而人民法庭司法的运行模式取决于其功能定位。人民法庭参与诉源治理的功能定位又是建立在人民法庭本身的功能定位上，因此需要先对人民法庭的基础功能和延伸功能进行阐述，进而再从诉源治理的视角出发进行讨论。

（一）人民法庭的功能定位

现今法学理论界关于法院功能问题存在不同的学说，其原因主要有两点。一是由于研究的出发点不尽相同，如从比较视角来看，法院的功能定位会因国家间文化、社会制度、法系的差异而显著不同；二是由于社会的变化发展，法院自身也随着社会的变化不断演进，其功能定位也会发生嬗变，容易给研究者造成认知上的差异。但是，对法院功能的争议主要集中在法院的延伸功能上，而法院的基础功能即法院的纠纷解决功能几乎没有什么争议。就该项基础功能，本书主要从民商领域进行分析。在民事案件中，法院的功能主要是定争止纷，平衡和调解冲突矛盾，寻求社会的最大公平。纠纷解决是法院产生的根本，是法院运行的主要任务，而其最重要的实现途径便是通过审判实现解纷。而基层人民法院作为法院

---

❶ 李少平. 传承"枫桥经验"创新司法改革[J]. 法律适用，2018（17）：8.

系统的重要组成部分和第一线，解决纠纷也是其基本功能。

人民法庭的功能除了基础功能以外，还有延伸功能。在我国法治背景之下，人民法庭不仅是中立的审判机关，还是我国政权组织的重要组成部分，因此法院除了承担审判职责以外还有一层社会控制者的角色，并且与其他权力机关形成监督制约，影响公共政策的形成。

人民法庭有"社会控制、权力制约、公共政策"三大延伸功能。首先从社会控制的角度出发，其是为了维护社会稳定和秩序，通过多样化的手段对社会关系进行调整的一种调控方式。❶社会控制的主要实施机构为国家政党或权力机关，虽然司法机关在此方面的作用是次要的，但其在社会秩序的维持和社会治理中也扮演着重要角色。延伸功能中的权力制约常见于英美法系国家，此处不展开论述。从公共政策的角度来看，法官个案审理过程中，不仅要在平衡各方当事人利益的基础上化解矛盾，还要同时考虑司法裁判结果所引发的社会效果，我国的司法实践中有时甚至会将社会效果置于更重要的位置加以权衡，因为基层法院在某些个案裁判过程中会融入公共政策的价值。❷此外，最高人民法院颁布的司法解释及相关案例指导，也是法院参与公共政策形成的重要方式。

（二）人民法庭参与诉源治理的功能定位

上文对人民法庭的功能定位做了阐述，无论是从人民法庭的基本功能出发，还是从人民法庭延伸功能的分析，想要说明的是出发点不同，人民法庭的功能定位就会有所差别。而在法治化的背景之下，若能厘清人民法庭功能于诉源治理机制中的定位，必将对诉源治理机制的完善发展产生重要的意义。因为基层法院的基础功能和几大延伸功能都是其在诉源治理中功能定位的重要依据，基层法院在诉源治理中的功能定位正是在它的功能定位上细化衍生出来的。现对基层法院参

---

❶ 罗斯科·庞德.通过法律的社会控制、法律的任务[M].沈宗灵，译.北京：商务印书馆，1984：8.

❷ 王亚新.社会变革中的民事诉讼[M].北京：中国法制出版社，2001：265.

与诉源治理功能定位的界定主要有以下三种。

1. 政治属性功能说

政治属性功能说认为，现今法治化的背景下，社会对司法的政治要求之一就是"服务大局"，其内涵是指司法在社会治理的大背景下需要积极主动参与。❶基层法院是我国政权结构的一部分，其参与诉源治理具有政治性。有学者认为，为了使基层法院更好地发挥政治作用，其应当发挥主观能动性，积极融入党政主导下的诉源治理。❷基层法院作为法院系统的第一线和解纷最前端，应将完善诉源治理机制作为政治建设工程。❸从法院自身出发，以下问题值得探讨。一是在我国国情下，强调基层法院融入诉源治理并积极参与社会矛盾化解有其必要性，但更多的是从呼应国家政策号召的角度出发，其合理性和可操作性还需要经过大量的实践验证。二是基层法院作为政权组织的一部分固然具有政治性，在司法体制改革过程中也可以看出党政领导是首要的原则。但是，在法院审理个案时提供司法裁判服务，其地位是中立的、独立的。

2. 多元解纷替代说

有学者认为诉源治理是多元解纷学说的同义替换，诉源治理是完善多元化解纷机制的新的探索方向。基层法院通过深化多元化纠纷解决机制推动其实质性参与诉源治理。❹法院应从被动转变为主动，积极参与多元纠纷解决体系的构建。但是，多元解纷替代说会对基层法院本身的功能定位造成一定的冲击，有违法院"以审判为中心"的司法改革方向。若基层法院认为诉源治理与多元化解纷内涵完全一致，由有限参与向全面主导转变，从终端参与转变为过度前端介入，则会有损基层法院的中立角色，影响司法公正和司法效率，浪费司法资源，故多元纠纷替代不具可行性。

---

❶ 苏力. 关于能动司法与大调解 [J]. 中国法学, 2010 (1): 6.

❷ 张军. 主动融入诉源治理机制建设 [N]. 人民法院报, 2019-10-19 (02).

❸ 龙飞. "把非诉讼纠纷解决机制挺在前面"实证研究——以重庆法院实践为样本 [J]. 法律适用, 2019 (23): 88.

❹ 苏润. "诉源治理直通车"，打通联系群众"最后一公里" [N]. 人民法院报, 2019-11-17 (02).

3. 司法审判职能说

司法审判职能说认为以审判为中心是基层法院在诉源治理中的基础功能定位❶，发挥基层法院的司法裁判功能是其参与诉源治理的核心❷。有学者强调，要明晰基层法院在诉源治理中的角色和功能定位，以审判为中心参与社会治理。❸在立足于司法基本职能的前提下，基层法院既要承担解纷止争的职责，还要发挥推动诉讼源头治理、社会治理的作用。❹不可否认的是，基层法院作为审判机关，其通过审判进行法律适用是其重要职责。然而在我国社会治理的背景之下，基层法院能动地参与诉源治理具有正当性，其需要在诉源治理中平衡司法审判的消极性和源头解纷的主动性。

综上，人民法庭融入诉源治理机制与上述三种定位的关系密切，具有多重属性功能。诉源治理机制下人民法庭的功能定位不是单一的，而应是结合各方优势的综合体，因此要更精准把握人民法庭参与诉源治理的功能定位，从宏观、综合的视角分析才是正解。

第二节　C市S区人民法院"五区法庭"参与诉源治理的实证分析

目前，社会矛盾具有"纠纷主体多元化、利益诉求复杂化、纠纷类型多样化"等特点，加之人民法治意识不断提高，单一的司法救济渠道远远不能满足人

---

❶ 周苏湘.法院诉源治理的异化风险与预防——基于功能主义的研究视域［J］.华中科技大学学报（社会科学版），2020（1）：37.

❷ 薛永毅."诉源治理"的三维解读［N］.人民法院报，2019-08-11（02）.

❸ 施新州.人民法院在国家治理中的功能定位分析［J］.治理现代化研究，2019（1）：48.

❹ 四川省成都市中级人民法院课题组，郭彦.内外共治：成都法院推进"诉源治理"的新路径［J］.法律适用，2019（19）：17.

民群众多元解纷的需求。❶ 法治化和现代化是推进基层治理发展的主要目标，具体表现为在法治道路上推动预防和化解社会矛盾的诉源治理机制。为了应对新形势、新要求，人民法庭作为法院系统的前端，在参与诉源治理的过程中有着天然的优势。通过梳理发现，依据地域范围设置的人民法庭，虽有地理优势，但未着眼于地域的特点；依托审判职能设置的专业化法庭，可以缩短审理周期，但"坐堂问案"的普遍方式弱化了与人民群众之间的联系沟通，不能第一时间处理纠纷。而巡回审判是一种法院审判的办案制度，其本质依然是一种"审判"方式，依然是案件到达法院以后的处理方式，无法达到司法职能向前端延伸的要求。

因此，S 区人民法院结合区域发展的重点和特色，搭建了一个系统的、前端的诉源治理平台——"五区法庭"，即由"航空经济区法庭、产业功能区法庭、社区法庭、校区法庭、旅游区法庭"五种区域法庭共同组成的诉源治理机制。"五区法庭"作为矛盾纠纷化解第一线、服务人民群众的基层治理基本单元，面对的矛盾纠纷大多与人民群众的切身利益紧密相关，其既要利用非司法手段预防矛盾纠纷的发生，也要用司法手段降低案件数量。"五区法庭"参与诉源治理，其追求的最终目标"无讼"，是贯彻治理政策的生动体现。在迈向国家治理现代化的进程中主动融入诉源治理机制，是基层法院参与诉源治理的逻辑基础。

一、"五区法庭"的基本情况

S 区地处 C 市西南近郊，辖区面积达 1032 平方公里，包括 18 个镇、7 个街道，人口 115.85 万人。现设有 17 个内设机构和 7 个基层法庭。"五区法庭"包括航空经济区法庭、社区法庭、产业功能区法庭、校区法庭、旅游区法庭。航空经济区法庭主要面向航空运营、航空制造维修、航空物流、跨境贸易、航空金融等涉航企业，提供定制性司法服务。社区法庭主要解决有关人身、财产权益和其

---

❶ 龙飞.多元化纠纷解决机制立法的定位与路径思考——以四个地方条例的比较为视角［J］.华东政法大学学报，2018（3）：108.

他日常生活中发生的婚姻、家庭、继承、债权债务、赔偿和劳动争议等方面的纠纷，担负诉前调解、案件审理、接待咨询、普法宣传、综合治理等职能。园区法庭则在工业园区内建立常态化司法服务机制，定期为园区内的企业、员工提供法律咨询。针对园区企业在建设经营中出现涉法投诉和纠纷，提前介入，及时调解，对未能诉前达成调解协议的，快审快结。校区法庭通过指派法官入驻校园，使庭审进校园，加强青少年的法治保护和教育引导。旅游区法庭通过将法庭"搬进"景区，针对旅游纠纷需及时处理的特点，就地调解、就地立案、就地审理，保障游客合法权益，规范旅游市场秩序，及时向相关部门反馈处置旅游纠纷中出现的行业弊端及隐患，并提出解决建议。

二、"五区法庭"的机构与人员设置

（一）机构设置

"五区法庭"没有独立机构编制，不设定固定工作人员，由S法院各专业化审判庭对口负责日常运营（见表5-1）。

表5-1 "五区法庭"机构设置表

名称	牵头部门	责任部门
航空经济区法庭	民事审判第二庭	各审执业务部门
校区法庭	刑事审判庭	各审执业务部门
产业功能区法庭	民事审判第一庭	各审执业务部门
社区法庭	J法庭	各审执业务部门
旅游区法庭	X法庭	各审执业务部门

（二）人员设置

一是依托S区法院已搭建的多元解纷平台中的第三方解纷人员，由立案庭配合各责任部门开展工作。在人员配置上探索形成"法官团队+特邀调解员、人民调解员、网格员"的联调解纷模式，进一步扩大司法民主，迎合优质高效化解矛盾纠纷的现实需要。

二是建立"律师、法官志愿团"公益服务制度，邀请在职律师和退休法官作为特邀调解员，以独立第三方身份参与调解，提高纠纷调处的效率。调解成功的，及时对调解协议进行司法确认。

三、"五区法庭"的具体运行分析

（一）常态化联络机制

首先，设置"触觉感受器"。定点落实一个审判业务庭牵头负责一个法庭类型，该牵头部门即是"触角点"，感受接收类型化解纷信息，其他审判业务庭跟进协作的模式，破解法院人员紧张，无法全方位保障"五区法庭"人员到位的问题。其次，配置灵活多变的审判服务团队。团队由一名员额法官+N名退休法官+N名法官助理+N名特邀调解人员+N名书记员的模式，为纠纷化解提供全时段、多角度的联合服务。再次，实行常态化值守。根据服务区域或需要类型，由审判服务团队开展解纷工作的常态化值守模式，与服务区域内需求部门的"联络员"，建立日常工作不间断交流制度及突发重大纠纷全时段处置制度等方式，确保信息接收及时、准确。最后，引领外围解纷资源，形成"外围支援圈"，合力化解纠纷于源头（见图5-1）。

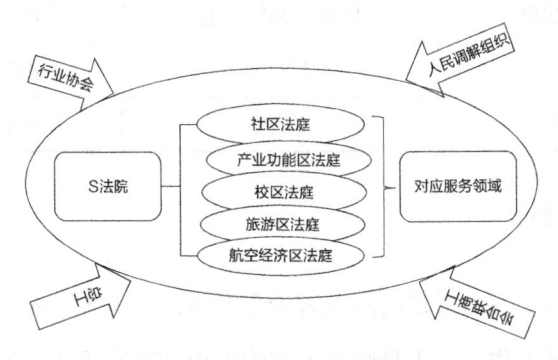

图 5-1 "五区法庭"联络机制

（二）多维度解纷机制

"五区法庭"解纷工作开展遵循"两阶段三层次"的原则，"两阶段"为纠纷产生前和纠纷产生后，"三层次"指参与基层治理、引领非诉解纷、开展审判工作三个层次（见图5-2）。

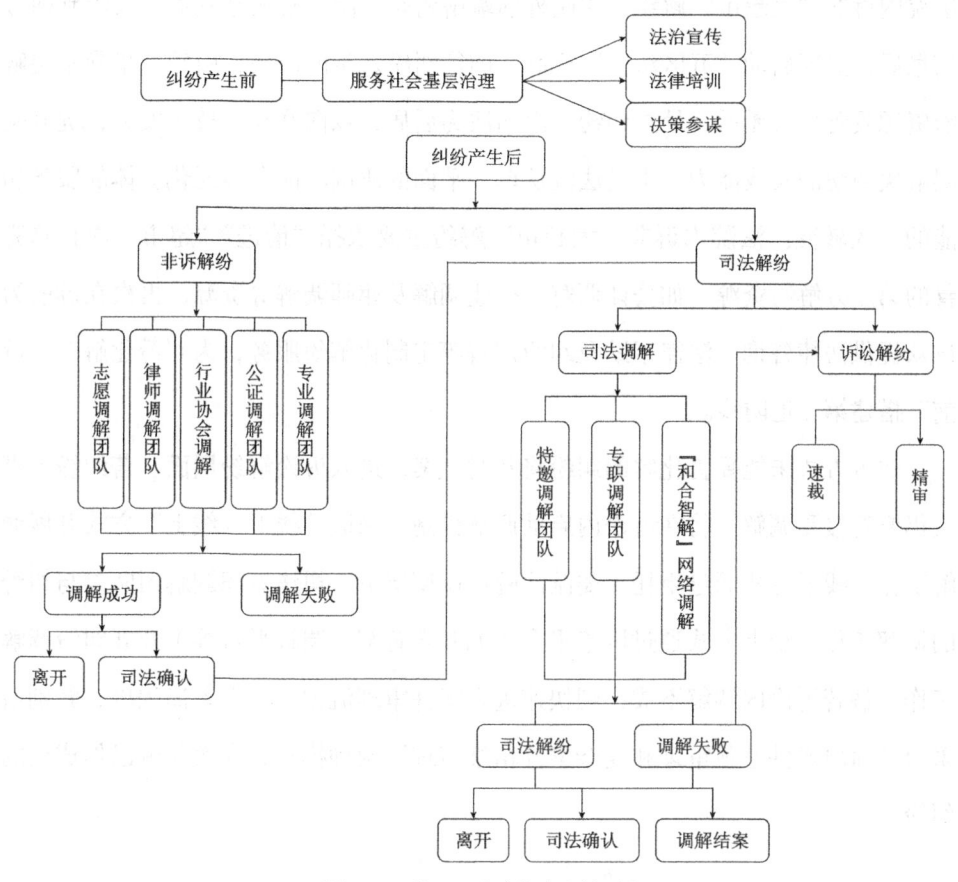

图5-2　"五区法庭"解纷机制

纠纷产生前，围绕服务基层治理层次开展以下三项工作。一是为人民群众开展法治宣传工作，提升人民群众的法治意识，培育"无讼"土壤；二是为民间调解组织、行业调解组织、志愿服务组织等开展法律知识培训，为基层诉源治理工作储备力量；三是围绕社区发展治理、国际营商环境优化、产业功能区建设、乡村振兴战略实施、民生事业发展、生态环境治理、良好政治生态巩固等区域重点工作，为管理者（党委政府及相关职能部门）在基层治理决策上提供法律建议和指引，促进管理者依法谋划、科学决策。

纠纷产生后，根据纠纷是否进入司法程序划分为非诉解纷和司法解纷两个层面。按照"纠纷解决分层递进"的思路，非诉解纷工作划分为法院外前端解纷和法院内诉非"大超市"解纷。法院外前端解纷是法院"触角感受器"接收到前方信息后，立即启动"五区法庭"机制，前往纠纷发生的源头，引领、指导基层解纷资源妥善化解矛盾、处置纠纷。以司法为后盾，双向联动，持续发力，提升基层解决纠纷的实战能力，也是法院从单一平面的协调功能向多元化立体的服务功能的一大转变。法院内诉非"大超市"解纷主要依托"请进""超市"内日趋完善的第三方解纷资源，如公证调解、行业调解及律师调解等资源，再次在诉前为群众提供法律咨询、法律帮助及纠纷调解等定制化解纷服务，为纠纷化解于"诉前"搭建第二道防线。

非诉方式未能妥善化解的纠纷将及时立案，进入诉讼解纷层面。若纠纷当事人仍愿意接受调解，将在诉讼内启动调解机制，采取"线下+线上"方式开展调解工作。线下方式通过委托、委派法院特邀调解员、司法专职调解团队参与纠纷的调解工作，线上方式通过网络平台（如和合智解 e 调解平台等）开展纠纷调解工作。倘若诉讼内调解不成，则快速进入案件审理流程，根据繁简程度，甄别后采取"简单案件速裁审理和复杂案件精细审理"两种模式，高效化解已然成讼的纠纷。

（三）反馈机制

"五区法庭"机制通过延伸司法触角深入矛盾产生的源头，将法院被动受理案件转变为主动参与基层治理。为检测效果及民意，S 区人民法院建立了反馈机制（见图 5-3）。

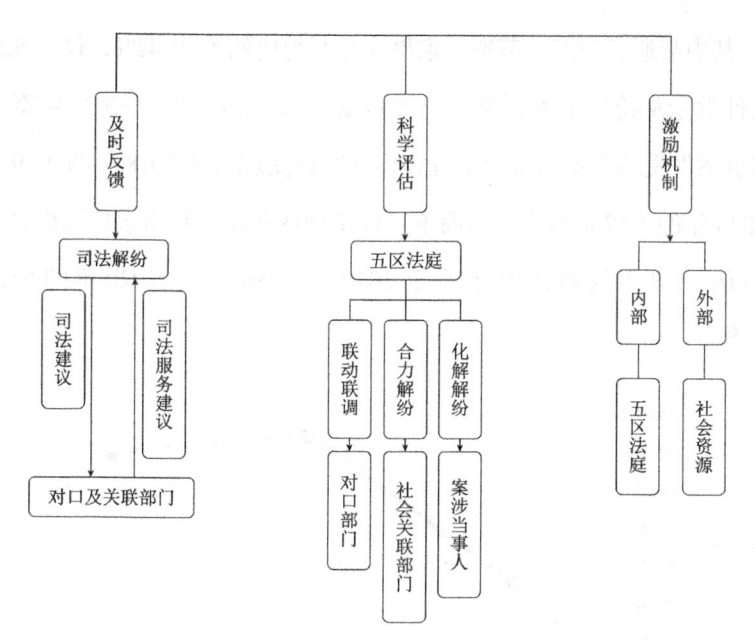

图 5-3 "五区法庭"反馈机制

首先，借助为党委、政府及职能部门总结矛盾纠纷共同点、敏感点，有针对性提出司法建议的契机，接收来自党委政府及部门的反馈意见。其次，广泛听取社会各界反馈的司法服务诉求，对运行机制及效果进行科学评估。通过采样式电话、接待回访、意见调查表等形式，对联动联调模式、解纷程序及解纷效果满意度三个方面进行效果评价，针对评估中反应的问题和不足及时改进。最后，从法庭内部和外部环境两方面形成考核机制，以运行效果良好为考核基础，对积极参与联动联调社会力量中的团体、个人工作突出者给予奖励支持，形成不断完善、不断优化的诉源治理生态圈。

四、"五区法庭"的运行效果

（一）"五区法庭"的具体运行成效

2020年，"五区法庭"联合外部11种非诉力量共同向社会公众提供法律咨询16 500余次，与11个联动联调机制共同化解诉前纠纷12 002起，化解信访纠纷 43 件，其中交通、房产、劳资、家事 4 类纠纷比例为 91.42%，仅有 8.58% 进入诉讼；案件数量从持续上涨到减存止增转变，S 区法院 2018—2020 年案件受理总量、民商事案件受理数量均持续下降，诉讼案件受理量从 2018 年的 28 929 件，持续降至 2020 年的 19 238 件❶；民商事案件调撤比例及审判质效持续提升，诉讼案件调撤率从 2018 年的 49.12% 上升至 2019 年的 56.89%、2020 年的 55.88%（见图 5-4）。❷

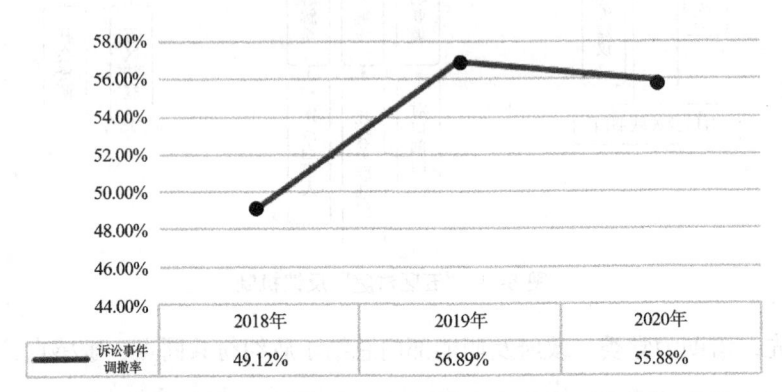

诉讼事件调撤率	2018年	2019年	2020年
	49.12%	56.89%	55.88%

图 5-4　S 区人民法院 2018—2020 年诉讼调撤率情况

通过将"五区法庭"模式与传统诉讼模式进行对比发现，相较于"五区法庭"解纷模式，传统诉讼解纷需要经过复杂的诉前调解、立案、审判、执行等诉讼程序，存在诸多不足。从当事人花费的时间成本来看（见表 5-2），传统诉讼解纷需要消耗当事人的大量时间，不利于纠纷的高效、及时化解；从当事人花费的财力成本来看（见表 5-3），传统诉讼解纷诉讼成本高昂，不利于减少当事人的诉累；从法院投入的人力成本来看（见表 5-4），传统诉讼解纷的各个流程均需投入大量人力，不利于司法资源的合理配置和高效运作。

---

❶ 杨维薇. 深化基层诉源治理的新平台——基于对 S 法院"五区法庭"运行机制的考察［J］. 法制博览，2021（13）：26.

❷ C 市 S 区人民法院课题组."走出去"：深化基层诉源治理实质化的路径探索［EB/OL］.（2021-11-09）［2022-03-03］.https：//mp.weixin.qq.com/s/B95Eu21CHr4ADhPB0a2oyQ.

表 5-2 两种模式时间对比

传统诉讼	诉前调解 30 日	立案期限 7 日	一审简易程序 3 个月 普通程序 6 个月	上诉期限 15 日	二审期限 6 个月	执行期限 6 个月
"五区法庭"	纠纷源头介入，联调成功，一般不超过 30 日。联调未成功，迅速进入立案程序					

表 5-3 两种模式财力对比

传统诉讼	保全费	鉴定费	律师费	一审诉讼费	二审诉讼费	执行费
"五区法庭"	未进入诉讼解纷程序的不收取相关费用					

表 5-4 两种模式人力对比

传统诉讼	诉前调解 3 人	立案 1 人	一审简易程序 3 人 一审普通程序 5 人	二审程序 5 人	执行 2 人
"五区法庭"	一个审判服务团队 法官 1 人、法官助理 1 人、书记员 1 人				

从具体的案例来看，"五区法庭"通过联合多方解纷主体，推进了市域社会治理的法治化。例如，在 2020 年，60 名清洁员工向 S 区人力资源和社会保障局（简称"人社局"）求助，由于清洁公司资金出现困难，导致他们半年未拿到薪酬。人社局监察大队了解情况后与"五区法庭"取得了联系，共同启动了劳动纠纷"一站式"联动调解机制。"五区法庭"的"航空经济区法庭"、区人社局和航港街道共同研判商会后确定了"诉前调解+司法确认"的调解模式，清洁工人表示同意，但清洁公司认为其招投标会因立案信息公开而不能顺利进行，因此不愿意申请司法确认。在各方的劝说下最终达成一致，由清洁公司发放一半欠薪，并给予十日期限筹措余款兑付，维护了清洁工人的权利。该纠纷的化解方式，不仅从源头消解欠薪纠纷，全面保障了弱势群体的合法权益，也护航了小微企业的长远发展，是"五区法庭"有效参与诉源治理、柔性化解纠纷的成功实践。

(二)"五区法庭"运行存在的不足

"五区法庭"机制取得了部分成效,但进一步分析发现仍存在诸多问题。首先,"五区法庭"在诉源治理中的定位模糊不清。"五区法庭"作为解纷第一线前端参与矛盾纠纷的化解,应以审判为中心还是以党政领导为中心或者定位为多元纠纷解纷机制的替代并没有一个明确的说法,导致在诉源治理的过程中,法院无法明确是以积极深入还是以抑制司法的态度参与其中。其次,在"五区法庭"化解纠纷的过程中,出现了司法异化的情况,在强调"五区法庭"积极参与社会各类矛盾纠纷化解时已然超越了积极中立的界限,有违能动司法的原则,司法职能延伸的临界点在何并无界定。最后,"五区法庭"诉源治理解决模式难以统筹社会矛盾纠纷化解资源力量,虽然已经建立部分行业的解纷对接机制,但仍然存在相关职能部门和行业协会等联动不足的情形,并且逐级递减式的解纷模式也未完全建立。

第三节 人民法庭参与诉源治理所面临的困境

"五区法庭"在不断完善诉源治理机制的过程中取得了一定的成效,但其功能定位仍不明晰,运行过程出现了异化倾向,各种纠纷解决程序之间存在碎片化情形,在一定程度上影响了其参与诉源治理的效果。

一、人民法庭参与诉源治理的功能定位不明确

从"五区法庭"创设的动因来看,其一方面是为了落实矛盾纠纷多元化解及诉源治理工作的决策,使人民群众的需求得到满足;另一方面是因为基层法院长

期受困于"案多人少"的矛盾,希望通过"五区法庭"机制达到诉前有效截流、审判工作减负、社会秩序稳定发展的目的。然而,《中华人民共和国宪法》第128条规定"中华人民共和国人民法院是国家的审判机关",作为审判机关的人民法院其基本属性是公正与中立,"五区法庭"机制的设立让S区人民法院不再是有限参与,而是全情投入诉前纠纷解决工作,这样的做法是否违反基层法院作为审判机关的中立定位显而易见。"五区法庭"机制应该做到什么样的程度,才能够在实现既定目标的同时,又不违背司法的一般规律,症结是其在诉源治理中的功能定位模糊不清。

除此之外,全国各地的人民法庭在结合自身地域特点的基础上,积极探寻最为理想的参与诉源治理的路径和方式。由于各人民法庭侧重点存在显著不同,整体上形成了人民法庭参与诉源治理的不同模式。总的来说,目前各人民法庭参与诉源治理的模式主要有两种:"法院主导"模式和"审判为中心"模式。当然,上述两种参与诉源治理的模式仅仅是相对而言的,并没有绝对意义上的区别。

例如,在部分人民法庭的实践中,倾向将基层法院放置于诉源治理的主导或者中心位置,主张诉源治理应由法院来积极主导,期望以此推动诉源治理实质化,深化多元化纠纷解决机制改革。❶基层法院应从"以我为主"向"主动深化"转变,构建多层级、递进式诉源治理机制。❷对此许多学者提出了质疑。虽然诉源治理的概念是由法院首次提出,但均是法院从自身角度出发提出的施行方案及实践内容,其是否能主导诉源治理没有理论支撑。并且基层法院主导的诉源治理存在诸多弊病:一方面基层法院疲于应对各类调研和非司法性的工作;另一方面基层法院司法公信力大大降低,解纷的效果减弱。过于强调诉源治理的中心为人民法院,只会让当前民众依赖法院解决纠纷的现象更加突出,进而在法院汇聚大量非诉矛盾,增加司法压力。虽然国家对法院系统的人力、物力投入使法院有一

---

❶ 苏润."诉源治理直通车",打通联系群众"最后一公里"[N].人民法院报,2019-11-17(02).
❷ 四川省成都市中级人民法院课题组.探索诉源治理新路径——构建社会治理新格局[N].人民法院报,2019-11-07(08).

定参与诉源治理的物质基础，但司法资源终归是有限且紧缺的，现有的司法资源不足让法院成为诉源治理的主导。在司法资源有限的背景下，过多纠纷的涌入不仅对解纷无意义，还易冲击法院固有秩序，造成"诉累"问题，对健全发展"社会调解优先，法院诉讼断后"治理体系无任何帮助。从理论上来看，只有当矛盾纠纷无法通过调解协商解决时，当事人才会诉至法院寻求司法途径解决纠纷。由此可以看出，法院是解纷机制的最终保障，而诉源治理机制的主体是从矛盾纠纷源头进行化解，更多情况下依赖于社会多元解纷体系，因此，部分基层法院企图主导诉源治理的做法还有许多存疑之处。

还有部分基层法院在诉源治理过程中将司法审判作为核心功能定位，所有延伸机制均为司法审判职能展开而服务。❶然而，若仅仅把司法审判作为诉源治理的主要手段，将难以化解大量的外部纠纷，过于强调司法的被动性也有悖中国法治化背景下的"司法为民"的理念。且在实践中，不少基层法院积极对社会解纷主体进行法律培训，送法下乡、开展普法讲座等方式也并非依靠基层法院审判功能的发挥。因此不能过度依赖司法审判，被动地看待诉源治理。

此外，人民法庭参与诉源治理的功能定位也不够明确，在当今司法能动的环境之下，人民法庭的司法活动需要在乡村振兴和诉源治理的背景下进行。在诉源治理的过程中，人民法庭应当扮演怎样的角色才能不违背司法中立原则，且是否应当延伸司法职能都是值得探讨的问题。而因基层法院在诉源治理中的功能定位不明确，人民法庭的功能未得到有效发挥，无法满足现今社会的需求。为了贴近基层人民，人民法庭大多数设立在较为偏远的乡镇地区，而中国经济环境区域性强，各地区发展不平衡。例如，C市作为我国西南地区经济较发达的城市，高质量的公共服务水平和大量的就业机会让外来人员持续涌入。"交通不便"早已随着公共交通设施的完善成为过去式，社会观念也早已随着经济的快速发展发生了巨大的转变，这就使人民法庭无法满足现实的需求。第一，案件受理范围过窄。

---

❶ 薛永毅. "诉源治理"的三维解读[N]. 人民法院报, 2019-08-11 (02).

一般来说，传统类民事案件是人民法庭在管辖区域内受理的主要案件，"婚姻家庭类"和"民间借贷类"居多。❶ 但是，随着人民法庭管辖区域范围内经济的快速发展及外来人员大量涌入，由人民法庭来管辖的案件越来越多，仅将人民法庭受理的案件范围定义为"家长里短"已不再适应高速发展的社会法治环境。第二，社会性需求范围已无法满足。作为基层人民法院的重要组成部分，人民法庭的社会性需求应主要是维护管辖区域内的司法秩序及对纠纷定分止争。但是，随着社会的发展，推进公众利用司法资源的便利性已成为当前法治背景下的首要目标。社会对人民法庭的需求在不断增长，除了日常的审判工作外，人民法庭还需参与其辖区内的法治活动，以便更加贴近人民群众。人民法庭有着特殊的地理位置，与当地人民群众有着更加紧密的联系，是诉源治理和"司法便民"的主要力量。

二、人民法庭参与诉源治理存在异化情形

人民法庭参与诉源治理对维持社会稳定有积极作用，然而其积极作用也仅是在现有改革框架下推导出的，具体发挥多少还要依靠改革的内部构建。现如今基层法院参与诉源治理的具体制度还未构建起来，以至于地方基层法院在落实诉源治理机制时存在失范行为。❷ 从"五区法庭"的实践看来，基层人民法院参与诉源治理存在不少"异化"风险。

（一）有损法官中立的角色

中立性是法官最重要的特点之一，作为同样生活在社会中的自然人，法官也有个人喜好和情感偏向等。此外，人民群众的期待与当下的时代背景和法治文

---

❶ 汪开明. 乡村振兴背景下人民法庭参与乡村司法治理研究 [J]. 巢湖学院学报，2021（5）：66.
❷ 周苏湘. 法院诉源治理的异化风险与预防——基于功能主义的研究视域 [J]. 华中科技大学学报（社会科学版），2020（1）：30.

化，同样在现实生活中影响着法官的角色定位。❶现如今，社会对法官的要求不再是消极的中立，而是有利于推进治理体系现代化的积极中立。笔者在实证调研中发现，S区"五区法庭"的社区法庭存在对信访局案件介入的情形，虽然加快了社会纠纷的解决，但也在一定程度上让信访的救济途径落空，无法发挥作用。并且当下部分法院在实践中提倡法官主动调查如涉黑涉恶势力或传销高利贷等案件，该举动明显超出了限定范围内的积极中立，有损法院的权威性。要想真正实现公平正义与司法权威，必须保证司法权的独立性不受干扰。若法官的角色定位发生改变，行政机关、社会组织或个人均可干涉司法权的职能，司法权混乱将是必然结果。

（二）过度强调司法能动性

在基层法院参与诉源治理的实践中，存在部分法院主动联系企业并提供专项法律服务的现象，这种做法会损害法院的中立地位。倘若其他主体与关联企业产生诉讼纠纷，法院很难在审判中作出公正的判断，从而导致其他主体的权益未得到足够的保障。司法权有别于行政权的主要特征便是其"不告不理"的被动原则。"司法权从性质上来说并不是主动的。只有推动它才能使它行动"。❷当然，在现今能动司法的社会背景下，部分国家和社会治理的职责也需要司法来承担。❸无论如何，作为司法基本规律的"被动"属性始终是司法能动性的立足点。也即，审判才是法院的基础功能，而能动是新时代下对审判职能的新要求，不能以破坏司法的基本价值作为满足能动需求的代价。正如有的学者所说，"法院主观能动履职尽责，做好审判工作，才是真正意义上的能动司法，其体现的是司法职能机关积极作为的含义"❹。将审判法官分散到各个基层，主动排查并介入信访案件，或者是为了实现源头化解纠纷目的，指定法官投入社会治理的"前线"，这

---

❶ 白彦.司法公信力流失问题研究——以基层法官角色定位为视角［J］.暨南学报（哲学社会科学版），2016（1）：42.

❷ 托克维尔.论美国的民主（上卷）［M］.董果良，译.北京：商务印书馆，1993：112.

❸ 苏力.关于能动司法与大调解［J］.中国法学，2010（1）：7.

❹ 卓泽渊.司法行为科学化首届东岳论坛优秀论文选［M］.北京：中国法制出版社，2011：34.

些只强调司法"能动",忽略了司法机关根本属性的行为,已越过了能动司法应有的界限。并且国家有关机构依然掌管着基层法院的财政收支与人员配备,过于强调司法能动性,只会使得司法权威丧失,司法审判无法得到尊重。

(三)架空立案登记制度,模糊调解界限

法院为解决立案难,推行立案登记制。该制度虽然顺应了时代发展的趋势,能更好地保障群众诉讼权益,但也导致基层法院的诉讼案件量突飞猛涨,加剧了基层法院内部人少案多的压力。在纠纷进入诉讼程序之前,利用多元的解纷手段化解矛盾纠纷,从而降低基层法院的收案量,是基层法院参与诉源治理的内在要求。但是,经过调研发现,个别基层法院为了防止矛盾纠纷演变成诉讼,完成诉源治理的目标考核,以改革的名义诱导当事人调解,却未实际化解矛盾纠纷,导致久调不结的情形出现。同时,当事人的诉讼权利也因案件处于调解阶段不能进行立案登记从而变相受到损害,一定程度上架空了立案登记制度。

此外,诉中调解与和解的界限较为模糊,未能被明确区分。事实上,诉中调解不同于诉中和解,诉中调解需要有审判人员主持,最终的协议对双方当事人都有强制执行力;而后者并不需要审判人员作为第三方,并且只有在法院认可后形成的最终协议才有强制执行力。当前法院的普遍做法是通过引入社会解纷力量,促进矛盾纠纷当事人间积极达成和解协议。然而,部分基层法院一方面希望通过确认并执行和解协议来达到实质性解纷的效果,另一方面又担心社会调解组织对法律问题处理不够妥当,反复进行调解,没有实质性化解纠纷反而增加法院的审判压力。

三、解纷运行体系存在碎片化情形

(一)解纷主体联动不足

我国正处于社会转型的关键时期,特定的社会与历史因素对社会矛盾纠纷的产生有着重要影响。解纷主体多样、各部门机构之间利益关系错综复杂、问题解决牵一发动全身等是当前解纷运行体系的显著特点。❶ "许多纠纷表面上看来涉及法律争讼问题，但常常牵扯到其他政治或社会因素，并非单单一个司法机关就能妥善处理解决的。"❷ 从"五区法庭"机制来看，前端参与纠纷解决，需要政府、司法、相关职能机关及行业协会相互对接，才能完成解纷工作。现行制度中找不到对各方力量进行统筹的突破点。因此，"五区法庭"机制深度参与纠纷化解工作的地位比较尴尬，无法准确界定，且解纷各方参与力度不够，无法达到治理效果，极容易造成将所有纠纷甩给基层法院，等待基层法院来解决的局面。

通过对 C 市 2017—2020 年各大解纷渠道受理纠纷来源的调查统计发现，行政调解主体履职率低于 30%，且整体来看，目前解纷主体对于主动化解纠纷的积极性都偏低。部分行政部门认为参与经费不足，在相关文件中没有明确其合法参与的地位，具体措施没有规定或者未受到上级部门的指示，推诿参与解纷的责任。❸ 其原因一方面是相关文件中对管理者角色的职能是以具体内容或者是相关程序进行规定的，由于文件具有规范性和一定限制，并不能对管理者的职能内容和范围进行全部概括和具化，而部分行政部门机械地看待文件规定和自己职能的关系以致消极被动地参与社会解纷。另一方面是部分职能部门受"重管理、轻治理"的传统行政思想的影响，依赖上级指示和行政规定被动处理社会各项事务，导致矛盾纠纷日益增多，面对社会矛盾与群众需求多元化的趋势，行政部门的治理越发捉襟见肘。

社会结构的不断变化对传统解纷机制提出了新要求，需要建立解纷方式多元、解纷主体丰富、群众积极参与的联合治理的解纷格局，以达到诉源治理平和、快速、实质性解纷的内在要求。然而当下还未形成较完善的制度，信息壁垒

---

❶ 陆永棣.从立案审查到立案登记：法院在社会转型中的司法角色［J］.中国法学，2016（2）：209.

❷ 张卫平.起诉难：一个中国问题的思索［J］.法学研究，2009（6）：67.

❸ 王辉.法治现代化视域下乡村矛盾纠纷多元化解机制研究［D］.扬州：扬州大学，2021：27.

尚未打破，资源整合不够充分，解纷主动联动性不强，诉非衔接不足。❶虽有部分法院设立了诉非衔接机制，如 C 市中级人民法院与 S 省证券监督管理委员会建立了证券期货纠纷诉调对接机制，但仍有部分职能部门消极对接。若非诉讼的手段无法解纷，当事人的利益诉求无法得到满足，且其对其他解纷方式无从得知时，这些纠纷就会大量涌入基层法院，加剧基层法院的案件压力。

此外，行业调解比法院和其他组织更加熟悉精通行业领域内的纠纷，更善于调解行业内部产生的矛盾。例如，C 市中级人民法院与 S 省保险行业协会联合设立了保险纠纷诉调对接机制。目前诉讼与非诉讼的对接机制中，人民调解依旧是重点对接的方面，而对行业调解的关注度和重视度不够，行业协会等社会组织未在诉源治理体系中发挥其应有的作用和优势。并且，当前诉源治理中较为缺乏专业素质和群众工作经验兼具的复合型人才，绝大多数调解人员都是选拔自基层组织，虽然他们具有丰富的群众工作经验，善于化解基层的纠纷矛盾，但专业领域的矛盾纠纷始终不是他们所擅长的，如保险、医疗行业等特定领域，导致调解效果无法与耗费的人力物力相匹配。

（二）未形成"漏斗形"层级递减模式

完善的法治社会可以自我化解部分简单初级的矛盾和纠纷，许多涉及法律问题的纠纷不会一开始就诉至公堂。通过诉讼途径化解纠纷并非适用于所有社会矛盾，应该具体情况具体处理，多渠道、多手段的纠纷化解是诉源治理的重要体现。❷有些纠纷可以通过调解等较为平和的方式解决，有些纠纷需要有一定强制力的手段来化解，如仲裁公证等，而有的纠纷不得不诉至法院。

而一般情况下，纠纷产生的阶段越靠前，其化解的难度通常更小，解纷所处的阶段越靠后，其化解的难度就会明显增加。所以解纷体系构建的方式应该根据

---

❶ 龙飞.论多元化纠纷解决机制的衔接问题［J］.中国应用法学，2019（6）：130.
❷ 曹建军.诉源治理的本体探究与法治策略［J］.深圳大学学报（人文社会科学版），2021（5）：94.

纠纷类型、纠纷所处的阶段、当事人所选择的解纷途径，从多到少，从难到易，形成递进式、漏斗式的逐级纠纷化解模式。但是，根据调研发现，C市近几年来诉讼与非诉讼的解纷比例几乎呈现一比一的趋势，通过法院诉讼解纷的案件远远大于非诉讼方式解决的案件，解纷的时点不断后移，既加大了法院的审判压力，也影响了诉源治理实质化的进程。

第四节 优化人民法庭参与诉源治理的路径

人民法庭参与诉源治理必须找准定位，以协同地位参与，立足审判职能的同时适当延伸人民法庭的工作职能，对失范风险进行自我调节和整合，高效配置司法资源，完善运行体系，积极主动协同专业资源，提升诉源治理整体效能。

一、明晰人民法庭参与诉源治理的功能定位

（一）强调人民法庭司法审判功能

人民法庭要以综合的眼光看待诉源治理，避免片面单一地解读，把握适度参与的原则，在职权和法律所要求的限度内，积极发挥司法职能，将公平正义的价值理念内化于司法活动中，秉持服务大局的意识投入诉源治理体系建设中。[1] 所以，人民法庭应从多元的角度出发，找到其参与诉源治理的合理定位和现实意义，立足自身职权范围，在不破坏中立的前提下，进行司法审判和职能延伸，既不能因消极被动而未化解社会纠纷，也不能因超越职权范围，违背中立角色而浪费司法资源。总而言之，无论是前端源头解纷还是后端审判断后，人民法庭都要

---

[1] 廖文瑞. 吉安基层法院参与社会治理研究［D］. 上海：华东交通大学，2021：32.

立足于司法审判功能，如此才能有序、有效地推动诉源治理实质化进程。

地方基层法院的部分领导以上级指示为理由，要求法院在落实社会功能时优先保障司法社会工作。通过解读相关诉源治理部署与相关政法工作会议内容，不难发现诉源治理的主线是从源头化解矛盾纠纷。单就司法审判的启动成本与实施过程来看，虽然司法审判也属于解纷机制之一，但其并不是治理源头。但是，从基层法院司法审判的长远影响来看，特别是对一些典型案例的裁判，通过在审判中释明最终裁判结果的法律适用与裁量依据等，足以为社会其他解纷途径提供可参考的经验，为当事人选择诉讼救济抑或私力救济提供一定的参考价值，从而起到源头化解矛盾纠纷的作用。此外，基层法院还可以通过发布案例指导和类案参考案例，如审判白皮书等指导和规范社会行为，突出审判功能在诉源治理中的作用。因此，"源头治理"与司法审判并不矛盾。从另一个角度来说，尽管法院的首要功能在诉源治理中并未被明确强调，但从上述所说的基本法理与司法审判的长远影响可以看出，法院参与诉源治理中应重视司法裁判。

综上，在诉源治理机制下，发挥基层法院在诉源治理机制中的特有优势，适度延伸法院的审判职能是诉源治理机制的必要补充，基层法院也能在坚持司法审判的基础上有序参与源头解纷。

（二）适当延伸人民法庭工作职能

随着传统宗族关系的解体、熟人关系的逐渐疏远，熟人与陌生人共存共生的"半熟人社会"已成为现今乡村社会关系的主架构。但是，无论如何，乡村社会的"乡土"本质从未发生根本改变。❶实践中，基层社会矛盾纠纷仍然以"熟人"关系居多，主要类型为婚姻家庭、扶养继承、邻里关系、用工劳动纠纷等。为此，基层人民法院可以适当延伸人民法庭的工作职能，以乡村、社区等为区域划分，构建基层法律服务体系。人民法庭的职能根据目前的司法解释可分为审判职

---

❶ 谢冰斌. 乡村振兴视野下人民法庭的困境与出路［J］. 哈尔滨学院学报，2021（1）：53.

能与综合职能两类，因此，同时履行人民法庭两方面的职能，才能发挥好诉源治理中人民法庭的前哨作用。例如，构建长效工作机制以指导人民调解委员更好地参与解纷工作，适时开展巡回审判延伸法治的教育作用；创新普法宣传的方式，运用信息化手段，通过在乡村聚集区组织播放网络庭审视频、法治讲座等集中开展普法宣传工作，满足群众多元的司法需求；发挥司法文化道德宣教功能，彰显乡村德治效用；❶加大以案普法、以案释法力度，注重把中华优秀传统文化和社会主义核心价值观融入案件审判过程，努力让人民群众将优秀价值观内化于心，实现以德育民。❷需要注意的是，人民法庭积极司法并不意味着可以超越中立界限，而更多的是强调其在法定职能范围内适度转变，化身为预防和解决矛盾纠纷的指引者。

人民法庭当前受理案件类型正在逐步扩大。如何以强化自身审判功能为基础，解决新型案件或利用好创新科技的优势，值得人民法庭在实践中探索。虽然许多案件并不属于人民法庭管辖范围之内，但由于现代社会交通便利，法院对案件的管辖权依据也不是单一的，人民法庭对于一些行政管辖范围以外的案件也有管辖权。鉴于这种情况，人民法庭的立案服务应在"属人"原则的基础上适度扩展。此外，城市规划具有综合性、政策性、民主性等特点，政府相关部门在一个长期规划中，会着重规划某一地区，并将交通情况、地理环境、经济状况等因素纳入考量。因此可在当地原有民事审判基础上，立足于当地区域特点和经济特色，设立专门审理某一类型案件的专业人民法庭。例如，C市S区人民法院根据航空运营、航空物流、跨境贸易、航空金融等涉航企业设立的"航空经济区法庭"；在企业高度集中的产业功能园区，设立专门审判处理企业矛盾纠纷案件的"产业功能区法庭"。以综合的、发展的眼光看待地区的特点才能对人民法庭的人力和资源分配进行更好的规划，以缓解基层法院人少案多的压力，推动诉源治理实质化。

---

❶ 张丽丽.新时代人民法庭参与乡村治理的理论逻辑与反思［J］.西北大学学报（哲学社会科学版），2019（2）：50.

❷ 龚浩鸣.乡村振兴战略背景下人民法庭参与社会治理的路径完善［J］.法律适用，2018（23）：96.

（三）以协同地位参与

已有的实践中倾向将基层法院放置于诉源治理的主导或者中心位置，对此许多学者提出了质疑。值得注意的是，公平正义需要各社会主体共同参与维护，而司法是最后的一道防线。因为司法机关是我国政权机关，具有权威性，负责的审判工作具有中立性。若当事人选择诉讼的途径来解决纠纷，必然会付出大量的金钱、时间等，成本高昂。从群众的角度出发，一般而言，司法救济是在其他方法无法维护其诉求利益时的最后救济途径。虽然我国一直在进行司法改革，推行便民建设，但司法救济成本并未得到有效降低，且我国司法资源也相对紧缺，上述问题让基层法院不能主导诉源治理，成为机制建设的主导者。

虽然目前仍然以法院作为诉源治理的中心，但这并非解纷机制的最终追求，与此相反，该现象体现出我国解纷机制过于依赖法院、其他多元解纷途径不完善等问题。基于此，有学者认为，"制度设计者须将目光放置于打造社会治理新格局之上，发挥人民调解优势，构建前哨化人民调解预防与矛盾化解体系，逐步减少诉讼纠纷"❶。故在我国政治体系下的司法制度改革中，诉源治理应由权威的、受民众敬仰的党政机关主导，法院以协同地位参与其中，这才是最为有效的功能划分。

在党委主导、法院协同配合下，法院往往以治理性角色参与诉源治理。既体现在通过司法审判来贯彻国家政策和社会公共政策的层面上，也体现在通过个案审理来回应社会主义核心价值观和群众关注的层面上。这种情况下，通过党委领导下的多方协同整合，实现诉源治理工作机制的规范统一十分重要。基层法院运用"枫桥经验"，在党政主导下协同参与，形成"齐抓共治"，即"群众主动参与、党政主导、其他部门协同合作"的局面，将司法制度与社会相关规范充分衔接、互相补充，构建多元主体协同的基层共治局面。

---

❶ 李瑞昌.论社会治理新格局站位下的人民调解制度建设方略［J］.湘潭大学学报（哲学社会科学版），2018（2）：22.

二、矫正异化倾向

（一）人民法庭内部分工精细化

法院以司法规律和本质为前提强调司法裁判为首要功能符合当前我国的现实需求。虽然我国近年来无论是从司法顶层设计，还是具体的政策落实，都在不断优化社会矛盾纠纷化解体系，各种解纷模式层出不穷，从如火如荼到日渐式微，似乎都显示出司法改革已陷入实践与初衷背道而驰的尴尬境地。❶基于上述情况，人民法庭需要防止只着眼于政绩，唯数据论而在诉源治理过程中忽视司法裁判职能。经过调研发现，部分法官未将裁判功能放在核心地位，过度参与诉前调解工作等，加剧了人民法庭的人案矛盾，究其原因是人民法庭内部分工不明确。换言之，当前部分人民法庭为了提高自身诉源治理的"成效"与社会影响力，将本应注重司法裁判的法官派遣至矛盾纠纷的源头，浪费了司法人力资源，对司法裁判业务造成不良影响。基于上述情况，笔者认为可以围绕诉源治理将人民法庭内部具体划分为两类人员，让员额法官及相关人员专注于司法裁判工作，而司法社会服务工作则由司法行政及相关人员负责，推动人民法庭内部职能精细化。

（二）建立差别化绩效考核

"诉讼案件量下降"是达成诉源治理的手段，而不是最终目标。就诉前调解而言，鼓励当事人首先选择非诉方式解决纠纷，可有效减缓基层法院压力，减少进入诉讼程序的矛盾纠纷，但这仅是中间环节。❷诉源治理的最终目的是阐释"非诉优先，诉讼断后"的社会治理理念，把制度优势切实有效地转变成社会治理效能。

---

❶ 王丽惠.分级与分流：乡村基层纠纷解决的谱系域合[J].甘肃政法学院学报，2019（3）：25.
❷ 白泉民.新时代多元化纠纷解决机制的功能价值和完善路径[J].人民司法（应用），2017（34）：12.

当前背景下，许多地区法院将工作重心放在案件诉前化解数、案件收结数等相关考核指标上，更有甚者制订专门的成效考核细则，明确将诉前调解的案件量也纳入其中。❶ 然而，仅将诉讼案件的下降数量作为判断诉源治理成效的量化指标，并不能真实反映其机制是否有成效。如果仅将诉讼案件数量的增减作为诉源治理成效的考量标准，极有可能带来立案登记架空、故意久调不结等各种问题。对解纷的个体而言，矛盾纠纷在各领域繁简有别，若以一刀切的考核机制来考核则有失公允；就法院整体而言，人民法庭会因该考核机制逐渐沾染上唯政绩的不良风气，不利于实质化解矛盾纠纷，损害人民法庭工作人员对司法工作的归属感。

有鉴于此，人民法庭应将关注焦点从诉讼案件数据上移开，找准自身审判职能的定位。在细化调整法院内部审判考核标准的同时，对其他承担社会治理的主体也提出相应的治理标准，从而提高其协同参与解纷机制的积极性和可行性，保证在诉源治理的过程中，其他社会治理主体主动履行化解矛盾纠纷的职能。因此，为预防上述危险，人民法庭可以基于内部系统的精细化分工，探索建立针对不同解纷情形的差别化考核机制。首先，将法院内部的工作人员二分，以是否参与审判业务为划分标准，适用不同的考核机制进行考核；其次，通过不同评估因素或计量标准对不同领域的纠纷化解成效进行考核，以实现不同矛盾种类的差别化评估；最后，就同一类型纠纷，根据纠纷所处的不同阶段，每个阶段当事人的对抗程序的不同，纠纷化解难度的不同进行差别化考核，防止"一刀切"的标准。对不同岗位解纷成果进行差别化评估，保障法院内部的具体分工，可鼓励从事不同业务的人员更加专注于自身工作，也使得员额法官更加专注于审判职能；对不同领域不同矛盾种类进行差别化评估，可确保解纷机制的量与质双头并进；对不同阶段纠纷进行差别化评估，既能提高各方的参与热情和积极性，也能破除唯数据论的困境，缓解基层法院的审判压力。诉源治理追求的并非在"久调

---

❶ 景汉朝.立案工作指导第 1 辑［M］.北京：人民法院出版社，2016：162.

不结"下当事人迫于压力而放弃的形式性化解,而是矛盾纠纷的实质性化解。因此,上述所有考核标准应均是以纠纷有效化解为考核的标准,所以还需建立纠纷化解的反馈通道,以判断其纠纷是实质性化解,还是仅形式上的化解。

三、协同专业资源

(一)探索诉讼与非诉讼协同

(1)诉讼与公证协同。公证是我国预防性的司法制度,是重要的法律制度之一。公证提高了司法效率,为法院的审判和执行提供了重要的依据。例如,经过公证后的债权文书可以不经过诉讼程序直接执行,在执行上具有强制效力。最高人民法院联合司法部发布《关于开展公证参与人民法院司法辅助事务试点工作的通知》,选择在含四川在内的12省(区、市)开展以公证辅助司法活动的试点,其内容包括公证参与法院诉讼全过程,从庭前调解到执行全程参与,明确当事人自愿申请公证参与调解的情形中,公证机构可以对经过调解或和解的内容赋予执行的强制效力。

因此,在诉源治理中基层法院需要加强与公证机构的对接,将公证纳入社会矛盾化解的各个环节。例如,在社会矛盾始发的领域开展公证活动或者调解服务,通过对法律行为、事实或法律文书等进行认证核实,积极促进未达成利益平衡的当事人化解纠纷,对已达成和解、调解协议的当事人出具公证文书,在争讼领域进行案件分流,在诉讼领域引入公证机构对诉讼的各个环节提供公证法律服务。❶加强与公证机构的对接,对节约司法资源、缓解法院案件压力有较大的价值和意义。

(2)诉讼与仲裁协同。仲裁是仲裁机关根据当事人提交的仲裁协议,按照法律规定和原则作出具有强制执行力的裁决文书的纠纷解决机制。我国实行或裁或

---

❶ 谢京杰.公证在诉源治理中的实践和思考[J].中国公证,2021(12):51.

审、一裁终局制度，当事人达成仲裁协议之后可向仲裁机构申请仲裁，法院不具有管辖权，且仲裁裁决发生法律效力之后，除法律规定的可撤销情形以外，当事人不能就相同争议向法院提出诉讼。因此，仲裁具有一定的权威性，相较于诉讼效率优势明显，可在一定程度上分流案件，推动诉源治理路径多样化发展。

因此，基层法院需要加强与仲裁机构的对接。例如，探索在商事领域引入商事仲裁机构成立诉讼与仲裁衔接机构，邀请仲裁机关的工作人员常驻基层法院并单独设立商事纠纷受理窗口解答疑惑，并在这个过程中宣传仲裁知识，倡导相关当事人优先考虑仲裁方式解纷，且当场受理自愿仲裁案件，高效处理纠纷，对案件分流，适应群众多元的利益诉求。此外，基层法院还可以积极推动所辖范围内银行、保险公司、贷款公司修改更新服务合同范本，倡导和鼓励当事人选择仲裁解决上述纠纷。

（二）搭建多元解纷平台

我国正处于经济转型时期，许多传统和新兴产业得以进一步发展，同时也引发了大量的劳动、经济等纠纷，而将专业领域的纠纷交给专业力量化解有助于提高诉源治理的专业化水平。首先，产业内诉源治理可以通过积极发动行业主管部门或行业协会组织、基层法院进行指导，建设专业性强、素养高的产业解纷队伍，培养特定行业和领域的专业调解组织，推动业内依法治理，进而打造自我预防化解、第三方调节为辅，诉讼托底的模式。

其次，在矛盾多发的重点领域建立协同解纷的平台。常发的社会矛盾具有特点，案件量往往较高，如交通、金融、房地产、物流、医疗、劳动、婚姻家事等领域。在上述领域，基层法院需要联动有关职能部门建立完备的特定领域解纷制度，积极发挥解纷职能，孵化高素养的专业性解纷人才队伍，推动与强化行业调解、人民调解、司法调解的对接，建立多方联动解纷机制，提高纠纷处理质量和效率，快速高效地将固定类型的纠纷化解在萌芽初期和本领域内。[1] 通过解纷进行案件分流，将前端治理交给基层自治、行业自治，形成纠纷解决由多到少，由简单到复杂逐级递减，构建"漏斗形"层级递减化解结构。

最后，根据管辖区域内案件类别设立诉调对接平台。在法院诉讼服务前台引入社会调解、行政调解、行业调解等调解组织或个体，设立专门调解服务窗口，对符合相关条件的调解组织或个体，邀请其以特邀调解组织或调解员的身份参与解纷服务，在纠纷争讼领域积极促进矛盾的化解，减少进入诉讼程序的案件。例如，对部分简单矛盾层次不深的案件推行调解前置程序，鼓励当事人通过平和的手段化解纠纷；明确调解员具体人员名单对其适当管理；强调法院对解纷机制的指导工作，推动多元纠纷解决方式在程序设定、效力确认、法律指引等方面做好有机衔接，完善社会调解、行政调解、行业调解等调解组织或个体的联动互通机制，有效推动诉源治理实质化进程。

（三）融合司法数据

以"技术赋能"为导向，人民法庭应推动构建服务于诉源治理机制的司法大数据系统，以多元解纷主体共同参与解纷工作为前提、以现代化前沿科技手段、以大环境下司法数据的共融互通为目的，实现资源集中管理与有效运用、司法数据智能化管理、解纷协同运作机制无缝衔接，进一步提高人民法庭参与诉源治理的持续性。

一个案件在办理过程中，可能因信息化建设不完善、信息孤岛等原因，法官无法掌握对案件裁判结果产生实质性影响的司法案件或行政行为等信息。例如，在民事审判中，若法官因信息壁垒无法得知其他对裁判结果有实质影响的信息，则很大概率出现裁判结果偏颇的情况，进而产生二审或再审案件。因此引入司法外的大数据搭建起司法智库大数据中心尤为重要。此外，可以通过数据共享实现

---

[1] 杜前，赵龙. 诉源治理视域下人民法院参与社会治理现代化的功能要素和路径构建[J]. 中国应用法学，2021（5）：70.

加强源头治理，统一数据交互标准，收集梳理各个机关提供的相关数据，推动数据体系构建，建立司法人工智能数据平台，实现多方数据融合共享。作为法院信息化的组成部分，区块链也应当发挥其技术特点，成为提高司法效率、增强司法信任机制的重要推动力。司法区块链可以记录全过程、全交易的数据，所有记录的数据均由所有网络节点共同保存，使得网络空间治理更加透明化，网络行为更易追根溯源，从而实现对互联网的全程监督和全程治理。区块链能够通过智能合约自主监控网络线上交易，从而使互联网治理更加智能化与自主化。并且其可通过智能大数据平台，对各领域已化解的矛盾纠纷进行深入分析，建立纠纷产生预警机制，对相关数据背后潜藏的问题进行深入挖掘，预判纠纷发展的态势和方向。❶最终形成强化互联思维、规律思维，形成以纠纷解决中心为主线，各类解纷平台为辐射点的诉源治理体系。

我国社会结构随着城镇化的不断发展发生了质的变化，社会矛盾纠纷呈现高发趋势，诉讼源头治理随着人民司法需求的不断扩大也面临着新的挑战。以"五区法庭"为样本考察其实践效果，发现基层法院参与诉源治理存在功能定位不明确、异化风险突出、运行体系零散等问题。为解决以上问题，推动诉源治理实质化进程，需要从三个方面对人民法庭参与诉源治理的路径进行完善。首先，需要明确人民法庭以协同地位参与诉源治理，在强调基层法院审判功能的前提下，从人民法庭的角度出发，适度延伸司法职能。其次，矫正人民法庭参与诉源治理的异化情形，维护法院的权威性和中立地位，对法院内部参与诉源治理的人员进行二分，员额法官等审判人员专注审判，非审判人员如司法行政部门积极参与诉源治理，并根据纠纷的不同类型、纠纷的对抗阶段和纠纷解决的方式建立差别化的考核机制。最后，整合各方专业资源，协同多元解纷主体，纳入行业协会等社会力量，探索公证与仲裁在内诉讼与非诉讼协同；建立多元解纷平台，推动行业调解、人民调解、司法调解的对接，完善多方联动解纷机制，提高纠纷处理质量和

---

❶ 龙飞."把非诉讼纠纷解决机制挺在前面"实证研究——以重庆法院实践为样本［J］.法律适用，2019（23）：89.

效率；融合司法数据，包括但不限于司法区块链，打破数据壁垒。

人民法庭位于司法解纷第一线，其参与诉源治理有一定的必要性和天然优势。人民法庭作为法院系统中参与诉源治理的主力军，其在实践中仍是"摸着石头过河"。如何将自身的司法职能以恰当的方式辐射到诉源治理的工作格局中，需要在司法实践中不断探索和论证。

第六章 ▲ 人民法庭诉调对接纠纷解决机制

现代法治社会，虽然司法在纠纷的解决系统中处于核心和权威的地位，但并不意味着所有的纠纷都必须去法院寻求解决，一个理性的社会应为人们提供多元化纠纷解决机制。在社会生活日益复杂化、纠纷大量增加的情况下，如何结合纠纷类型及当事人需求，使当事人在考量其程序利益和实体利益后，选择适当的纠纷解决方式，使权利能适时、有效地实现，同时减轻法院的司法负担，是诉讼法学理论界和司法实务界关注的重要课题之一。S省P县法院积极探索符合实际的多元化纠纷解决机制，不断发掘、整合非诉调处力量，在完善诉调对接纠纷解决机制改革试点工作方面进行了有益的探索，取得了显著效果，但也存在一些问题。通过数据统计、实证分析等进行调研，深入研究人民法庭诉调对接工作的有效和规范运作模式，对推动司法改革和创新社会管理具有重大的指导意义。

第一节 诉调对接纠纷解决机制的正当性解读

诉调对接是指诉讼和调解这两种纠纷解决途径和方法之间的沟通、衔接与互动，是一种以法院为主导、多元主体参加构建的诉讼与调解相互作用，司法调解、人民调解和行政调解等有机衔接的机制。由司法实务界创新的诉调对接机制在对现有的各种纠纷解决方式进行调整的基础上，实现其合理衔接，以更好地发挥它们各自的功能和整体的效益，构建我国多元纠纷解决机制。

一、诉调对接的理论基础

诉调对接纠纷解决机制建立在能动司法理论的基础之上，能动司法理念在内涵和特征上为诉调对接机制的创建与实施提供了法理支撑。❶ 在当代中国语境中，所谓能动司法，大致是指法官不应消极被动地坐堂办案，不顾后果地刻板适用法律；在尚处于形成过程中的中国司法制度限度内，法官可以并应充分发挥个人的积极性和智慧，通过审判和司法主导的各种替代纠纷解决方法，有效解决社会各种复杂的纠纷和案件，努力做到"案结事了"，实现司法政治效果、社会效果和法律效果的统一。❷ 在人民法院的主导下，着力于实现法院诉讼制度和法院外诉讼外调解制度的有机对接，以诉讼制度强有力的公权力支撑和程序保障来弥补各类调解制度的缺陷，而调解制度先天的优势又同时可以弥补诉讼制度在解纷灵活性方面的不足，二者有机衔接，优势互补，良性互动。诉调对接纠纷解决机制的创立初衷与运行宗旨深深地契合于能动司法理念，正是能动司法理念在新时期人民法院司法实务工作探索中的生动体现。

二、诉调对接是连接整合替代性纠纷解决机制的桥梁纽带

我国已经建立起多种纠纷解决机制，包括传统的人民调解、现代型的仲裁和

---

❶ 胡赪，宋昱君.论诉调对接的法理基础与价值诉求[J].湖南工业大学学报（社会科学版），2012（2）：72.

❷ 苏力.关于能动司法与大调解[J].中国法学，2010（1）：5.

其他不同类型的非诉纠纷解决方式等。❶ 就非诉纠纷解决机制的种类上看，可谓是"ADR❷先进国"。然而，问题在于，包括人民调解与法院诉讼在内的各种纠纷解决机制之间未形成一个功能互补和程序衔接的有机体系。诉调对接纠纷解决机制的实质是将法院所垄断的纠纷解决权（实际上一直未实现，也不可能实现）逐步向社会回归，实现纠纷解决机制从国家到社会的总体演变，以在法院周围组织、培植多种形式的纠纷解决机制，构造出一个各种纠纷解决方式之间统一协调、良性互动、功能互补、程序衔接的有机系统。诉调对接纠纷解决机制有利于改变我国纠纷解决机制的现状，在对现有的各种纠纷解决方式关系进行调整的基础上，实现合理衔接，以及效益的最大化和纠纷解决方式的多元化。❸

三、诉调对接有利于激活传统的人民调解制度

在我国现有纠纷解决机制中，人民调解制度是除诉讼外运用得最为广泛、最成功并深受广大群众和基层社会欢迎的一项具有中国特色的法律制度。然而，随着诉讼功能的日益凸显，加之人民调解制度本身存在的缺陷，人民调解的作用明显降低，一度呈现萎缩的态势，被西方法学家誉为"东方之花"的人民调解制度似乎已蜕变为"昨日黄花"。诉调对接纠纷解决机制以改革传统人民调解制度为目的，通过对人民调解的指导实现人民调解与诉讼制度有机衔接，这不仅有利于树立人民调解权威、彰显人民调解公信力，也有利于激励人民调解机构去化解更多的社会矛盾，减少国家有限司法资源的耗费，更有利于方便、快捷地维护和实现人民群众的合法利益，使人民调解制度这朵"东方之花"重新散发出新的生机与活力。

---

❶ 范愉.非诉讼纠纷解决机制研究［M］.北京：中国人民大学出版社，2000：366.
❷ ADR为替代性纠纷解决机制的缩写。
❸ 赵远.困境与出路：我国诉前调解制度改革论析［J］.法学杂志，2009（6）：107.

四、诉调对接有利于构建多元纠纷解决机制

诉调对接中的"诉"代表法院诉讼系统,"调"代表人民调解、行政调解等非诉调解系统。诉调对接实质是法院诉讼系统与法院外非诉调解系统的相互对接形成的,人民法院与社会调解组织在职能上良性互动、在作用上优势互补。从理论上讲,诉调对接就是一种多元化纠纷解决机制。多元化纠纷解决机制是相对于单一性而言的,其意义在于避免把纠纷的解决单纯寄予某一种程序,如诉讼,并将其绝对化;主张目的实现手段的多元化为基本理念,不排除来自民间和社会的各种自发的或组织的力量在纠纷解决中的作用。❶

第二节 S省P县法院人民法庭诉调对接纠纷解决机制的具体运行

2012年,S省P县法院被最高人民法院确定为《关于扩大诉讼与非诉讼相衔接的矛盾纠纷解决机制改革试点总体方案》的试点法院。P县法院形成了以县委政法委牵头,法院推动,多方非诉调处力量参与的"职能互动、优势互补、资源共享、责任共担"的矛盾纠纷多元化解体系(见图6-1)。法院和各类非诉调处机构充分发挥工作能动性,在诉调对接纠纷解决机制改革试点工作方面进行了大量有益的探索。其将司法力量重心下移,充分发挥人民法庭深入基层、覆盖面广、了解社情民意等优势,探索构建以人民法庭为中心,行政部门、人民调解委员会、社会组织共同参与的"1+X"纠纷联动化解模式,形成了矛盾纠纷多元化解的新格局。

---

❶ 何兵. 和谐社会与纠纷解决机制[M]. 北京:北京大学出版社,2007:56.

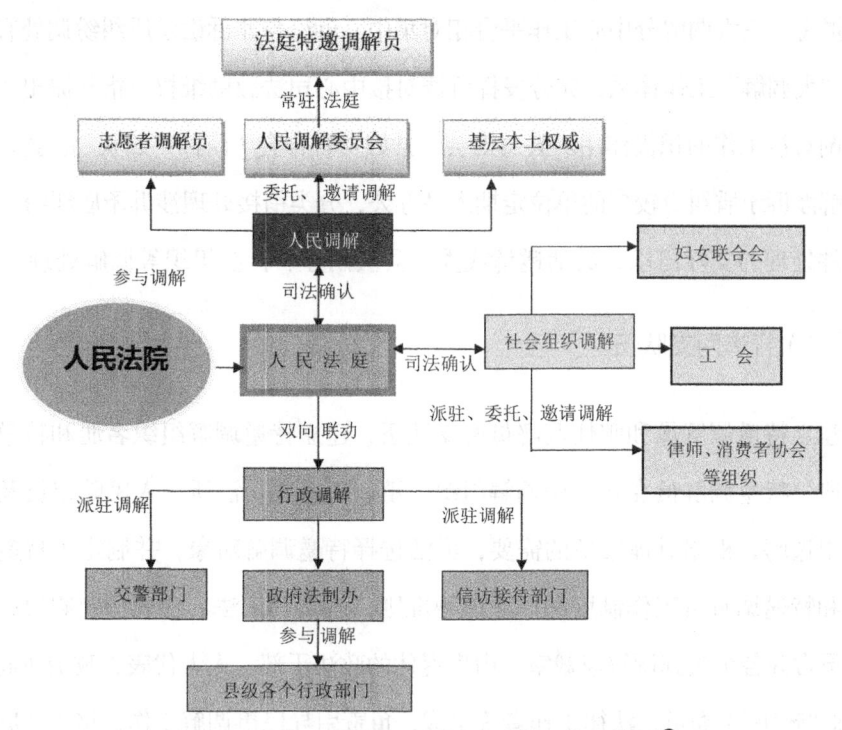

图 6-1　S 省 P 县法院开展诉调对接工作总体图[1]

一、全面搭建诉调对接工作平台

（一）建立诉调对接中心

强化人民法院司法调解职能，在 S 省 P 县法院设立诉调对接中心，在五个人民法庭设立诉调对接办公室，落实工作场所，配备专门的工作人员，制定完善工作制度，明确工作职责并严格考核管理。县委授权委托 S 省 P 县法院统一对诉调对接相关部门及各个镇、街道办进行目标考核。诉调对接中心及办公室统一由"县矛盾纠纷大调解协调中心"（县社管综治办）协调人民调解、行政调解、社会组织调解等相关职能单位派员入驻，进一步筑牢"县矛盾纠纷大调解协调中心"

---

[1] 张邦铺. 诉调对接纠纷解决机制的完善——基于 S 省 P 县法院的实证分析 [J]. 西华大学学报（哲学社会科学版），2016（1）：83.

牵头揽总、三大调解分中心工作平台相对集中、诉讼与非诉讼矛盾纠纷调处有效对接的"大调解"工作体系，充分发挥诉调对接中心司法救助维权、指导派出法庭开展诉调对接工作的积极作用。县总工会、县妇女联合会（简称"妇联"）、县司法局等调解涉诉矛盾纠纷较多的单位定期入驻办公，分类衔接处理涉诉矛盾纠纷，并根据案件处理的实际需求，灵活邀请或委派县法制办、社会组织等调解处理。

（二）打造两支队伍

建立特邀调解员和聘任调解员两支队伍，建立特邀调解组织名册和特邀调解员名册。特邀调解员在各人民调解组织，镇、街道办司法所，人民陪审员及有关行业中选聘，根据具体案情的需要，灵活选择特邀调解对象，并制定了特邀调解组织和特邀调解员工作制度和职业道德准则，规范其依法、合规行使职权；聘任调解员常驻各个法庭调解速裁室，由离退休的政法干部、人大代表、政治协商会议（简称"政协"）委员、法律工作者等组成，负责引导民事调解工作，接受法庭委托开展庭前调解，协助法官开展案件调解、协调、和解工作。人民法庭通过业务指导、以案代训、以案代会、专题讲座等形式对特邀调解员和聘任调解员队伍进行定期或者不定期的培训。

（三）建立诉调对接网上办事平台

针对依托信息化技术，在西部地区率先建成了具备网上在线立案、诉调对接的办事大厅。当事人可通过网络进行大调解的对接，提高矛盾纠纷调处的分流、委托、移送、回复等办理效率，便利群众诉讼，努力减少矛盾升级。S省P县法院结合院机关"诉讼服务中心"、法庭"诉讼服务点"、村社"诉讼服务站"三级诉讼服务网络，与县司法局共同推广使用诉调对接网上办事平台。

（四）成立交通事故巡回法庭

针对交通事故损害赔偿纠纷高发的态势，S省P县法院联动交警部门，打造交通事故案件专业化审判平台，快速化解交通事故损害赔偿纠纷。选派审判业务精通、法律功底深厚的资深法官长驻交警部门，充分利用法官的专业优势，提高交警调解与诉讼调解衔接工作的效率。一方面，告知当事人在交警部门作出交通事故责任认定之前或者送达交通事故责任认定书时，有向交警部门申请调解的权利，利用交警的专业优势进行案前调解；另一方面，对于交警部门调解不成的，快速、集中、专业、就地化解矛盾纠纷，提高交警调解与诉讼调解衔接的效率与效果。

（五）搭建劳动争议纠纷诉调对接平台

联动劳动争议行政主管部门和工会，与劳动行政主管部门共享信息资源，提前介入纠纷处置，参与联动调解。特别是对于拖欠民工工资、欠薪逃匿的群体性案件，共同合作，做到三个"快速"：快速指引，法院对劳动监察大队进行指引；快速通报，立案庭向执行局进行情况通报；快速处理，开通案件快审、快结绿色通道，高效、便捷审结。

（六）构筑婚姻家庭纠纷诉调对接平台

在诉讼服务中心设置"妇女儿童维权岗"，由妇联派驻调解员到法院开展调解工作。此外，S省P县法院积极邀请妇联干部作为特邀调解员和人民陪审员参与案件审理。发挥妇联调处婚姻家庭纠纷优势，化解家庭矛盾。妇联派驻调解人员到法院开展调解工作，设置"妇女儿童维权岗"，联合妇联共同调处敏感纠纷，积极邀请妇联干部作为特邀调解员参与案件调处。积极邀请妇联干部担任人民陪审员，让妇联干部以人民陪审员的身份参与案件审理，充分发挥优势，做好调解工作。

二、完善诉调对接工作机制

（一）建立科学、合理的诉前分流机制

通过法院及各个法庭的诉调对接服务窗口，针对不同的案件情形，分别进行委托调解、邀请调解、委派调解。对符合立案调解适用范围的案件进行调解，并通过诉讼服务中心大调解窗口对诉前案件实行有效分流至立案庭的大调解办公室，再由大调解办公室针对不同的案件情形，分别进行委托调解、邀请调解、委派调解，以进行息诉疏导，多元化地解决纠纷。

（二）建立"二三二"立案疏导机制

"二"是立案法官在接待当事人时，用至少二十分钟倾听当事人陈述案件情况。"三"是给当事人讲清楚三件事，做好当事人的诉讼心理预期：一是讲清选择法院解决问题，就要相信法律，通过向当事人发廉政监督卡，表明法院工作接受当事人全程监督；二是讲清可以选择诉讼或非诉讼等多元途径，以及采用非诉解决具有灵活性、时间短、成本低等优点；三是告知当事人采用诉讼方式解决存在诉讼风险，让其提前有个准备。"二"是作出两个判断，一方面判断是复杂案件还是简单案件；另一方面如果当事人选择非诉调解，判断适用哪类调解，进行诉前分流。

（三）建立类型化的诉前委托、邀请调解机制

S省P县法院根据近年来受理最多的案件为婚姻家庭、交通事故和劳动争议这一特点，积极构建和完善"请进来、走出去"的类型化调解模式。"请进来"就是邀请工会、妇联、司法局等组织的调解员常驻法院诉调对接中心，及时参与调解，充实大调解的队伍，通过多元化的纠纷解决机制，合力化解矛盾。"走出去"就是法院派出工作人员常驻其他机构，如在交警大队进行现场调解，将案件调解的关口前移，有效化解矛盾。目前S省P县法院已成立了交通事故巡回法庭，对交通事故案件开展立案调解工作，并取得了良好效果。

（四）建立调解协议司法确认制度

S省P县法院坚持诉外业务指导与诉内依法支持相结合，充分发挥各类调解

主体解决社会矛盾纠纷的功能和作用。县法院与县法制办、司法局对调解协议的效力予以确认，对经过各类调解组织和委托调解达成的调解协议，只要内容是双方当事人自愿达成的，不违反法律法规的禁止性规定，不损害国家、集体、第三人合法利益的，法院即依法确认调解协议的法律效力，从而增强人民调解协议、行政调解协议和其他调解主体调解结果的公信力，调动其工作的积极性。

（五）建立无异议调解方案认可机制和无争议事实记载机制

县法院就以上内容在诉非衔接工作实施办法中明确规定了相应的制度，指导及规范相关工作流程。在调查并征求人民调解组织、行政机关、社会组织意见的基础上，就无异议调解方案认可机制的适用范围、适用条件、适用程序制定了相应的规定，并制作了无异议调解方案认可协议书。案件当事人若无法达成调解方案，但在调解过程中对某些案件事实无争议的或者在某些方面达成一致意见的，签字记载在册。

第三节 人民法庭诉调对接纠纷解决机制运行的实证分析

一、诉调对接机制运行的整体成效

下面通过对S省P县法院人民法庭2011—2013年开展诉调对接工作的相关数据对比，以及对三大调解成效和诉调对接联动现状的相关数据梳理，真实呈现诉调对接机制运行现状（见图6-2）。2011年，S省P县法院全年审结民事案件3185件，其中，分流到人民调解的有69件，其中调解成功13件，调解成功率18.84%；民行政调解案件；分流到社会组织（仅妇联）调解的有89件，成功30

件，成功率33.71%。非诉调处解决案件数占整个民事案件总数的比例仅1.35%。

2012年S省P县法院被确定为诉调对接试点单位后，非诉调解案件数及成功率明显上升，全年审结民事案件3187件，调解撤诉结案2219件，调撤率为69.63%。其中，分流到人民调解的318件，成功67件，成功率21.07%；无行政调解案件；分流到社会组织（仅妇联）调解的355件，成功144件，成功率40.56%。

2013年，S省P县法院共审结民事案件3055件。随着诉非衔接诉调对接试点工作的推进，非诉力量对化解社会矛盾的作用凸显，民事案件与2012年相比下降了132件。其中，分流到人民调解810件，成功363件，成功率44.81%；行政调解（法制办、卫生局）187件，成功43件，成功率22.30%；分流到社会组织（工会、妇联）调解363件，成功172件，成功率47.38%。

由图6-2可知，分流至人民调解的案件数量逐年上升，由2011年的69件上升至2013年的810件；人民调解成功数量也随之上升，由2011年的13件上升至2013年的363件，调解成功率由2011年的18.84%上升至2012年的21.07%，2013年上升至44.81%，调解成功率逐年上升，人民调解成效明显。

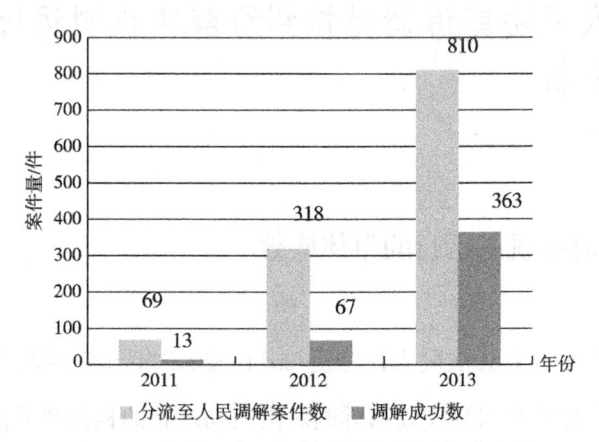

图6-2 分流至人民调解案件数及调解成功数

由图 6-3 可知，分流至行政调解的案件数量在 2011 年和 2012 年均为 0，这说明在诉非衔接机制运行初期，行政机关与法院之间尚未建立一套可行的衔接机制，诉非工作推进在行政调解这一块尚处于起步阶段。经过多方协调，2013 年行政调解突破到 187 件，但在三大调解机构调解案件数量仍显较少。

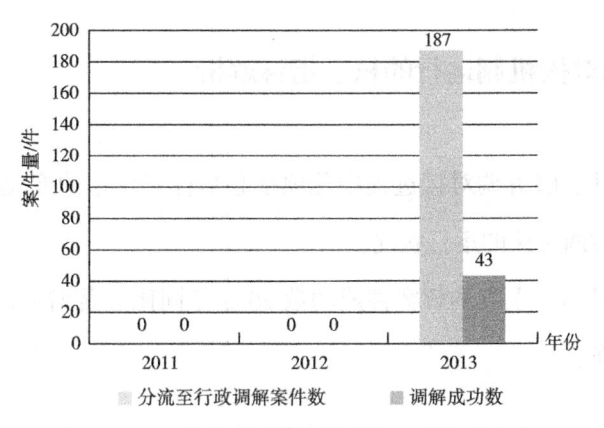

图 6-3　分流至行政调解案件数及调解成功数

由图 6-4 可知，分流至社会组织调解的案件数量由 2011 年的 89 件上升至 2012 年的 355 件、2013 年的 363 件，调解成功率由 2011 年的 33.71% 上升至 2012 年的 40.56%，2013 年达到 47.38%，调解成功率在三大调解组织中最高。这些数据表明，社会组织与法院诉调对接顺畅，调解成效明显。

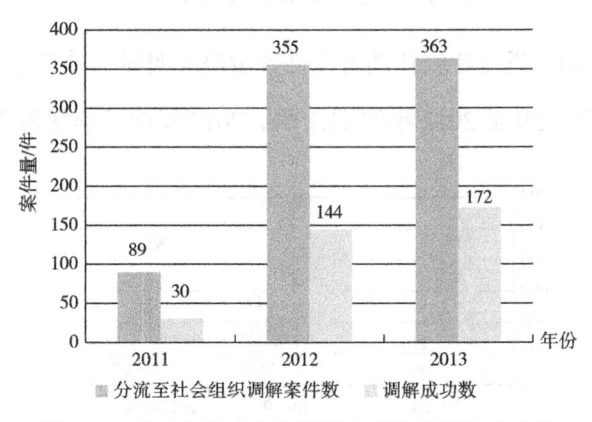

图 6-4　分流至社会组织调解案件数及调解成功数

综上所述，2011—2013 年，S 省 P 县法院以诉调对接试点为契机构建衔接平台，激发非诉力量，多元化解矛盾，与人民调解、社会组织调解、行政调解之间的衔接机制畅通，分流案件数量和调解成功率逐年上升，诉调对接试点工作取得了明显成效。

二、诉调对接机制运行的核心指标解析

对 S 省 P 县法院诉调对接过程中几项核心指标三年来的变化进行分析对比，可以直观显示诉调对接的运行状况。

由图 6-5 可知，立案调解案件成功数 2012 年同比显著增加，2013 年前三季度同比有所下降。

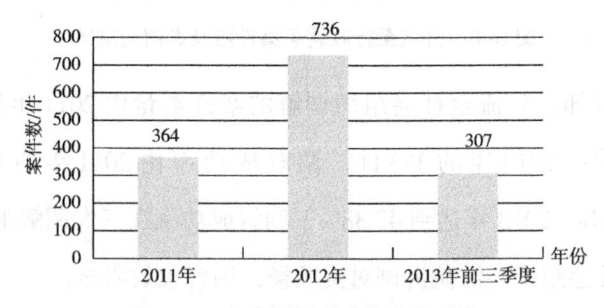

图 6-5 立案调解成功数变化对比

由图 6-6 可知，近三年委托调解案件数量呈现明显上升趋势，调解成功率由 2011 年的 14.23% 上升至 2012 年的 41.19%，2013 年前三季度为 23.88%。

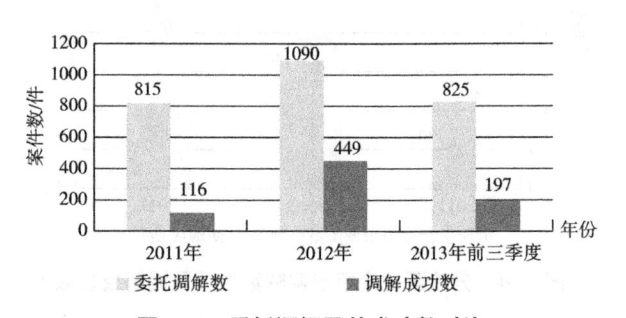

图 6-6 委托调解及其成功数对比

由图 6-7 可知，近三年邀请调解案件数量呈现明显上升趋势，调解成功率由 2011 年的 16.43% 上升至 2012 年的 35.16%，2013 年前三季度为 30.80%。

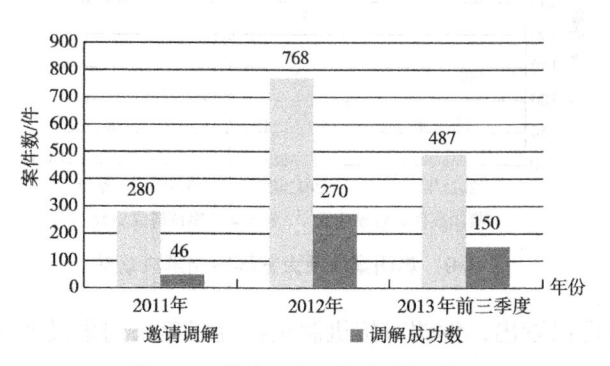

图 6-7　邀请调解及其成功数对比

从图 6-8 可以看出，人民法院确认人民调解协议数量有待提升。这一方面说明人民调解和人民法院之间的衔接不够通畅，另一方面说明人民调解的调解能力不足。

图 6-8　确认人民调解协议数

从图 6-9 可以看出，近三年来集团案件调解成功数呈现明显上升趋势，至 2013 前三季度达到 335 件，与 2011 年相比增幅为 276.40%；大案调解成功数由 2011 年的 10 件上升至 2013 前三季度的 18 件，增幅为 80%。这反映诉调对接实施以来，集团案件及大案要案调解处理成效明显。

图 6-9　集团案件及大案要案调解成功数

从图 6-10 可以看出，诉调对接机制运行近三年来刑附民案件调解成功率很高，运行效果呈现逐年上升的良好态势。

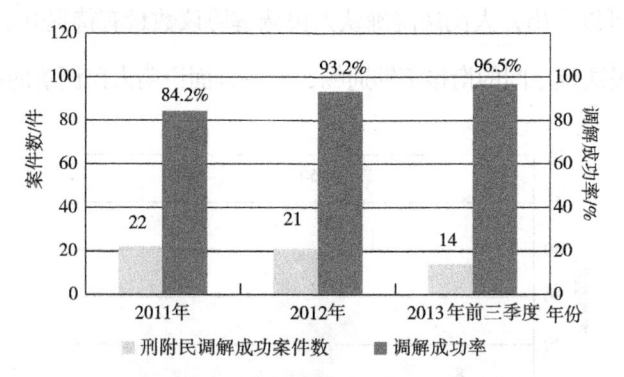

图 6-10　刑附民案件调解成功数及调解成功率

从图 6-11 可以看出，执行案件在调解成功数及成功率均不高，2011 年调解成功率较高，为 53%；2012 年和 2013 年前三季度成功率维持在 20% 左右。

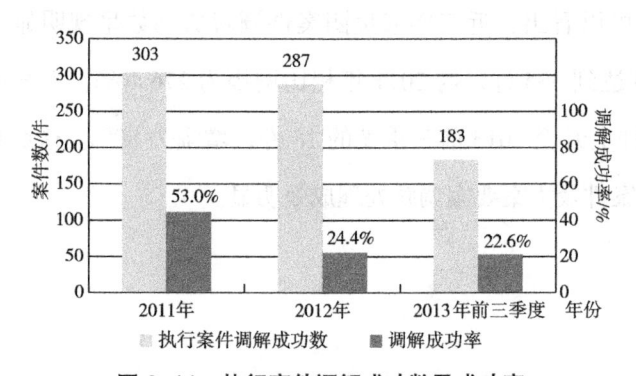

图 6-11　执行案件调解成功数及成功率

从图6-12可以看出，行政案件的调解成功数在2011年及2012年连续两年都是0件，2013前三季度调解成功数仅为1件。这一方面是由于行政案件本身数量少（2012年行政案件数量为39件），行政案件调解成功这一分母基数小；另一方面由于行政案件本身调解难度较大，案件双方矛盾更多的是法律适用层面的冲突，不太适宜调解。

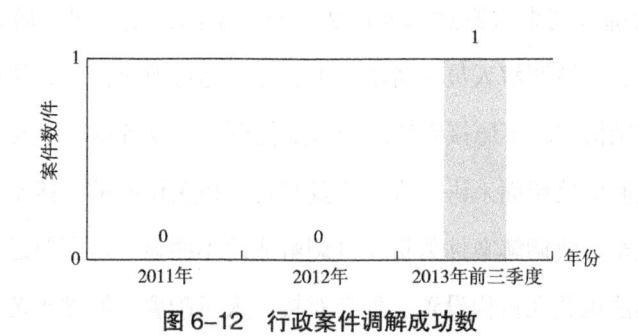

图6-12 行政案件调解成功数

三、数据分析

（一）诉调对接实施以来的优势

S省P县法院试点诉调对接机制近两年来，人民法院与人民调解、社会组织调解之间的衔接机制逐渐建立完善并运行畅通，分流案件数量和调解成功率逐年上升，人民法院本身的案件调解数量和调解成效（如集团案件调撤率）也有较大提升。这促使当事人在发生矛盾冲突时不用再单一依靠司法这一解纷途径，还可以通过人民调解、社会组织调解这些方便、快捷的渠道将矛盾纠纷化解在诉讼前。大量法律关系明确、矛盾纠纷对抗性不强的案件通过非诉方式得到快速处理，有效避免当事人之间及当事人与法院之间不必要的对抗，缩短诉讼周期，节省当事人的精力、物力，减少诉累。2013年诉讼辅导5807件，这也反映出诉前辅导"二三二"制度在分流衔接案件处理、连接当事人诉求、化解案件矛盾方面的重要作用。

（二）诉调对接机制在运行中存在的不足

（1）从观念层面来讲，诉调对接和多元化纠纷解决观念还没有得到群众甚至领导干部的普遍认同和接受，当事人在纠纷发生后对司法解纷存在依赖，仍倾向于把法院作为解纷首选，非诉解纷获得群众认同和接受还需进一步加强宣传。具体体现在：大部分当事人愿意选择司法调解，不愿意走人民调解、行业调解程序；个别部门、乡镇调解人员配备跟不上，难以适应改革需要；调解组织积极性不够，缺乏激励机制，不愿接受法院委派委托调解，或者流于形式，敷衍了事。

（2）从机制对接层面来讲，人民法院与行政机关调解的衔接不通畅，运行效果很差，分流至行政调解案件数量少且调解成效不明显，这需要进一步畅通完善行政机关与司法机关在机构设置、配套对接、人员配置、制度规范、经费保障等的建构，才能进一步畅通并发挥行政调解的积极作用。很多核心指标可以反映出诉调对接现状存在一些不尽如人意的地方，如人民法院确认人民调解协议数量较少。这一方面说明人民调解和人民法院之间的衔接仍然不够通畅；另一方面说明人民调解的调解能力不足，调解协议存在瑕疵，导致人民法院有效确认人民调解协议数量较少。

（3）诉调对接机制参与主体有待扩大，部分新机制不切合实际。目前参与诉调对接工作的主体主要是人民调解组织、保险公司和交警部门，其他非诉调处机构如其他行政机关、商会等参与较少。部分新机制不切合实际，推广运用价值不大，如民商事纠纷中立评估、无异议调解方案认可、无争议事实记载等新机制，适用主体为相关调解组织，法院虽不断加强培训，但效果仍不明显。又如调解协议支付令、调解协议申请工作机关赋予强制执行效力，适用主体为相关调解组织、公证机关，法院虽加强了联系，但实际运用非常少，没有实际价值。

（4）司法确认条件过于严格。在调解协议的司法确认上，目前仍要求双方当事人共同向人民法院申请。《民事诉讼法》已经将司法确认调解协议的主体范围扩大至"经依法设立的调解组织调解达成的调解协议"，并且明确中级人民法院

（包括专门法院）也可以受理司法确认案件。如此一来，除了人民调解委员会之外，商事调解、消费者协会、物业管理协会等社会团体的调解在纠纷解决中的功能可以进一步发挥。总的来说，这一条是在吸收民事诉讼制度改革经验作出的修改，适应了多元调解协同发展的迫切需要，符合当下司法实践需求，也给未来的"诉非衔接"机制立法预留了空间。但是，此次修订并未涉及申请司法确认当事人的相关内容。目前我国关于确认调解协议的相关法律规定散落于《民事诉讼法》《中华人民共和国人民调解法》（简称《人民调解法》）及其相关司法解释中，但都规定了必须由双方当事人共同向人民法院申请。一项制度的确立必然有其正当性和合理性，但在大多数的社会矛盾纠纷解决过程中，必然会产生获利方和受损方，无论这种损失是物质的还是非物质的。在这种情况下，受损方是否愿意提供便利与另一方当事人共同向人民法院申请对调解协议的效力确认难以估计，可能导致整个调解工作的功亏一篑。从另一个角度看，既然双方当事人都同意通过调解的方式来解决纠纷，也就说明双方当事人都有化解纠纷的心态，并且在这种心态下，双方进行了商讨并达成调解协议，如果事后又拒绝申请司法确认，可能存在其自身认为正当的理由，但这种行为却严重违背了诚实信用这一"帝王原则"。如果对方当事人故意拖延，损害对方的相关合法利益，不想履行自己应承担的责任，那么更应对其予以惩戒。调解工作的基本原则中包括自愿原则，纠纷当事人既然自愿达成调解协议，那么就理应承担达成调解协议之后的相关结果。如果在纠纷中的受损方不愿意按照调解协议履行相关义务，那么其根本就不会和另一方当事人共同向人民法院申请司法确认，这种现象会对纠纷化解工作的有效进行造成极大阻碍。

（三）存在问题的原因

（1）法院自身工作存在不足。一是组织领导与思想认识不够到位。法院内部详细、周全的工作规范不健全，责任缺失、管理缺位、措施落实失位，导致为了多收案以增加诉讼费收入，不愿参与诉调对接工作。二是法院运作程序规范化制度不够完善。法院开展诉调对接仅限于与部分非诉调处机构成立协调机构、定期召开联席会议等初层次的工作，忽视了内在机制、法律效力上的衔接。三是现时考评机制与衔接机制存在矛盾。目前全省法院还没有完全将开展诉非衔接工作考核与质效考核统一起来，一定程度上影响了审判人员开展衔接工作的积极性。四是审判权引导作用发挥不足。在开展衔接工作时，未能有效发挥审判权的规范、引导、监督作用，存在就案办案、不注重宣传工作、无法发挥已有非诉调处案件的示范作用。

（2）非诉调处机制存在不足。一是有些非诉调处机构积极性不高。由于非诉调处机构本身的职责定位不同，且缺乏必要的约束、激励和保障机制，有些非诉调处机构对诉讼外纠纷解决的积极性不高，有时甚至在开展衔接工作时极力引导当事人通过诉讼途径解决，使得大量的诉讼外纠纷解决资源得不到很好的利用。二是有些非诉调处机构力量不足。非诉调处人员在法律知识、业务水平等方面参差不齐，调处纠纷的质量不高，甚至出现"违法"调解现象。调处机构人员大多兼职从事纠纷调处工作，缺乏相应的制度约束，难以保证有足够的精力和时间参与非诉调处工作。同时，由于一些地方受经费制约，相关非诉调处工作场地、设备缺乏安全保障，非诉调处人员缺乏安全感。

（3）纠纷调处外部环境存在不足。一是当事人法律意识不强，诉讼期望值过高。社会大众有时对诉讼行为缺乏理性，存在一定要到法院打官司、一定将诉讼进行到底的不当认识，甚至存在恶意诉讼、缠讼现象。诉讼过程中对相关部门的调处工作常持怀疑态度，存在误解和非议。二是当事人诚信不足，存在恶意调解、逃避债务的现象。有些案件当事人通过立假案、假调解的方式，以合法形式掩盖非法目的，虚构假债务、拖延诉讼时间、逃避真债务，影响诉讼调解与非诉调解工作顺利开展。三是法律服务市场不规范，扰乱调解正常运行。有些代理律师受代理费利益驱动，怂恿当事人不参与非诉机构调处，或者不配合调解工作，甚至故意不提供当事人的联系方式，妨碍衔接工作、调解工作的正常进行。四是经费缺乏保障。法院和非诉调处机构开展衔接工作的经费保障不足。从人民法院的角度来看，法院经费来源依赖于政府财政，而财政划拨的款项仍与法院收取的诉讼费挂钩，影响了法院开展诉调对接工作的积极性。从非诉调处机构来看，开展衔接工作并非其"本职工作"，而各级财政划拨中大都没有开展非诉调处工作的专门经费，极大制约了非诉调处机构开展衔接工作的积极性。

第四节　人民法庭诉调对接纠纷解决机制的完善

我们知道，诉讼程序处理的纠纷是有限的，如果诉讼与人民调解等非诉讼纠纷解决方式能相互衔接，将会使更多的矛盾得到及时、有效的化解。❶人民调解等非诉纠纷解决方式与诉讼程序衔接，一方面可减少法院司法负担，使法官集中精力解决疑难复杂案件，提高裁判质量，另一方面也符合纠纷当事人的利益。纠纷当事人在矛盾发生以前，双方之间往往有密切的关系，如果能以调解的方式化解矛盾，那么双方这种原有的密切关系还有可能延续，至少不会反目成仇；如果硬性裁判，有可能付出割舍双方原有密切联系的代价。同时，基于纠纷的类型及当事人的实际需求，调解可使当事人考量其程序利益和实体利益后，扩大当事人间对纷争自主规制的可能性，以便选择适当的纠纷解决方式。诉讼与人民调解等非诉讼纠纷解决方式实现互动，实际上就是形成内外结合的调解强力，使当事人因纠纷受影响的流转的资金、物资尽快正常周转使用，受牵扯的人力尽快得以解脱，从而能安心地从事生产。

一、积极发挥人民法庭在诉调对接工作中的主导作用

人民法院作为化解纠纷的"最后一道防线"，无论如何都将永远是各种社会

---

❶ 孙振庆，赵贵龙. 论诉讼与非诉解纷方式间和谐衔接机制的构建[J]. 法律适用，2011（5）：37.

矛盾和法律纠纷的主要集散地。然而面对当前社会矛盾特点，单靠司法途径是不可能解决所有复杂的社会矛盾纠纷。按照《最高人民法院关于建立健全诉讼与非诉讼相衔接的矛盾纠纷解决机制的若干意见》的要求，充分利用自身优势，积极发挥主导作用，发挥法院法律专业化优势和司法调解技能优势，最大限度地将司法的原则性和灵活性结合起来，将审判的全过程进行前后延伸，着力于"诉讼外解决纠纷、调解解决纠纷"。

(一) 加强诉前调解

人民法庭在立案接待时，注重对当事人进行诉前指导，告知诉讼风险，释明非诉讼方式的功能、特点和优势，积极引导当事人根据纠纷的性质自愿选择以非诉讼方式解决纠纷，尤其是婚姻家庭案件、相邻关系案件、简易人身财产损害赔偿案件、小标的合同案件、民间债务案件及争议不大的其他案件，力求通过纠纷发生地的人民调解委员会、居民委员会（简称"居委会"）、村委会、行政机关、工会组织、行业调解组织或其他具有调解职能的组织予以调解，把矛盾纠纷化解在诉讼外。

(二) 依法确认人民调解协议效力

人民调解具有传承道德价值、协调法律与公序良俗的特殊作用，与司法调解同样承担维护稳定、促进和谐的社会职能。人民法庭对经社会调解组织调解达成的具有民事合同性质的协议，当事人申请确认效力的，应当依法及时予以确认。一方当事人对调解协议反悔向法院起诉请求变更、撤销或宣告无效的，只要调解协议不具备法律规定的可撤销或无效的情形，一般不予支持。对当事人持已经生效的人民调解协议申请支付令，经审查符合《民事诉讼法》规定的，依法予以支持。经确认的调解协议发生法律效力后一方当事人拒绝履行，一方申请强制执行的，人民法院应当及时采取有效的执行措施，确保当事人的合法权益得以实现。

（三）积极开展诉讼调解

对于当事人经其他调解组织调解未达成协议起诉的，人民法庭应当把调解工作贯穿立案、审判、执行的各个环节，形成承办法官、法庭领导注重调解，参与调解的格局。同时充分利用社会资源，大力推行委托调解，或邀请人大代表、政协委员、人民陪审员、司法调解联络员、村组干部、当事人家属及当地有威望的人士等参与庭审、调解活动，拓展协助调解，引导当事人通过人民调解的方式化解矛盾，促成当事人达成和解，把关爱、倾听、理解、体恤融入调解全过程，做到既坚持法律，又考虑常识、常理、常情，以事半功倍，有效化解矛盾纠纷。

（四）加强对非诉纠纷解决组织的支持和指导

人民法庭要注重体现诉讼外纠纷解决机制在引导中的指导、支持中的监督作用。一是人民法庭要积极配合当地司法行政部门，加强对人民调解员的法律知识培训，使他们掌握必要的法律知识，提高依法调解的能力和水平；在审理对人民调解工作具有指导作用的案件时，及时邀请人民调解员旁听，增强指导工作的针对性和有效性。二是建立审理涉及有关人民调解协议案件的通报制度。在审理涉及人民调解协议的民事案件时，调解协议被生效判决变更、撤销或者确认无效的，人民法庭要主动与当地司法行政机关或者人民调解委员会进行沟通，分析原因，从而加强对人民调解员的指导工作。在发现人民调解员违反自愿原则，强迫当事人达成调解协议时，及时向当地司法行政机关或者人民调解委员会提出纠正的建议，以利于人民调解委员会总结经验教训，提高依法调解的水平。

二、加强纠纷的类型化调解研究，确定各类纠纷最适合的解决机制，有针对性地强化分流效果

诉与非诉作为纠纷解决的两种机制，并不存在先后或优劣之分，因为如果一

种机制优于另一种机制的话,劣的机制就没有存在的价值,因此,两种机制各有所长,也各有所限。❶P县法院人民法庭诉调对接机制运行的实践也表明,有的纠纷当事人愿意通过非诉机制解决,有的纠纷当事人则更愿意直接通过诉讼程序解决;有的纠纷非诉机制解决成效明显,而有的纠纷非诉机制难以解决。因此,要进一步加强纠纷类型化研究,从纠纷当事人、纠纷内容、纠纷是否具有持续性等不同的角度,确定不同的纠纷类型,再针对不同类型的纠纷,确定适用不同的解决机制并采取不同的操作方法,进一步提高纠纷解决的效率。针对不同类型案件特点和调解规律,对不同类型的常见、多发案件进行类型化调解研究,分析总结调解技巧。

三、创新工作机制和方法

一是构建调解多样化工作方法体系。进一步拓展调解工作范围,将调解工作从处理民事案件向处理行政案件、刑事自诉案件、刑事附带民事诉讼案件等延伸,从案件处理过程向立案、执行、信访等环节延伸。二是大力推进巡回调解,强化调解效果,最大限度提高调解结案率。通过人民法庭职能转型中"以案说法"的有效运用,根据案情灵活开展委托调解、邀请协助调解、联合调解、行业调解和促成当事人自行和解;不断加强人民法庭区域内调解力量建设,通过充实人民法庭审判力量,挑选民间纠纷调解员,加大对辖区求诉群众的接待、指导。三是各人民法庭针对本区域的实际情况和案件反映出的矛盾纠纷集中点,探索各具特色的诉调对接方式、方法。如针对辖内传统婚姻家庭类案件较多的特点,联合县妇联的同志共同开展婚姻家庭纠纷"全程调解";针对辖区妇女儿童权益纠纷较多的特点,设立专门的"维护妇女权益巡回法庭"和"未成年人巡回法庭";针对区域位置较为偏远的村舍,采取"全方位调解",即调解室调解、庭上调解

---

❶ 陈浩.诉讼与非诉讼衔接机制研究[J].辽宁师范大学学报(社会科学版),2012(6):749.

和上门调解相结合的全方位调解措施。

四、放宽司法确认条件

当前的司法确认需要双方当事人共同申请。目前可以适当放宽条件，尝试探索双方当事人达成调解协议后可由单方申请司法确认的制度，这样做不仅可以防止恶意拖延诉讼时间，也可以节约社会资源，提高纠纷化解效率。可以先由全国人大常委会授权部分地区法院展开探索放宽司法确认的申请条件。在一方当事人向人民法院申请确认调解协议的效力之后，人民法院应当及时通知其他当事人，如果其他当事人在合理期限内没有提出异议或者反对的理由不正当、不充分，那么人民法院就可以对该调解协议进行司法审查和确认。抑或我们可以借鉴一下我国台湾地区的做法，在调解组织对矛盾纠纷开展调解工作的同时，明确告知纠纷当事人与司法确认的相关法律规定，在征得当事人同意之后，让其签署相应的承诺书等，当纠纷当事人达成调解协议后，调解组织就可以直接将调解协议送到法院，让人民法院进行司法确认，从而让调解协议能够更快地得到司法保障。[1] 在效力衔接的过程中也应做到严格审查，预防虚假诉讼，尤其是在民间借贷这些虚假诉讼多发的领域。

五、完善立法，实现诉调对接规范化

尽快完善相关立法，建立司法、行政和民间性纠纷解决机构之间的有序衔接和互动机制，将诉调对接实践活动纳入统一调整框架中，促进诉调对接机制的规范化与制度化。现行的三大诉调对接路径虽然基本实现了初步的规范化和体系化，但仍然存在着制度定位不明晰、功能承载相冲突、作用场域相混同、实施细

---

[1] 于坤.人民调解与民事诉讼制度衔接问题研究［D］.沈阳：辽宁大学，2020：26.

则不完善等问题。❶ 在诉调对接机制的构建上，总体上还处于起步阶段，各种纠纷解决方式之间的协调性不强，当事人选择非诉讼方式的积极性不高，诉讼调解也有待进一步加强和规范。关于诉调对接机制具体的操作程序并无相关规定，这导致诉调对接机制在运行过程中不规范、不统一。在现实需求的呼吁下，立法机关应出台诉调对接机制相关问题的统一规范性文件。为了加强该规范性文件的可操作性，文件中应该规范诉调对接机制的整个运作流程，明确诉调对接机制的对接范围及各对接方的权利与义务，明确诉调对接机制的运行效力等。❷ 需明确规定某些适合调解的案件必须经过诉前调解程序后才能到法院起诉，同时对委托调解、司法确认也应有详细规定。应完善诉调对接机制的救济制度。经人民法院司法确认的调解协议，若当事人或案外人提出调解协议违反自愿原则，内容违反法律规定或者损害了国家、集体、第三人的利益，应当如何处理？笔者以为，此种情况可以参照《民事诉讼法》关于法院调解书的救济途径来完善相关制度规定。❸ 只有完善立法，为诉调对接机制提供明确的法律依据，才能保障其解决纠纷的高效性。

六、保障当事人的程序选择权

构建多元化纠纷解决机制，需尊重当事人的程序选择权。❹ 诸如医患纠纷、道路交通事故纠纷、知识产权纠纷等专业性比较强的调解的发展，法院诉前调解的发展等，以适应不同类型案件当事人的需求。建立多种纠纷解决方式，赋予当事人程序选择权，从法律上保护当事人对程序或实体上权益的处分，不仅是妥善解决纠纷、节约社会资源的需要，同时也意味着国家对公民基本权利的尊重与相

---

❶ 潘剑锋.民诉法修订背景下对"诉调对接"机制的思考［J］.当代法学，2013（3）：111.

❷ 史德保.纠纷解决多元调解的方法与策略［M］.北京：中国法制出版社，2008：168.

❸ 钟三宇，陈晓霞.我国诉调对接纠纷解决机制的制度构建［J］.重庆理工大学学报（社会科学），2013（2）：71.

❹ 陈桂明.程序理念与程序规则［M］.北京：中国法制出版社，1999：15.

关制度保障机制的完善。在诉调对接的实践中,只有切实保障当事人的程序选择权,特别是当事人选择纠纷解决方式的权利,才能防止调解过程中当事人合意的不纯粹,避免以判压调、违反当事人真实意思强行调解,或在调解程序中无原则地放松程序规制,导致强势一方在程序中非法获利的不良现象。在诉调对接实践中保障程序选择权的具体设计可以有如下几种:通过司法确认赋予法院外调解协议以终局性,则调解程序不能强制性地前置于诉讼程序,必须使当事人可以选择以诉讼方式解决争议;将法院外调解程序作为诉讼的强制性;等等。

第七章 ▲ 人民法庭民商事案件繁简分流机制

民商事案件大量涌入人民法院，案件类型越发复杂多样，在高度的案件压力下，案件诉讼迟延严重影响我国民商事案件诉讼程序的顺利运行。"反思我国民事诉讼程序在制度上存在的不足，探索高效优质的案件审判机制——案件繁简分流机制，是缓解人案矛盾的有限途径。"❶ "对民商事领域内的案件繁简分流机制的探索始于0，2003 年《最高人民法院关于落实 23 项司法为民具体措施的指导意见》提出加快简单案件的快审机制，随后，最高人民法院在《人民法院第二个五年改革纲要》《人民法院第三个五年改革纲要》中均明确提出要逐步推动建立民商事案件的速裁审判机制，坚定了全国上下实施民商事案件繁简分流机制改革的决心。"❷ 此后，探索案件繁简分流机制的改革在全国范围的人民法院陆续开展。2009 年，《最高人民法院关于进一步加强司法便民工作的若干意见》中规定，基层人民法院应当建立健全案件繁简分流和速裁工作机制。2016 年，《最高人民法院关于进一步推进案件繁简分流优化司法资源配置的若干意见》（简称《分流意见》）对繁简分流机制进行了系统性的论述与体系性的建构，在分流规则、庭审

---

❶ 邵新. 司法体制改革背景下繁简分流的法理论证 [J]. 法治现代化研究，2018（4）：115.
❷ 2013 年，《最高人民法院关于落实 23 项司法为民具体措施的指导意见》第六项提出："对简单的民事案件适用简易程序速裁，减轻涉诉群众的诉累。要规范简易程序的操作规范，方便当事人诉讼，充分保护当事人的诉讼权利。"

程序简化、裁判文书简化等方面作出了相应的指导，以促进人民法院在案件繁简分流机制改革实践中，不断优化分流运行机制，提高诉讼效率。2020年，最高人民法院发布了《民事诉讼程序繁简分流改革试点实施办法》，提出推进案件繁简分流、轻重分离、快慢分道，积极优化司法确认程序、小额诉讼程序和简易程序，健全审判组织适用模式，探索推行电子诉讼和在线审理机制，有效降低当事人诉讼成本，充分保障人民群众合法诉讼权益，促进司法资源与司法需求合理有效配置，全面提升司法质量、效率和公信力。

面对"井喷式"增长的民商事案件，如何在保障案件审判质量的前提下，最大限度地对司法资源配置进行优化，提高审判效率，使纠纷得以快速解决是近年来人民法院司法改革工作的重点。随着司法体制改革工作不断推进，各地法院积极探索法院内部民商事案件繁简分流机制构建，虽然也取得了一定的成效，但也暴露出不少问题，包括繁简案区分标准模糊、分流方式不科学、庭审程序和裁判文书未简化、相关配套辅助分流机制未有效建立，严重影响了民商事案件繁简分流机制效应的发挥，进而影响整个司法审判系统效率的提升。

从制度构建理论上看，研究民商事案件繁简分流机制改革，是为更好地贯彻落实好《分流意见》的指导作用，推动整个民商事审判领域内分流机制的优化革新。从司法实践上看，自立案登记制实施以来，人民法庭受诉门槛降低，基层法院的受案量一年比一年高，且增速处于不断上升的趋势，其中民商事案件占据半边天，解决好民商事领域的案件繁简分流机制的运行，使有限的司法资源得到优化和高效的配置，将大大提高人民法庭的审判效率。作为承担审判职能的司法机关，法院自身如何在案件数量不断增加的情况下最大限度地保障案件质量，如何在案件不断增加的情况下更好地保障当事人的司法感受，使案件数的增加与当事人司法感受的提高成正比而非反比，成为亟待解决的问题。民商事案件繁简分流机制是解决上述问题的有效途径之一。通过建立有效的民商事案件繁简分流运行机制，精准识别民商事案件的繁简，确定案件繁简运行框架，实现"简案快审、疑案精审"的目标，促进审判效率与审判质量双向提高，从而更好、更快地解决纠纷。

第一节 民商事案件繁简分流的价值与考量

一、案件繁简分流内涵

从《民事诉讼法》来看,"繁案"是指案件事实不清、疑难复杂的案件,"简案"是案件事实清楚、法律关系明确的简单案件。❶根据《分流意见》的指导,结合《民事诉讼法》的有关规定,民商事案件的"繁简分流"是指人民法院综合案件标的额大小、当事人人数、事实和法律关系复杂程度等因素明确出划分繁简案的标准,由分流主体根据标准将案件进行繁简划分,流转入相应的审判流程中,对案件配置不同的审判程序和审判资源,以实现快速和精细化审理。在保障程序合法的前提下,通过对司法资源的优化配置,加快简单案件的审理速度,实现"快审",强化对复杂案件的精细化审理,实现"精审",最终实现民商事案件审判效率的提升,缓解"案多人少"的矛盾。❷

通过对民商事案件繁简分流的理论学习,结合司法实践中人民法院实施繁简分流改革的相关措施可以得出,民商事案件"繁简分流"是从整个诉讼审判系统的全局上进行定位,是贯穿整个诉讼过程的"动态分流"体系。按照现阶段法院审判流程,案件繁简分流基本可以分为两个层次三个方面。第一层次,诉前分流,通过诉前先行调解机制,将简单案件解决在正式立案审理前,通过和解、调解等方式,减少进入诉讼阶段的案件,减少法院受案量。第二层次,诉中分流,

---

❶ 梁振彪."繁简分流"与民事诉讼程序简化——基层法院的司法路径[D].重庆:西南政法大学,2010:9.

❷ 傅郁林.繁简分流与程序保障[J].法学研究,2003(1):51.

包含三个方面。首先，通过繁简案件甄别机制，将简单案件和疑难复杂案件进行繁简划分后分流进不同的审判程序中进行审理，通过优化案件审判资源的配置，简单案件通过适用小额诉讼程序、简易程序等进行"快审"，复杂案件通过适用普通程序进行"精审"。其次，对庭审程序进行分流，有效简化简单案件的庭审活动流程，缩短开庭审理的时间，加快简单案件审判效率；优化疑难案件的庭审程序，提高繁案的庭审质量。最后，裁判文书分流，有效区分简案和繁案的裁判文书写作要点与侧重点，简化简单案件的写作，提高简案的裁判文书写作效率，精细化疑难案件的写作要点，提高繁案的裁判文书质量。

二、民商事案件繁简分流的价值

（一）践行司法改革的有效举措

随着经济社会的发展和法治社会的逐步建立，人民法院受案数量持续增长是当前许多国家和地区所面临的共同问题。立案登记制实施以来，随着法官员额制的逐步推进，法院审判人员的数量增长速度远远不能满足人民群众的司法需求，单靠通过增加法院审判人员数量来解决人民法院"案多人少"的矛盾几乎不可能。践行司法改革探索，人民法院始终要坚持便于当事人诉讼和便于人民法院依法独立、公正和高效行使审判权的"两便原则"，但司法实践中我国法院系统司法效率整体不高，这与诉讼机制运行不科学、司法资源配置不合理有着很大关系，因此需要改革法院内部的办案机制，通过优化法院审判资源的配置与案件办理机制，提高审判效率。繁简分流是一个长期、系统的工程，不可能与司法改革的其他事项割裂开来，只有探索民商事案件繁简分流政策，简化诉讼程序，提高审判效率，才能做到以点带面、点面结合，促进司法制度和诉讼制度的科学化和规范化。

（二）兼顾司法效率，缓解人案矛盾

简化送达、简化庭前工作、简化庭审程序、简化裁判文书的书写等都是"简"的重要举措，这些简化让司法资源得到有效配置，减少浪费，同时提升司法效率。在简的同时应注意到公正与效率在司法领域的价值取向有别于经济领域，程序的简化大多意味着对诉讼权利某种程度的减损，因此必须把"好"放在"快"之前。案件繁简分流机制只有在保障司法公正的前提下，才能兼顾司法效率的提高。案件繁简分流机制的实施本身并不减少法院案件的总量，且其通过优化案件办理机制，对不同的案件适用不同的审判程序，根据案件的简单复杂程度采取繁简分流，可以有效地缓解人案矛盾。综合《分流意见》的指导可以看出，案件繁简分流既强调外部分流，又强调内部分流；既强调区分不同案件的特点，又强调发挥不同主体的作用；既强调完善诉讼程序机制，又强调优化司法资源的优化配置，从而总体上促进审判体系的优化和审判能力的提升，有效缓解人民法院当前面临的"案多人少"矛盾。

（三）实现多元化纠纷解决方式的重要途径

多元化和多层次性的民商事诉讼纠纷要求民商事案件的审理流程比传统的诉讼模式更快捷和高效，如何将有限的司法资源配置到审判活动中，使纠纷主体不因程序选择而承担诉讼不利的后果，同时还能有效缓解人案矛盾，是当前人民法院探究深化工作改革机制的重要问题。《民事诉讼法》关于民商事案件繁简分流的规定，在审理程序上不仅体现在普通程序和简易程序上，还规定了小额诉讼程序和督促程序。对于纠纷解决机制的不同需求，案件分流机制为不同的民事诉讼主体提供了有针对性的多元化纠纷解决方式。随着社会的进步、观念的转变，诉讼不再是纠纷主体解决纠纷的唯一方式，完整的审判程序也不是纠纷解决的必要流程。有的社会主体选择诉讼，认为纠纷须得经过完整的审判程序才会得到圆满的解决，有的则想利用最短的时间快速解决纠纷，因此程序自由选择权作为案件繁简分流机制的理论基础之一，适用多元化的纠纷解决机制，一方面能够在一定程度上满足社会主体在纠纷解决机制上选择的需求，另一方面也能促进"简案快审"，提高司法审判效率。

三、民商事案件繁简分流机制改革的基本考量

现有审判语境下的案件繁简分流，究其本质是通过审判资源的系统梳理和科学整理，以资源重组、流程再造的方式实现审判效能的整体提升，以输出更快、更好的司法产品，其系司法供应链改革的重要组成部分。实施民商事案件繁简分流机制改革是当前司法改革背景下提升司法效率，解决人案矛盾的重要举措。此项措施要从大处着眼，保证法院系统整体效能的提升。能否适用繁简分流机制，其关键的判断标准在于效率问题是否已成为一个突出问题，人案矛盾是否已构成当前和今后一个时期的主要矛盾。从目前民商事审判庭的案件情况来看，实施民商事案件繁简分流改革已势所必然，这不仅是因为近年来民商事审判庭的收案量较大，人案矛盾开始凸显，更重要的是民商事案件已呈现出比较明显的增长势头。为了确保民商事审判的整体效能能够长期、稳健地发展，同时也为长远计划，确有必要尽快启动实施。

（一）传统均案模式存在固有的效率缺陷

长期以来，法院系统大多沿袭着传统的均衡着力型审判模式，不管繁简难易，将案件均分给各审判人员，审判团队按部就班地对全部案件进行排期、开庭、判决。这样的审判模式应该说在以前案件总量不大、人均办案量较小的情况下发挥了很好的作用，其优点在于形式上公平，便于法院内部管理。然而，其制度缺陷也非常明显。法官仅按照收案先后顺序对所有案件排期、审判，使得简单案件与复杂案件占用同等司法资源，简案不能快速审结，繁案又因简案牵扯，难以投入更多的时间与精力，造成简案难以快审、繁案无法精审，繁简的相互牵制

使审判难以高效率运行。

（二）民商事案量的剧增使均案模式难以为继

近年来，由于社会经济的快速发展、城市人口的大量增加，全国法院的民商事案件不断增长，虽然一线办案法官人数也在逐年增加，但明显跟不上案件增长的节奏。审判法官人均办案量，尤其是民事法官人均办案量近年来增长迅猛，案多人少的矛盾愈发突出。"繁简不分的均案模式，就像一台老旧的386电脑，再也无法承受剧增的数据处理任务"，法官们也陷入了"五加二""白加黑"的不停加班也难以完成办案任务的工作窘境之中，法院内生出强烈的变革需求。

（三）愈发严重的诉讼拖延影响了当事人利益

人民群众提起民事诉讼，不但希望得到一个公正的判决，而且希望得到高效、及时的诉讼服务。由于人均收案量大增、均案模式下司法效率难以提高，诉讼拖延成为常态，出现了饱受当事人诟病的"三个不知道"。一是交了起诉材料后何时能立案不知道，二是立案后何时能开庭不知道，三是开庭后何时能出判决不知道。虽然立案登记制解决了第一个"不知道"，但另外两个却还在一些法院存在着。当案件的平均处理时间在人均办案量不断增长的现实压力下越来越长时，不仅会造成法院有限审判资源的大量消耗，更会影响当事人权利的实现。对当事人来说，被纠纷纠缠其实不仅是一种经济上的负担，更是一种心理负累，这两者甚至会随着诉讼的迟延变得比他实际上要通过诉讼实现的利益还要大，让起诉变得毫无意义。

因此，传统的均案模式已经到了不得不进行变革的境地，而与之相对应的则是繁简分流审判模式，该模式对繁简案件进行区分并处理的制度设计正是解决上述问题的对症良药。

（四）归属于"系统工程"的繁简分流

本轮司法改革的重启，其开篇立意即提出要"以审判为重心，以法官为中心"。以审判为重心就是要正视法院的审判主业，将审判作为整个法院工作的重中之重，所有的改革都围绕这个核心命题展开。将审判落地于实践，即客观真实的"个案"，所有的审判核心事务、辅助事务及其抽象出来的法律关系都是依托于这些真实存在的案件而存在。因此，对案件进行繁简分流，其本质就是对审判事务进行科学合理的分工，这同时也意味着案件的繁简分流并非仅是对案件本身区分繁简、进行分流，其涉及审判事务的方方面面，实为有机的系统工程。基于这种系统性，该项改革必然涉及民商事案件如何分配、人力资源如何组织、诉讼流程如何设计、考核激励如何到位、配套措施如何跟进、外部资源如何引入、信息技术如何同步等多个板块。从制度设计层面考虑，繁简分流改革至少应包括案件分流流转规则、繁案与简案的折算规则、办案量的考核激励办法、繁简分流的推荐实施标准等若干配套制度。

四、人民法庭民商事案件繁简分流机制改革的现实考量

（一）简单民商事案件占比大、调撤可能性大

从民商事案件审理情况来看，"简案多，繁案少"。此种案件分布的特点有必要纳入制度考虑。基层人民法院及其派出法庭受理的民商事案件大部分属于简单案件，若简单案件不能实现"快审"，那么当前有限的司法资源更加满足不了案件审理的需要。基层人民法院及其派出法庭受理的大量民商事案件本是可以通过多元化的纠纷解决方式解决，在诉前或者诉中进行调解、和解，以此达到结案的目的。但是，司法实践中，以调解、和解结案的案件比重较小，大大影响了案件的快审。如果对这部分可以通过调解、和解的案件进行分流，由专门的调解人员进行纠纷双方调解，达到结案目的，则能提升简单案件的审结效率，进而优化出

更多的司法资源处理纠纷案件。通过对分流出的简单案件的调解和促成当事人的和解,不仅可以省去送达文书的时间和人力,还能简化裁判文书的制作,进一步提升司法审判的效率。

(二)简单案件开庭审理的比例高

基层人民法院及其派出法庭受理的民商事案件,调解组织效率低或是当事人的利益纠葛较大,且普遍存在案件所涵盖的法律事实多,造成调撤比例小,案件实际开庭审理的比例大的现状。在庞大的案件堆积下,本身基层人民法院及其派出法庭办案人员就严重不足,法官员额制施行进一步加剧了一线办案人员的办案压力,在一个民事审判庭仅配备两三名员额法官的现状下,法官天天开庭、一天开四五个庭的情况已成为普遍现象。简单案件开庭审理,同样必须要对事实进行查明,调查程序复杂,如果不对适用简易程序的简单案件进行庭审程序的简化和裁判文书的简化,面对如此大的工作量,案件的审结效率得不到保障。事实上,对于绝大多数简单案件,庭前程序中审判人员可以针对简单案件的争议点、事实部分跟当事人双方进行沟通核实,在不影响案件程序公正的前提下尽量简化庭审程序,缩短庭审时间。

(三)审判团队效率低

司法审判实践中,案件的办理先后更多是看审理期限的紧急程度,对于适用简易程序审理的案件在45日内审结才算是做到了"快审"。当前案件审结周期呈现繁案的结案周期比较长,而简单案件的结案周期比较短的现象。在均案制模式或多案由混合审理的情况下,由于专业化的程度不够,大量简案的审理时间也被拖长。其实,审理的案件类型越单一,该类型案件的审理效率越高,结案周期越短。案件的繁简分流不仅是案件的分流,同时也是审判组织的一种分流。制度设计上,法官的个人因素应当纳入考虑,包括其审判经验、执业履历、裁判风格等。目前的司法审判资源还未达到最优配置,为了均衡案件的审判,几乎每个法官都会有一些"难办"的案件,这些繁案得不到专业化的审判,一方面会影响简单案件的审理效率,另一方面会降低繁案的审理质量,达不到"简案快审""繁案精审"的要求。由于近年来案件数增量较大,需要从整体上架构案件的繁简分流机制,合理分流案件到相应的业务庭,提高审判团队的审判效率。

第二节 人民法庭民商事案件繁简分流机制存在的问题

一、案件繁简区分标准不明确,繁简识别不当

对于案件的繁简标准,《民事诉讼法》并未对其有明确的规定,仅第一百六十条对适用简易程序进行了规定,该条被大多数人民法院作为"简案"的认定标准之一。当前民商事纠纷案件表现出复杂多变性,案件繁简标准模糊。从顶层设计视角看,尚未对案件程序的繁简标准和适用何种案件作出统一的标准,全国各地基层人民法院均属于"摸着石头过河",司法实践中人民法院对民商事案件的繁简标准各有不同,有结合争议标的和案件事实确立繁简案的,有通过列举方式确立哪些为简案哪些为繁案的,还有通过反向规定,即除无法适用《民事诉讼法》第一百六十条规定的案件都严格适用简易程序等。无论是哪种,如果不能全面、准确地对案件的繁简进行划分,将影响当前案件繁简分流机制运行效果的发挥,使案件繁简划分标准不合理,对外大大减少了案件向诉讼外分流的数量,导致向外分流效果差,对内造成了大量司法资源的浪费,加剧法院内部人案矛盾。划分民商事案件繁简的标准,是整个分流制度能否有效运行的根基,这一问题不能解决,将影响整个分流机制的运行效率。

（一）案件"分错流，乱分流"

依据繁简识别标准对案件进行繁简划分并结合分案规则进行立案阶段分流，若繁简识别标准不合理，将导致案件繁简划分出现错误。对符合先行调解的案件，如果分流不准，案件久调不结，大大浪费调解资源，影响对外分流效率。繁简案标准不合理，会导致在首次分流时将70%的民商事案件认定为简单案件，适用简易程序进行审理。另外，案件退回进行二次分流，是因为繁简案标准设置不合理，导致分流出现"乱分流，分错流"等现象，大大浪费了案件的审理时间，影响案件的快速办理。

（二）繁简案混办，影响办案效率

繁简案识别出现问题，造成简案法官与繁案法官承办的民商事案件出现繁简混搭，简案法官将大量精力浪费在繁案上，拉低简案审理效率的同时会影响这些分错流的疑难复杂案件的办案质量。简单的民商事案件就好比是能口算或者心算出来的数字加法题，复杂的民商事案件就好比需要通过辅以计算器才能计算出正确答案的数字乘除题，而审判人员就好比是计算人员，简案可以用最短的时间计算出正确结果，而繁案为追求正确率必须仔细琢磨。例如，涉及社会敏感问题，不仅需要严格规范庭审活动，有必要的还要多次开庭，查明事实，有的事实难以查清的重大复杂案件，必须经过多次延长审理期限才能查清事实，因而审理疑难案件需要的不仅是大于简单案件的审理期限，还要消耗承办法官的大量精力。如果案件繁简分流机制不能对案件进行有效的分流，那么就容易造成"繁简混办"的尴尬局面，审判人员的精力在忽快、忽慢中被分散，办案节奏在一快、一慢中被扰乱，"快审"和"精审"这两个目标相互影响，无法有效协调，最终会影响分流效应。

二、诉前先行调解制度不完善，诉前分流比例小

诉前先行调解，是指当事人在起诉至人民法院及其派出法庭后，人民法院及其派出法庭先不予立案，而告知当事人需先经人民法院及其派出法庭主持双方当事人进行调解，若调解不成，人民法院及其派出法庭再行立案的制度。从当前探索民商事案件繁简分流机制改革的司法实践的运行情况来看，民商事案件繁简分流体系的设置上存在不合理的地方，诉前先行调解制度不够完善，未真正发挥诉前分流效率，导致向诉讼外分流的案件的比例小。需要注意的是，在肯定多元化纠纷解决机制改革取得显著成效的同时，也应该注意到我国目前多元化纠纷解决机制尤其是非诉机制存在一定的不足，包括尚未形成体系，也尚未形成功能互补、相互衔接的有机体系，诉调对接有待进一步强化，各项制度落实过程中也未真正形成有效合力，没有形成诉源治理合力，导致大量简单案件无法化解于法院之外，进而影响疑难复杂案件审理的效率。实施民商事案件繁简分流机制改革，一方面要做到对进入诉讼程序的案件进行简繁区分后，按照对应的审理机制进行流转，实现简单案件的速裁和复杂案件的精裁；另一方面也要对起诉到法院的案件，在正式立案之前，通过先行调解制度将纠纷案件化解在诉讼之外，减少流入诉讼阶段的案件，缓解"人案矛盾"。

（一）先行调解机制运行不规范

从人民法庭繁简分流机制的运行来看，向诉讼外分流案件的作用并没有显现出来，最重要的原因就是先行调解制度没有发挥出向诉讼外分流的效率。《民事诉讼法》第一百二十五条新增先行调解制度，目前绝大多数法院探索诉调对接机制的方式都是通过在法院内部建立诉前先行调解制度，以设立先行调解机构和组建人民调解员来对纠纷案件进行诉前调解。先行调解程序设立的初衷是在尊重当事人自愿选择适用的前提下，使有调解条件和可能性的这部分简单案件在诉前达成调解，不再进入诉讼阶段，不占用有限的司法资源，以缓解人案矛盾。当前，

多数人民法院及其派出法庭都将诉前调解作为一种立案的前置条件，即诉前调解的启动是强制的，即使当事人明确表示不愿意进行调解，人民法院及其派出法庭仍然不会立即予以立案，而是强制安排各方当事人调解，当事人不配合的也要拖延到先行调解期限届满后将案件转正式立案。先行调解制度对案件的分流作用不明显，反而更像是人民法院及其派出法庭延缓案件进入诉讼阶段的拖延制度。在立案阶段，对起诉到人民法院及其派出法庭的纠纷，强制适用先行调解机制，所有案件都必须经过三十日的先行调解调期限才能正式立案，进入诉讼程序，究其本质是诉前先行调解机制只是人民法院及其派出法庭内部自行设置的办案机制，在法律上没有一个明确的规定和指导，各地人民法院及其派出法庭在自行实施的过程中因无法从法律上对其进行规范和限制，在庞大案件量下先行调解人员专业能力有限和积极性差的情况下，导致该办案机制沦为拖延诉讼的机制，进而严重影响向诉讼外分流案件，导致诉外分流效率低。

（二）诉前先行调解主体单一，影响分流效率

司法实践中，各地基层人民法院建立的诉前先行调解工作机制模式不统一，有的基层人民法院内部下设人民调解室，聘请具有法律专业知识的人，如退休法官、法学教师、律师和其他法律工作者作为人民调解员，负责先行调解工作；有的是固定法官在基层人民法院及其派出法庭诉前调解办公室专司诉前调解工作。以上诉前调解主体单一且多数模式下占用了审判资源，面对日益攀升的案件量，这样的工作模式不仅不能满足调解需求、影响先行调解效率的发挥，同时还对调解的质量难以保障。在调解主体单一，客观上不能满足先行调解工作的情况下，致使先行调解案件在进入先行调解后大量积压，得不到及时处理，先行调解快速、简便化解当事人纠纷的优势未能显现，影响案件诉前分流。鉴于先行调解已经成为《民事诉讼法》中的一项制度，在独立设置先行调解室的基础上，整合社会力量，探究多元化诉前调解工作模式，提升案件诉前分流效率，是基层人民法院及其派出法庭探索案件繁简分流机制建设的有效措施。

三、民商事繁简案件分案后程序转换不规范

（一）程序转换衔接不流畅，影响转办效率

民商事案件进行繁简分案后，小额诉讼程序、简易程序与普通程序案件分到承办法官系统上。当出现需要转换程序的事由就涉及案件的程序转换和案件的重新流转，如审理期限、主审法官或是业务庭之间的转换，若是程序转换衔接不当，不仅会延长案件的审理时间，还可能会导致法官之间、各庭之间推诿、相互埋怨等情况的发生，影响案件的正常分流。司法实践中，由于程序转换衔接机制不完善，案件在转换过程中常常出现找不到承办法官的现象，最终造成严重后果。一方面，诉前先行调解不成功转立案存在严重问题，已经过了先行调解期限的案件，应该严格执行转办期限的规定，将案件转正式立案，分案到承办法官系统。但是，由于庞大的案件积压，司法实践中，拖延分案的现象十分严重，导致大量案件得不到及时审理。另一方面，对于审理中案件转换问题，一般是简案审判团队发现审理的案件不应当适用简易程序进行速裁时，就需要将案件转换成普通程序分流到后台繁案审判团队进行审理，由于审判工作考核绩效的机制，会出现庭室之间相互推诿，不接受案件的情况，或者重新返回分流现象。分流程序转换衔接不畅，一是因为没有严格规定和执行各转换环节的期限，二是因为分流转换规则和条件没有进行明确，以致各庭相互推诿，影响案件的正常快速办理。

（二）简易程序与普通程序之间的转换带有随意性

繁简标准适用错误、分流主体的主观分流错误或者是案件审理中出现需要进行程序转换的事由，就会造成案件第二次程序分流，即审判程序的转换。根据法律规定，简易程序向普通程序转换的条件为"人民法院在审理过程中，发现案件不宜使用简易程序的"和"人民法院发现案情复杂，需要转为普通程序审理的"，这种界定条件过于宽泛，致使司法实践中审判人员常常滥用程序转换的权利。程序转换权利被滥用大致存在以下两种情形中：一是因无法按期结案而延长审限，

案件无法在三个月内结案，且不存在符合中止审理和扣除审限的条件，为了避免超出审限，审判人员采取了变相延长审判期限，将简易程序转换为普通程序的处理方式；二是转移裁判风险，一小部分承办法官对司法裁判责任存在错误认识，意图采用组成合议庭的方式减轻或者避免错案追究的负面后果，因此存在将简易程序转化为普通程序的现象。

（三）缺乏明确的庭审简化指引

将简易程序与普通程序，尤其是小额诉讼程序进行剥离，除"简单民事案件"中适用小额诉讼程序外的剩余部分案件适用简易程序的审理，既要求效率的提升，又要保障当事人的法定程序性权益。在简易程序的效率方面，能进行细化和完善的只能是对庭审过程的细化。《分流意见》中提出"简化庭审程序"，要求各级法院有效简化简案的庭审程序，提高简案的审理效率。基层人民法院及其派出法庭尚未出台明确的庭审简化指引，审理简案和难案采用同样的办理模式，在案件审理流程方面没有进行有效的区分简化。在传唤当事人和文书送达阶段，基层人民法院及其派出法庭并未有效适用《民事诉讼法》第一百六十二条对简易程序审理的规定，用简便方式对当事人进行传唤和进行文书送达。此外，当前民事庭审优质化改革下，对于庭审活动的完整性和严格性要求也越来越苛刻，法庭笔录已成为必不可少的环节。在面对疑难复杂的繁案的时候，完整的庭审程序一方面确实能起到保障当事人双方诉讼权利的作用，另一方面也有利于查明案件的事实，厘清双方争议的焦点。对于简单的民商事案件而言，并不是必须要通过严格的庭审活动才能查明事实真相，很大部分简案，特别是没有专业律师代理的情况下，对于不存在争议焦点的简案，开庭审理只是保障诉讼程序合法的流程行为。对存在争议点的案件，庭审中只需对争议点进行查明，其他烦琐的庭审流程并没有实质性的意义。在此种审判现状下，基层人民法院及其派出法庭对适用简易程序的简单民商事案件除不适用合议庭审理流程，其他都严格适用普通程序的庭审流程。此种办案环境下，面对庞大的待办案件量，简案的审判流程得不到有效简化，没有最大限度地发挥简案快办的优势，一定程度上影响了法官在批量办理类案时的效率。随着《民事诉讼法》的不断完善和民事庭审优质化改革，规范审判流程，如审前准备、庭审当事人陈述、法庭调查、法庭辩论、合议庭合议被固定在传统庭审活动中，对于保障我国民商事审判规范化起到了积极的推动作用，庭审程序变得有法可依，流程走得稳而有序，更好地维护了当事人的权益。然而，面对当前基层人民法院诉讼案件爆炸的现状，严守传统简易程序庭审模式，对简单案件和复杂案件的庭审程序不进行区分，严格适用传统庭审模式，简案得不到快审，繁案得不到精审，是目前司法实践中基层人民法院及其派出法庭繁简分流机制运行不畅的重要因素。庭审程序得不到有效简化与精化的原因是缺乏民商事庭审程序简化的规范化指引与规范化要求，"门诊式"和"要素式"庭审模式在司法实践中未得到有效应用，审判人员基于对案件追责制度的考量，对简案不敢大胆简化庭审程序，对于繁案没有进行有针对性的精细化审理，让庭审程序一刀切，与传统庭审无实质上的差别，无法使得民商事案件"简出效率，繁出精品"。

四、裁判文书未严格有效简化

《分流意见》第十五条对裁判文书的繁简分流做了规定。为了配合《民事诉讼法》的规定，并作为繁简分流制度的附属品，2016年最高人民法院出版的《民事诉讼文书样式》中共列明了七种判决书样式，分别适用三种诉讼程序。简易程序对应的样式则分为三种，分别对应当事人对案件事实有争议、当事人对案件事实没有争议、被告承认原告全部诉讼请求。这三种文书样式格式与适用普通程序的判决书格式一致，主要区别在于事实认定的书写部分。小额诉讼程序适用的样式同样分为三种，分别是令状式、表格式和要素式。其中，令状式判决书的格式与适用普通程序和简易程序的判决书的格式一致，区别在于当事人诉辩意见可以简略书写，同时法院查明事实部分可以不再单独列明，而是融进说理部分的本院认为中进行阐述。表格式判决书则采用表格的格式进行判决书的书写，主要列明当事人基本信息、原告诉讼请求，判决主文等内容，案件事实部分和法院说理部分均予以删除。要素式判决书要求双方当事人在法院工作人员指导下于开庭前填写固定格式的要素表，审判法院在开庭时根据要素表逐一征求双方当事人意见，最后形成要素式判决书，该判决书不再分开列明当事人诉辩意见、法院查明事实和说理部分。值得注意的是，要素式文书可以由各基层法院在审判实践中根据案件具体情况作出适当调整，在一定条件下也可以适用于简易程序。

《民事诉讼程序繁简分流改革试点实施办法》第十四条规定，对适用简易程序审理的案件，人民法院可以采取下列方式简化裁判文书。传统裁判文书格式固定，写作针对性差，烦琐冗长，审判人员不能因案制宜，实施繁简分流写作模式，导致简单案件的文书复杂化，延长文书写作时间，浪费司法资源。

民商事案件繁简分流机制要实现简单案件的快审，就要从立案到结案都贯彻快审原则，审判人员沿用传统的裁判文书写作模式，大大降低了文书的书写速度，浪费司法资源，与简案快写快结背离，严重影响了整个案件的繁简分流效益的发挥。然而，经过实证调研分析发现，大部分裁判文书在书写上仍然是沿用传统的书写模式，在文书写作上说理部分质量普遍不高、说理性差。有的裁判文书只注重对裁判结果的说理，忽视对当事人争议点的释明；有的裁判文书不区分争议焦点，在说理部分一概进行详细论述，这种裁判文书中说理部分逻辑结构不清晰，重复内容多，篇幅冗长，不符合当前对裁判文书书写的要求。裁判文书究竟应该如何简化、哪些部分可以简化等都存在指引不明确的问题，这在一定程度上使得审判人员在案件审判过程中为保障程序上无瑕疵，也不敢轻易进行删减，造成简案不简办，审判效率无法得到提升。

第三节　人民法庭民商事案件繁简分流机制的完善建议

人民法院作为国家的审判机关，必须始终以满足人民群众多元化的司法需求为出发点，把实现司法公正高效和维护人民权益作为根本。在当前的司法活动中，人民群众最迫切的需求是公正，同时也期待高效。推进基层人民法院及其派出法庭民商事案件繁简分流机制改革，就是为通过"繁案精审"增强庭审的对抗性，促进庭审的优质化，实现司法公正；通过"简案快审"节约诉讼成本和司法资源，促进司法审判效率的提升，推进基层人民法院及其派出法庭民商事案件繁简分流机制的改革，完善分流机制运行方式，能更好地实现案件"简出效率，繁出精品"的改革目标。目前，基层人民法院及其派出法庭民商事案件繁简分流机制改革尚未凸显高效的分流效率，是因为案件繁简分流机制还不够完善，无法根据案件繁简程度合理匹配相应的司法程序，繁简分流机制设置上操作性不强，导致分流效果难以发挥。

一、确立主客观结合的繁简案件甄别机制

（一）实体和程序整合繁简划分的客观标准

《民事诉讼法》对于简单案件的判定没有一个明确的规定。民商事纠纷案件类型纷繁复杂，越来越多"离奇"的案件被诉诸法院，仅根据《民事诉讼法》对简易程序的规定来指引繁简案的划分，是无法做到准确对案件进行繁简划分的。繁简案划分标准是整个民商事案件繁简分流机制运行的分流器，如若分流器自身分流的程序未科学设置，必然会影响整个繁简分流机制效率的发挥。最高人民法

院在制定《分流意见》《民事诉讼程序繁简分流改革试点实施办法》的时候未明确制定具体的繁简案件识别标准，是综合考虑到各地区法院案件受理类型的差异与纠纷案件的多样性。既然只有依据"案件事实清楚与否、权利义务关系明确与否、对案件争议大小"作为区分案件繁简程度的主要标准，那么就需要从实体上和程序上对其进行精确的识别定性，以司法实务中已有共识的繁案与简案识别标准，从程序和实体上进行进一步的整合，形成基层人民法院及其派出法庭第一次分流的客观标准，实现高效率的分流。

从案件程序上看，从"繁"和"简"的正反方面对具体的民商事案件进行繁简界定。符合以下几点的案件认定为"简案"：第一，从送达上看，通过基层人民法院及其派出法庭口头传唤、传票传唤或者其他简便方式通知，当事人能够到庭参加诉讼的，即当事人不存在无法联系的情况，这类案件能保障及时开庭查明案件事实，能够快速解决纠纷。第二，无须追加当事人，无须审计、鉴定、评估的案件。第三，答辩、举证期限可以规定在最小限度内，而不严格要求适用法律规定的或者当事人明确表示放弃的。符合以下程序性条件的认定为"繁案"：当事人在诉前已经下落不明，需要公告送达的案件；需要审计、鉴定、评估的案件；案件存在遗漏必要当事人，必须要进行追加当事人的案件。随着经济社会的发展，案件的类型、复杂程度越发难以根据笼统的简易程序适用规则进行主观判断，而从民事诉讼程序上进行界定，能准确地从程序上将繁简案区别开来，同时与简易程序和普通程序的适用规则结合起来，有利于当事人程序权利的保护。

从案件实体上看，"按照事实清楚、权利义务关系明确、争议不大"三个标准细分，可以针对不同案件设置几个共同要素。第一，以诉讼请求为要素，诉讼请求单一的，仅涉及金钱给付，且数额不大的，认定为简单案件；如果诉讼请求不仅涉及金钱，还涉及其他权属的，就认定为繁案，如离婚纠纷中，不仅要求子女抚养权，还要求分割房产、公司股权等，诉请多的案件就属于繁案。第二，以基本事实是否清楚为要素，如民间借贷纠纷中，双方只是对具体数额，给付时间、方式存在分歧的认定为简单案件，但如果债务存在抵押等多种担保方式，就认定为繁案。第三，以双方证据为要素，如果双方存在较大争议，提交正反两方面证据过多导致案件基本事实难以查清，抑或出现鉴定和反诉等其他情形，就不能定义为简案。

（二）规范分流主体对繁简划分的主观判断

分流主体若仅依据客观标准从客观上对案件进行繁简识别，对那些极具个案性的案件，任何一种案由的案件，都可能因为具体案情和当事人的不同而呈现不一样的难易程度，所以仅靠客观标准是不足以快速准确识别的，因而司法审判实践中，对于案件的繁简识别都是分流主体在主客观结合之下进行判别的。分流主体对分流规则的认识与自身的法律素养、个性倾向对于案件分流的影响也很大。因此，为防止分流主体乱分流和分错流，应当对分流主体主观分流进行规范。

1. 落实繁简判断责任

实现分流主体与繁简分流制度利益的统一，让分流主体内生出精确判断繁简的动力，认真尽责判断，而不是胡乱判断案件的繁简。因此，建议除可以直立到后台的繁案，其他案件不再交由立案庭进行繁简判断。此外，由负责简案快审的速裁部门进行分流，一方面可以减轻立案庭的业务量，另一方面也可以让繁简分流主体同时成为简案承办者，即让简案承办法官承担繁简判断的职责，提升分流的准确性。

2. 合理确定法官工作量及分流比例

简案承办法官承担繁简判断职责，只能保证其留在手里的都是简案，并不能保证他们愿意将所有简案都留下来。因为如果没有合理的工作量核定和分流比例的规制，从自利的角度来讲，不管是简案还是繁案，最轻松的事莫过于不办或少办案。如此必然会造成接受分流方即繁案承办法官收到的案子数量越积越多，且繁简不分，使制度实行的效果得不到有效体现。因此，为解决任意分流的问题必须对工作量进行核定并限定一个科学分流比例，限制简案法官分流到后台的案件量，一旦超过某个比例则不能再进行分流，此后所有进入该法官系统的案件都由其自行办理。

（三）尊重当事人合意选择

《民事诉讼法》赋予当事人选择适用简易程序的权利。纠纷双方当事人在诉讼阶段，经过合意达成一致，可以共同向人民法院提出适用简易程序审理纠纷案件的请求，即使根据客观繁简区分标准该纠纷案件不符合适用简易程序，基于最大程度保障当事人诉讼权利的原则，该案仍然选择适用简易程序审理。优先适用当事人选择程序充分尊重了《民事诉讼法》意思自治的基本原则，同时又是对《最高人民法院关于适用简易程序审理民事案件的若干规定》第二条的扩大解释，增加了民商事案件适用简易程序的范围，有利于提高案件的审判效率。

二、诉前调解机制，扩大诉外分流

"诉，源于法，刚直不阿，调源于情，润物无声。"在当前人民法院案件量猛增的现状下，做好立案前的诉调对接工作，构建先行调解的长效机制，充分发挥调解的作用，有利于引导案件在立案前通过调解的形式达到化解纠纷的效果。对于一些不必经诉讼程序调解后即可结案的简单案件，将其推入诉讼阶段，将大大占用宝贵的司法审判资源，加重审判压力，因此做好诉前的分流工作，规范诉前调解机制的运行，积极探索人民调解、律师调解、公证调解等调解资源整合入诉前先行调解机制中，整合立案前调解与诉前先行调解功能，进一步强化诉前分流调解机制的分流作用，扩大诉前分流比例能在一定程度上减轻业务审判庭的负担。

（一）规范诉前先行调解制度运行

现阶段的诉前调解制度还存在诸多的问题与缺陷，但诉前调解制度作为向诉讼外分流案件、缓解审判压力的有效措施，是毋庸置疑应当坚持的，因此如何在现有制度基础上，完善和健全诉前调解制度，成为提升诉前分流的当务之急。一方面，诉前调解制度适用的范围应当有针对性。对于一些诉讼标的较小，纠纷当事人互为家庭成员或邻里关系，以及诉讼当事人一方为特殊群体（主要是弱势群体，如残疾人）的案件，可以加大对当事人的引导，尽量争取让当事人启动和适用诉前调解程序。如果强调所有的案件都必须适用诉前调解制度，可能反而会增加司法系统的负担，同时也无法取得良好的调解效果。另一方面，对于当事人一方明确拒绝不愿意进行诉前调解的案件，人民法院不应当再安排诉前调解；而对于经过诉前调解程序的，但纠纷当事人最终无法达成调解的，调解人员应当在三日内将案件移交给程序分流人员，将案件正式立案分流审理，不得无故拖延。

（二）探索多元化诉前调解方式，分流案件

基层人民法院及其派出法庭要联合各方社会力量建立"多元化诉前调解"工作长效机制，共同参与化解矛盾纠纷的工作，探索"律师调解""公证调解"，扩大调解人员的主体范围，发挥律师和公证人员在诉前调解中的分流作用，让简单案件在诉前通过调解的方式得以解决，减少案件进入诉讼的数量。在基层人民法院及其派出法庭内部或者律师协会、公证处办公场所通过设立调解室的方式及选任和培训制度，发挥律师和公证人员作为调解员化解纠纷的作用。律师和公证人员作为调解人员，一方面，因为律师和公证人员是具有法律专业素养和技能的法律人，能精准把握纠纷案件的争议点和当事人的调解心理，更好地促成调解，最终解决纠纷。另一方面，基于律师和公证人员的职业道德和职业操守能让当事人更加信服，这样能加大调解化解纠纷的比例，减少案件进入诉讼阶段的数量。律师调解员的选任可以由司法行政机关和律师协会共同组成选任委员会进行，公证调解员的选任可以由法院和公证处共同选任，同时建立调解员职称资格评定制度，将调解员分为初级调解员、中级调解员、高级调解员三个等级。针对属于诉前调解范围的案件，在获得当事人一致同意的情况下由立案庭进行预立案登记，在正式立案前将案件委托给律师和公证人员进行调解。基层人民法院及其派出法庭再根据个案性质，填写委托调解函，并将其与案件材料一并移送至相关组织开展调解工作，基层人民法院及其派出法庭在调解前对涉及法律适用方面的内容予以协助和指导，调解成功的依据调解协议的内容结案。

三、规范分流程序，严格程序转换

（一）优化程序衔接机制

伴随民商事案件的持续增长，单靠增加审判人员数量缓解人案矛盾显然不现实，实施案件繁简分流机制改革，促进简案快办、繁案精审，方能盘活有限的司法资源，以较小司法成本取得较好审判效益。抓住案件繁简分流的"牛鼻子"不仅需要设置精准的繁简划分标准，还需要优化案件程序衔接，规范案件程序转换，在基层人民法院及其派出法庭之间，探索建立高效的案件流转对接机制，严格程序转换审批，避免流转反复，提高案件审理效率。具体措施包括：明确各阶段转换期限，如制定诉前调解转立案、速裁转普通的期限；通过先行调解的繁简分流系统管理软件，对先行调解案件的受理、办理期限及节点进行全程管理，办案系统监测到超出期限未流转的事件后，对承办人员进行批评和处罚；在界定繁简区分的基础上设定转换条件，明确转换规则，对案件流转规则进行把控，依照流转规则进行案件程序转换。

（二）严格把控程序流转审批，减少二次流转

基层人民法院及其派出法庭内部制定程序转换的流程，由庭审负责人和分管领导双重把关，严格把控好案件程序转换审签关。例如，对于适用小额诉讼程序或速裁的案件，如果在审理中发现不符合适用条件的，应当按照法律规定，书面裁定将该案转入简易程序或普通程序。同时应按照延长审限、转换程序等工作环节的相关要求，制作《小额诉讼、速裁案件转换程序审批表》《小额诉讼、速裁案件延长审限审批表》和当事人《放弃举证期限声明》等配套格式文本。另外，

还可以探索简案团队内部，自行处理简转繁案件，在速裁庭中配备一名能力较强、适合办理疑难复杂案件的资深法官，为其分配较少的办案量。当其他速裁法官在办案中遇到由简转繁的案件时，可将该案由简易程序转为普通程序审理，并将承办人变更为该资深法官，原承办法官仍然作为合议庭组成人员参与该案的审理。这样设计的好处在于，既能保证由简转繁的案件不移送出庭，减少二次分流，又能有效解决少数案件由简转繁后打乱简案庭法官办案节奏的问题，而且原案件承办人仍作为合议庭成员参与案件的审理，能保障案件审判效率。

四、优化庭审程序，提升庭审效率

从基层人民法院及其派出法庭受案和分案的情况来看，简案大量存在，适用简易程序审理的民商事案件数量占70%左右。在司法资源有限的前提下，快速有效化解简单的民商事纠纷的一个重要途径就是通过精细化庭审程序，有限简化简案审理程序，加快案件审理，精化普通程序审理的复杂案件，贯彻民事庭审优质化改革，在保障当事人诉讼权利的同时，提升庭审效率。对于采用速裁的案件，原则上只安排开庭一次，审判人员在告知当事人回避、上诉等基本诉讼权利后，直接围绕诉讼请求和争议点进行审查，简化法庭调查、法庭辩论等庭审程序，加快案件的审理。

（一）"门诊式"庭审

针对标的较小、案情简单、事实清楚、当事人双方争议不大的简易案件适用"门诊式"庭审。所谓"门诊式"庭审，指开庭时不再宣布法庭纪律和核对当事人等工作，而对一定数量的案件当事人集中进行诉讼风险和诉讼权利义务告知后，依次审理并当庭宣判的简易案件开庭审理方式。❶送达阶段由审判人员引

---

❶ 苏力.判决书的背后［J］.法学研究，2001（3）：16.

导类案、集团案件当事人缩短举证期限，如同类型的服务合同纠纷、劳动争议案件、简单的买卖合同案件，集中统一安排开庭，集中审理。庭前由审判辅助人员对案件争议点进行确定，便于审判人员在庭审中把握审理重点。此外，通过播放录音的方式对当天参加庭审的全部当事人一次性告知法庭纪律、各项权利义务等加快庭审节奏。庭审时不再严格按照传统的步骤进行法庭调查、辩论，直接针对争议焦点进行辩论，打破"一案一庭"的传统模式，简化传统庭审活动；由审判人员严格把控庭审节奏，围绕案件争议焦点进行询问，原被告有针对性地诉辩与举证，加快庭审节奏，节约审判资源。

"门诊式"庭审从有利于快速审理角度出发，紧紧围绕诉讼请求能否成立的事实根据展开调查和辩论，不严格区分法庭调查和法庭辩论，可以边审理边做调解工作，有利于提升庭审效率，加快简单案件的审理。

（二）"要素式"庭审

基层人民法院及其派出法庭内部根据特定案件的特性，如工伤保险、劳动争议、婚姻家事等纠纷案件设计"要素式"庭审，对类型案件实行类型化庭审。所谓"要素式"庭审，是指根据案件相关要素并结合诉讼请求确定庭审顺序，围绕争议要素同步进行调查和辩论的庭审模式。通过庭前制作要素式格式询问表，结合原告方提出的诉讼请求，由法官助理在庭前引导当事人双方进行填写。庭前制作要素表，一对当事人有诉讼指引作用，有利于当事人更好地主张权利，更好地举证、质证、辩论；二有利于庭审效率的提高，法官无须调查无争议的要素，可以直接调查争议要素；三对法官也是一种指引，要素表本身也是庭审提纲，可以节省法官庭前阅卷的时间，有利于法官准确把握庭审调查的内容。

"要素式"庭审不再按照法庭调查与法庭辩论阶段进行划分，而是按照案件相关要素确定审理顺序。由于庭前双方对纠纷案件的要素点都进行了填写，对于案件有哪些争议点，审判人员在庭前就已经掌握。庭审中，审判人员仅需根据已经填写好的要素式表格，结合案件的争议点引导当事人对有争议要素点进行法庭调查和辩论；庭审时也不再要求双方当事人陈述诉辩意见，但原告需明确诉讼请求，被告亦需针对诉讼请求作出承认与否认的表态，被告否认原告诉讼请求的，即开始按照相关要素的顺序对案件进行审理。主要流程如下：首先确定无争议要素，然后归纳争议要素，先由原告对该争议要素（问题）陈述意见并举证、质证，后由被告对该争议要素反驳原告意见并举证、质证，最后法庭组织双方辩论。"要素式"庭审在能够集中查明事实真相、厘清案件争议焦点的同时，还能将庭审的节奏加快，全程由法官把握整个庭审的节奏与方向，不再将宝贵的时间浪费在不必要的庭审活动中。

五、推进裁判文书繁简分流

基于传统裁判文书的上述弊端及人民群众的现实需求，2014年最高人民法院发布的《人民法院第四个五年改革纲要（2014—2018）》已经对裁判文书繁简分流的标准做了规定，并指出"根据不同审级和案件类型，实现裁判文书的繁简分流。加强对当事人争议大、法律关系复杂、社会关注度较高的一审案件的说理性。对事实清楚、权利义务关系明确、当事人争议不大的一审民商案件实行简化的裁判文书，通过填充要素、简化格式，提高裁判效率。推行民商事裁判文书繁简分流，简化民商事案件裁判文书制作，应根据审判方式、诉讼程序、案件类型等繁简分流，真正实现繁案精写，简案简写，提高审判效率"。

（一）裁判文书说理部分需繁简得当

就目前基层人民法院及其派出法庭的裁判文书写作模式来看，基本沿用传统裁判文书书写模式，这种书写模式形成的裁判文书逻辑结构不清晰、重复内容多、篇幅冗长、可读性差，不能满足当事人的阅读需要，也不利于长远的发展。对当前基层人民法院及其派出法庭民商事案件的裁判文书应当区分不同情况进行处理，通过分流实现繁简得当。对于案情疑难复杂的案件、涉及法律关系众多的案件、新类型案件、有指导意义的案件及其他法官认为有必要加强说理的案件，应当加强说理部分的书写，对其他类型案件，如案情相对常见的民间借贷、交通事故、婚姻家庭、合同纠纷等案件，可以适当简化说理部分，对争议事项进行加强说理，对于无争议事项说理部分简化书写，同时，对双方当事人的意见均应予以充分回应，不能概不回应、只回应一方、选择性回应或者是所有诉讼请求"打包式"回应。

（二）提高令状式、要素式、表格式裁判文书适用率

根据特定的案件类型，以表格的形式预先制作好裁判文书需要填写的项目，只包含诉讼参与人称谓和法院裁判的主文，不记载当事人诉辩主张和详细裁判理由，主要适用于案情简单、法律关系不复杂的小额诉讼案件，起诉方式极为方便，只需要在立案表格上填好相关内容，而法官根据相关证据只需要在表格上作出裁判结果加以确认即可。因此，采用令状式裁判可实现当庭制作、当庭送达，在减少当事人庭后领取判决的奔波之苦的同时，节约了庭后法官和助理制作及送达裁判文书的工作，大大减少法官和助理的工作量。

对一些案件事实简单、双方对事实没有争议、涉金钱给付的特殊案件，用表格式的方式列明。例如，简单交通事故案件；事实清楚、责任明确的其他人身赔偿案件；其他事实清楚责任明确，适宜用表格方式裁决的民商事案件。表格式裁判文书与要素式裁判文书大同小异，只是这类案件的要素适宜用表格的方式列明。表格式裁判文书与要素式裁判文书的操作方法相同，前者用表格列举的方法陈述当事人诉辩主张、法院查明的事实、裁判理由和裁判主文的简易法律文书，以及以附表列举金钱给付项目。此外，推行民商事案件裁判文书繁简分流，不应当一味地强调阐明理由，而应与审判方式，诉讼程序，案件类型的繁简、长短，以及个案的司法投入相对应，体现简易诉讼与复杂诉讼之间的差异。因此，当前格式化文书的定位应当向更加简洁化的方向发展，为简单案件文书制作服务。

对一些能够概括出固定要素的案件，通过设计涵盖案件内容要点的要素式

模板，审判人员只要根据具体案件辅之以要素式文书模板，就能快速地生成裁判文书，提高当庭宣判率和当庭送达的效率，加快案件的办理，特别适用于小额诉讼案件。另外，要素式的裁判文书围绕案件特定要素，写明当事人陈述，相关证据，法院裁判的理由、依据及裁判结果❶，这种要素式的书写方式让当事人能够看得懂裁判文书到底写的是什么，避免当事人对拿到手中的文书完全不知法官所云为何。另外，对于能够适用要素式裁判文书的案件，法官在开庭时只需要对照要素表进行逐项审查❷，不需要逐条进行询问，可以有效地加快庭审查明时间，满足当事人快速解决纠纷的司法需求，同时也能让法官将更多的时间和精力投入到疑难案件的审理工作中。

总之，通过探究民商事案件繁简识别机制、诉前先行调解机制、案件程序流转机制、精细化庭审流程和裁判文书分流，加快简案快审以期为完善基层人民法院及其派出法庭民商事案件繁简分流机制提供一些有益思考，让分流真正实现提升司法审判效率的目标，成为提升基层人民法院及其派出法庭审判效率的有效改革措施，成为缓解"人案矛盾"的有效手段。

---

❶ 黄振东，邱碧媛."繁简分流"的深圳探索——以裁判文书和庭审方式改革为重点［J］.人民法治，2016（10）：39.

❷ 邵海林.裁判文书如何繁简分流［N］.人民法院报，2015-07-28（02）.

第八章 ▲ 人民法庭一站式多元化纠纷解决机制

纠纷解决是社会治理的关键一环。随着社会的转型升级和人民群众司法需求的变化，以诉讼为主的单一型纠纷解决机制无法克服"案多人少"的现实压力，进而催生着纠纷解决机制从"一元化"向"多元化"发展。人们对效率与便捷的追求，也在推动着纠纷解决机制由"多次跑腿"向"一站式"发展。一站式多元化纠纷解决机制的建立和完善对纠纷当事人、司法工作人员、整个社会和国家都具有重要的时代价值和现实意义。本章拟从相关研究背景和已有研究资料出发，以深入基层的人民法庭为视角，阐述一站式多元化纠纷解决机制在日常解纷中的具体应用状况，进而分析该机制在我国具体运行过程中所面临的困境，并针对困境与不足，寻求相应的改进措施和完善对策，为我国一站式多元化纠纷解决机制的持续高速发展献计献策，让人民法庭一站式多元化纠纷解决机制在法治背景下健康发展。

第一节 一站式多元化纠纷解决机制的意义

"两百之交"，国际与国内环境都发生了深刻变化，社会的发展推动着社会的转型升级和人民群众的需求更迭，社会主体越来越重视权利的取得、建设与保护，人们权利类型增多、范围变广、维权意识提高。同时，社会纠纷呈现出类型多样化、内容复杂化、数量激增化、主体多方化、矛盾易激化等特点。目前的纠纷解决途径较为单一，仍以诉讼为主要解纷方式，司法解纷速度远远落后于纠纷滋生爆发速度，"案多人少"的矛盾导致司法压力增加，司法效果弱化，单一的司法救济渠道无法满足新时代人民群众注重途径、质量、效率、便捷的多元化纠纷解决需求，因此，解纷机制需要向多元化方向改革和创新。

人民法庭作为司法机关的最基层单位和社会解纷的最中坚力量，与人民群众的联系最为紧密，对社会纠纷发生的敏感度最高，处于纠纷化解的第一线。面对"诉讼爆炸"的新局势❶，人民法庭应当发挥基层司法单位的社会治理功能，加强对一站式多元化纠纷解决机制的建设投入，以整合资源、形成合力、化解纠纷。建设一站式多元化纠纷解决机制犹如修道铺路，国家既要修高速公路、普通公路，也要修乡间小道，让人们选择道路时，既能走得快，也能走得远，至于究竟要走哪一条道路，交由老百姓自行决定。为公民提供多元化的权利救济渠道是国家的义务，如何选择具体的权利救济渠道是公民的权利。❷人民法庭一站式多元化纠纷解决机制具有重要的时代价值与现实意义。对于纠纷当事人来说，选择多样、程序简易、费用低廉、高效便捷，可以在充分尊重纠纷主体自由选择的情况下，在更短的时间内实现更好的解纷效果；从司法机关层面来看，纠纷在诉前的过滤和向诉外的分流，可以缓解基层司法系统面临的诉讼爆炸的压力，弥补司法资源短缺的困境，使有限的司法资源得到合理配置，回应社会对司法的期待；从社会层面来看，可以调动多方基层社会主体参与纠纷化解，整合社会解纷资源，形成社会多方参与、广泛联动、和谐共进的良好局面，提高社会治理能力。同时，多元化纠纷解决机制淡化对抗、强调对话、着眼长远、追求稳定的特征，避免了当事人之间情感对立和社会关系裂缝的产生，利于实现社会关系的"自愈"，

---

❶ 左卫民."诉讼爆炸"的中国应对：基于W区法院近三十年审判实践的实证分析[J].中国法学，2018（4）：238.

❷ 胡云腾.大力提高对多元化纠纷解决机制重要性的认识[N].人民法院报，2016-07-13（005）.

促进社会自治和维护社会和谐稳定。因而，一站式多元化纠纷解决机制受到国家政策的大力支持和社会治理的广泛应用。

第二节　一站式多元化纠纷解决机制的应用现状

"多元化纠纷解决机制是指一个社会中由各种不同性质、功能和形式的纠纷解决方式，包括诉讼与非诉讼两大类型，相互协调互补，共同构成的纠纷解决和社会治理系统。"❶一站式多元化纠纷解决机制就是让纠纷当事人享受到一次性完成或一步到位的便捷纠纷解决服务，只要纠纷当事人选择了一种纠纷解决方式，或者进入了一个纠纷解决服务平台，便能通过各种纠纷解决方式之间的协调对接，实现多种社会纠纷解决资源的集成和融合，避免在不同程序、环节和平台之间来回消耗，最终实现公正、便民、高效、低成本解决社会纠纷的目的。社会纠纷的解决可以分为三个递进层面：一是纠纷预防层面，所有纠纷化解效果都不及纠纷未有之效果，纠纷化解的第一步就是从源头上避免纠纷的发生，将纠纷止于未发之时，控于未烈之初；二是减少诉讼层面，对预防、避免不及，已经产生的纠纷，贯彻"非诉挺在前"的原则，发挥非诉讼纠纷解决机制的积极作用，促进纠纷在诉前化解或者向诉外分流，减少纠纷流入诉讼窗口；三是诉讼解纷层面，对于诉前化解不成的纠纷，通过诉调对接机制及时引入诉讼程序，对简单案件通过"快审快执"，优质高效消弭已经进入诉讼程序的纠纷。同时，为了保证在各个层面和各个阶段的纠纷化解都能避免无谓的跑腿消耗、转移消耗、重复消耗，获得方便、迅速、高质的公平正义，真正做到"一站式"纠纷化解，网络解纷平台应运而生。纠纷递进化解思路配合线上纠纷解决方式，在人民法庭的社会治理中也得到了广泛的印证和应用。

---

❶ 范愉，李浩. 纠纷解决——理论、制度与技能[M]. 北京：清华大学出版社，2010：21.

一、诉源治理

习近平总书记强调,社会治理的最好办法,就是将矛盾消解于未然,将风险化解于无形。"枫桥经验"早在20世纪60年代就得到了实践检验和人民认可❶,是基层纠纷预防化解、维护社会稳定的群众智慧。人民法庭在基层治理中为了贯彻"枫桥经验",坚持群众路线,实现纠纷就地化解,重视与基层社会组织和人民群众保持联系,携手共治。一方面加强与所辖地区政府部门、派出所、司法局、村委会、居委会、妇联等基层机关组织的联系,进行工作交流、信息共享、纠纷防控、治安配合,在解纷化解中充分利用当地政府部门和群众组织的力量,在践行自身司法职能,推行基层法治建设的同时,参与基层社会治理和乡村建设。另一方面密切联系群众,走向基层,走向农村,走进家家户户。一是开展"法官进村""法官进社区"活动。为了方便人民群众化解纠纷、消弭矛盾,纠纷当事人可以不用到人民法庭立案诉讼,而是由人民法庭的法官、司法工作人员亲自下乡进社区,到当事人家里了解情况、沟通疏导、促进调解、协助赔偿,让纠纷早发现、快解决、在村民家门口解决,真正做到让纠纷不出村。二是开展"以案说法""送法下乡"活动。由于社区、街道、农村地处基层,法律普及度较低,人民群众法律意识、法治观念较弱,违法乱纪行为时有发生。人民法庭安排法官、法官助理、书记员、志愿者下乡普法,通过具体案件以案说法、以案示警,对市民、村民进行法治宣传教育,让法治的触角深入到每家每户。三是实行"社区法官"工作模式。人民法庭将法官与街道、社区、村庄挂钩,挂钩法官做到"每周联系、每月驻站、每季排查,即每周与村庄(社区)至少电话联系一次,每月到驻点村庄(社区)工作不少于半天,每季度对挂钩村庄(社区)的矛盾纠纷进行风险排查和纠纷预警"❷。通过定点挂钩,让基层纠纷监管三百六十度无死

---

❶ 殷丽君.浙江诸暨"枫桥经验"创新发展研究[D].重庆:西南大学,2021:8-10.

❷ 李尹凤.连云港市基层法院完善多元化纠纷解决机制研究[D].徐州:中国矿业大学,2020:19.

角、无遗漏，早发现、早处理潜在纠纷因子，对重大敏感纠纷和易激化纠纷提前介入阻止。四是创建"无讼和谐村落"。除了"社区法官"点对面的纠纷预防机制，人民法庭还建立面到点的矛盾纠纷排查机制，定期对社区、街道、村落等各种可能引起纠纷的风险隐患进行系统全面的排查，重点关注婚姻家庭纠纷、邻里关系纠纷、房屋征地拆迁纠纷、信访案件等，这类解纷具有常发性、易激化、涉众广、影响大等特点，排查时需确保镇街不漏村居、村居不漏户、户不漏人。若发现纠纷苗头，及时采取措施应对，避免矛盾升级恶化。

二、非诉在前

习近平总书记提出："把非诉讼纠纷解决机制挺在前面。"为了响应这一政策，人民法庭不再提倡审判为主，而是倡导社会纠纷多元化解、社会纠纷诉外化解，以缓解人民法庭在"诉讼爆炸"困境下的司法压力。目前人民法庭适用最多的是诉前调解机制。我国相关法律法规针对离婚案件、劳动争议仲裁案件做了调解前置的规定❶，这些案件在起诉前必须先行调解。除此之外，针对基层一些司法实践中调、撤率较高的案件，如涉及婚姻关系、继承关系、监护关系、赡养关系的家庭民事纠纷，涉及采光、用水、占地的相邻关系纠纷，涉及小额争议的买卖合同纠纷、自然人民间借贷纠纷、租赁合同纠纷，因为打架斗殴、交通事故、劳务关系引发的人身损害赔偿纠纷和类型化的物业纠纷、消费者权益纠纷、医疗纠纷等❷，人民法庭强调诉前调解，将纠纷向诉外分流，弱化当事人之间的对抗性，这样既有利于减轻人民法庭的诉累，也有利于社会关系的自然愈合。人民法庭利用自身场地优势，设立"诉前调解工作室"，由人民法庭委派调解员进行调解，或者邀请已退休的法官、专业律师、人民调解员等具有相关从业经验，具备专业

---

❶《最高人民法院关于适用〈中华人民共和国民事诉讼法〉的解释》第一百四十五条、《中华人民共和国劳动法》第七十九条。

❷《最高人民法院关于适用简易程序审理民事案件的若干规定》第十四条。

法律知识的人员参与诉前调解，让当事人无须多次跑腿，在人民法庭内就能实现就地调解。此外，以人民调解员自己的名字进行命名的"个人品牌调解室"作为一种新型调解形式，是对"枫桥经验"的传承与创新，在街道、社区口碑甚好。成立个人调解室的调解员常年扎根基层，了解村规民约和当地风土人情，具有丰富的调解经验和高超的调解技术，具有一定的社会影响力和社会威望，在化解基层纠纷上起着不可取代的重要作用。

三、诉调对接

"诉"指诉讼，"调"指调解，从字面上看，诉调对接可以简单直接地理解为诉讼和调解的衔接。然而二者并非简单的对接、衔接，而是由法院主导，通过建立一系列的规范性程序和措施实现诉讼与非诉讼的有效、有序衔接，其本质是效力较高的司法权对效力较低的社会调解的引导。❶

诉调对接机制在各级法院和人民法庭中得到高度重视和广泛应用，在具体实践中，诉调对接主要通过以下措施实现。一是建立诉调对接平台。人民法庭作为衔接诉讼与非诉讼纠纷解决机制的桥梁，利用自身场地优势、环境优势、设施优势和专业优势，在诉讼服务中心设置"诉调对接室""诉调对接中心"，安排相关的工作人员负责案件分流和调解速裁工作。为了更好地接近正义❷，有条件的人民法庭设立了线上诉调对接平台，让纠纷当事人不用跑路，随时随地接入纠纷化解窗口，享受司法工作人员提供的纠纷解决服务。二是制定诉调对接工作细则。例如，安徽省含山县人民法院《关于与调解组织建立诉调对接关系的实施意见》对诉调对接工作的目标及原则、诉调对接主要内容及程序、诉调对接中人民法院及其他非诉讼纠纷解决主体的工作职责、应当和可以进行诉前调解的案件范围、调

---

❶ 郭欣侨.多元解纠下的诉调对接工作机制研究[D].沈阳：沈阳师范大学，2021：4.
❷ 孟醒.智慧法院建设对接近正义的双刃剑效应与规制路径[J].中国政法大学学报，2020（6）：33.

解协议的司法确认要求和程序、诉讼程序的期限和收费标准等进行了相关规定，让人民法庭和其他社会解纷主体在参与社会纠纷解决时有法可依。三是对具体案件实行繁简分流。具体包括以下三种情况：第一种情况是纠纷当事人到人民法庭起诉之时，诉调对接中心的工作人员在大致了解案件情况后，对案件进行能诉前调解和不能诉前调解的分流。对满足诉前调解条件的案件，在询问当事人意愿并征得同意之后，导入诉前调解程序，通知诉前调解组织收纳案件并进行调解。第二种情况是对不符合诉前调解条件和询问当事人意愿后当事人不同意诉前调解的案件，根据案件的复杂程度进行繁简分流，将符合速裁条件的案件导入速裁团队审理，对应该适用普通程序进行审理的案件，导入普通程序进行立案审理。第三种情况是对经过诉前调解但调解不成功，最后启动诉讼程序的案件，参照第二种情况进行繁简分流，分别导入速裁团队审理和普通程序审理（见图8-1）。四是实行司法确认。诉前调解成功的案件，纠纷当事人可以向人民法庭申请司法确认，人民法庭审查确认后，赋予调解协议强制执行力，维护纠纷当事人的调解成果，这在本质上是人民法庭利用司法权对调解工作的支持和保障。

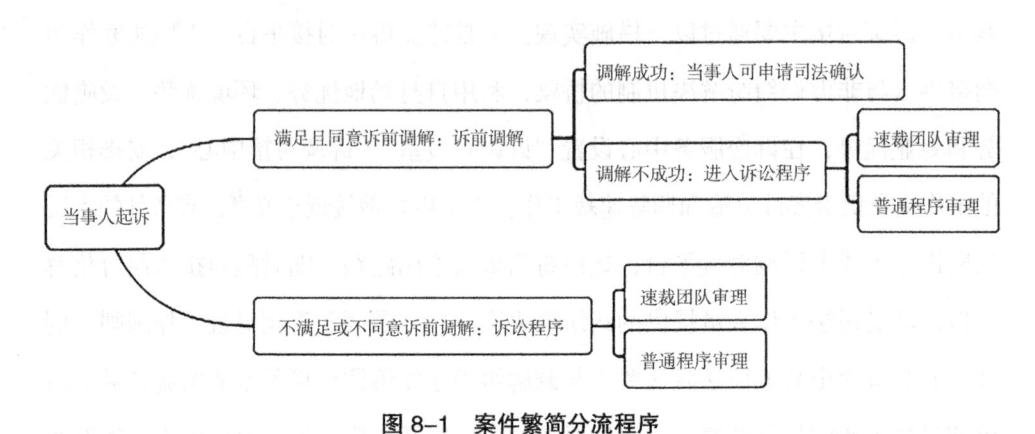

图 8-1 案件繁简分流程序

四、线上解纷

一方面，随着互联网的高速发展，在电子商务、互联网金融等新兴商业模式下产生了大量的网络纠纷，如网络消费者权益保护、网络侵权等，这些纠纷地域跨度大、标的额小、当事人真实身份不明，用传统的纠纷解决方式解决此类纠纷成本高、阻碍多、诉累重。另一方面，疫情时代，为了更好地响应国家号召，做好疫情防控工作，很多解纷方式不得不从线下转到线上。"互联网+"技术与疫情防控解纷需求的碰撞推动着纠纷解决方式的转型与创新。线上解纷与线下解纷相比，具有"一高一低"两大明显优势：提"高"解纷效率，纠纷当事人不受人民法庭工作时间和工作地点的限制，可以随时随地进入线上纠纷解决入口，避免来回奔波于不同的机构部门之间，进行无谓的时间消耗；降"低"解纷成本，案件资料、证据材料的电子化，以及外出奔波的减少，帮助纠纷当事人节约了大量的经济成本和时间成本。与此同时，落实疫情防控要求，做到解纷防疫两不误，足不出户便能高效便捷地化解纠纷。我国网络覆盖面广、网络连接设备多样、网民基数大、在线时间长等特点为线上纠纷解决平台的建立和推行创造了成熟的内部和外部条件，让线上纠纷解决机制在基层得到广泛应用。例如，"互联网+诉调对接"平台让人民法庭与其他社会解纷主体实现线上互动与线上信息交流共享，在线对案件进行繁简分流，对需要通过非诉讼方式解决的案件实行在线委派、委托、特邀调解，对调解成功的案件实行在线司法确认；在线调解平台让纠纷当事人和调解组织通过微信公众号、微信小程序、腾讯会议、官方网站等渠道线上提交案件资料信息，通过在线视频、语音等方式实现调解；在线诉讼平台让当事人可以通过"智慧法院""e法院""微法院"等实现在线立案、在线提交案件材料和证据材料、在线开庭、在线送达、在线上诉、线上法律咨询和线上申请法律援助等。线上解纷方式致力于用数据传输代替线下奔波，让相隔千里、万里的纠纷当事人能够突破时间和空间的限制，实现纠纷化解的目的。有些地区、法院示范先行，在线上解纷方面技术成熟、经验丰富，形成了"融·智·慧"平台、"要素式审判信息系统""电子商务法庭""电子法庭"等。

第三节 一站式多元化纠纷解决机制的运行困境

近年来，一站式多元化纠纷解决机制在政策的支持和推动下发展迅猛，在相关立法和具体实践中取得了不错的成果，给纠纷当事人提供了更加多元化的纠纷解决途径。但是，由于一站式多元化纠纷解决机制的发展尚处于初步探索阶段，立法较为分散，主体各自为战，诉讼与非诉讼两种解纷机制的发展不够平衡、衔接不够紧密，导致一站式多元化纠纷解决机制在运行中不可避免地面临着一定的困境，主要体现在以下几个方面。

一、多元化纠纷解决机制的立法尚不完善

目前，我国没有从国家立法层面对多元化纠纷解决机制进行专门、统一的立法工作，关于多元化纠纷解决机制的内容规定和程序规定散乱分布在不同的部门法、司法解释及国家政策性文件中，相关规定都较为抽象和原则性，甚至有些内容空白，找不到任何的法律依据，导致在利用多元化纠纷解决机制解决实际问题时缺少相应的法律制度和法律程序支撑，在具体实施过程中出现相互掣肘的"真空带"。从现有的法律法规来看，重心放在了对诉讼制度和程序的规定上，对非诉制度和程序的规定较少。就调解而言，《人民调解法》对人民调解方式进行了相关规定，但有关调解员的选任资格、人民调解的受理范围、调解队伍的专业化建设、调解协议的法律效力等方面的问题有待解决。对人民调解之外的其他调解方式的主体地位、调解程序、队伍建设、调解效力等相关制度规定和程序规定几乎处于空白状态。法院调解作为一种非诉纠纷解决方式又被规定在了《民事诉讼

法》中，因而有关调解方面的法律规定较为散乱，体系化程度不高，还有很多法律空白有待填补。《中华人民共和国仲裁法》（简称《仲裁法》）对仲裁员的主体资格认定条件过宽，缺乏对仲裁案件审理期限、案外利害关系人权利救济、仲裁委员会自查自纠等事项的规定，且《仲裁法》的内容以商事仲裁为主，对于体育仲裁、劳动仲裁等其他类型的仲裁缺乏规定。有关劳动争议的仲裁单独规定在《劳动人事争议仲裁办案规则》中，但规定的内容过于概念性和原则性，很难在具体实践中加以运用和操作。其他缺乏法律规定的纠纷解决机制主要依赖国家发布的政策性文件在推动和保障。

为了响应国家政策，部分地方大胆探索，先行先试，根据当地具体的实际情况和解纷需要制定了一系列有关多元化纠纷解决机制的地方性法律法规，如《上海市促进多元化解矛盾纠纷条例》《河北省多元化解纠纷条例》《辽宁省矛盾纠纷多元预防化解条例》。吉林、四川、安徽、福建、黑龙江、山东，以及厦门、武汉等省市也出台了相应的纠纷多元化解促进条例。虽然各个地方结合国家政策和最高人民法院的相关法规、司法解释和指导意见，在多元化纠纷解决机制的道路上不断探索、实践、总结，但在具体实践中，关于多元化纠纷解决机制的地方立法尚在起步和摸索阶段，缺乏全面、系统的研究和分析，其合理性和立法质量有待进一步考察。此外，我国地域辽阔，经济发展水平不一，"百里之外不同风，千里之外不同俗"，每个地方的经济基础、社情民意、司法实践不同，各个省份立法各异，地方立法缺乏一致性和普适性，难以跨域执行，公众和律师对其认可度不高。由于缺乏国家层面的立法支撑和制度保障，各个地方在试点、实践中摸索出的有效经验成果，难以得到社会的一致认可和广泛的推广应用。

在多元化纠纷解决机制的法律法规建设上，无论是国家层面的单项立法，还是系统性的地方立法，都存在立法困境与法律漏洞。因此，需要一个国家层面的综合性法律，将各种现行的纠纷解决机制衔接起来，明确各解纷主体的职能划分，规范各种纠纷解决方式的适用范围和解纷程序，设立对各种解纷方式的监督机制，弥补现存的法律空白和漏洞，改善各种纠纷解决机制分崩离析、发展不平衡、规范不严谨、社会认可度低的现状，让国家在多元化纠纷解决机制方面的改革政策得到立法保障。

二、纠纷解决缺乏专业性与权威性

（一）缺乏专业性

以调解为例，对于基层法院与人民法庭来说，诉前调解和诉调对接是纠纷化解中最常用的技术手段，对诉前调解中调解员的业务素质、调解技能与实际绩效要求较高。然而在具体的调解实践中，调解人员结构不合理，兼职多专职少，年龄老化，队伍流动性大，调解水平参差不齐，甚至部分地区存在着随意办案、匆忙结案等情况。调解工作缺乏专业性主要表现在：一是基层调解组织的工作能力和纠纷解决能力处于较低水平。有些人民调解队伍主要由本村、本乡镇的领导干部们兼职，他们往往身兼数职，很难做到将足够的时间和精力放在调解工作上。部分调解委员会的成员生活经验居多，但法律专业知识不够，没有接受过专门的法律培训和指导，调解结果缺乏法律信服力。二是调解笔录不完善。调解笔录是调解案件的重点，记录了案件事实、争议焦点、双方主张、责任分摊等问题，也是法院进行司法确认审查、制作民事调解书的重要依据。然而调解员有时会疏忽对案件事实、争议焦点、调解过程的详细记录，把重心放在当事人的最后表态和协商结果上，带着明显的功利主义色彩和"走过场"心理，这为之后的司法确认埋下了隐患。三是调查、取证环节薄弱。调解人员对掌握案件事实的积极性、主动性不高，往往通过原被告之间的陈述、主张和提交的现有证据来了解案件事实，忽略、遗漏了对案件证据的收集和审查，在调解中处于被动地位，导致最后进行司法确认时，人民法庭面临重新调查取证、再度召回当事人询问的尴尬境地，既浪费了宝贵的司法资源，也增添了纠纷当事人额外的负担，削弱了调解工作在人民群众心中的可行性和可信度。四是为了促成调解协议的达成，提高纠纷的调解结案率，对案件进行"硬调"。当事人在诉前调解阶段感觉调解无望，不愿再继续接受调解，希望终结调解尽快移交法院立案时，有些调解员认为还有调解成功的可能性，不顾纠纷当事人结案、转立案的主张，不断拉拢双方当事人反复谈判，给当事人增添困扰，违背了"自愿调解"原则。也有些调解员在调解过程中力求结案，过度偏向纠纷当事人一方，一味拿情理和利益衡量说事，以"可能的判决结果"给当事人施加压力，忽略了法律的规定和限度，擅自帮助一方当事人在谈判过程中"杀价"，给另一方当事人的合法权益造成损害，违背了"合法调解"原则。

（二）缺乏权威性

多元化纠纷解决机制的生命力在于可执行性，除了通过诉讼方式生成的判决书、裁定书具有强制执行力外，其他非诉讼方式的解纷成果面临难以固定和有效执行的困境。我国的调解体系包括人民调解、法院调解、行政调解、仲裁调解和一些社会调解组织进行的调解活动。然而，根据《人民调解法》和《民事诉讼法》的规定，只有人民调解委员、法院特邀调解组织或特邀调解员调解达成的调解协议，才能够向司法机关申请司法确认。这对社会调解来说，司法确认的范围近乎被缩限在人民调解委员会所达成的调解协议上，其他社会调解组织在纠纷案件中耗费大量的人力、物力、精力，但最后纠纷当事人双方所达成的调解协议面临仅具有一般民事合同性质、无法进行司法确认、无法申请强制执行的窘境。任何一方当事人可以在调解协议达成之后任意反悔，变更要求，甚至拒不执行，最终纠纷又流向了诉讼窗口，在一定程度上降低了其他调解组织的社会认可度。基于此，当事人在选择调解方式时更加青睐人民调解方式。受人民群众选择的影响，其他性质的社会调解组织为了可以通过司法确认赋予调解协议强制执行力，落实调解成果，取得群众认可，纷纷挂上"人民调解"的牌子，使得社会调解体系的多元化在表达和实践中均被贴上了"人民调解"的标签，多元化社会调解被一元化的人民调解所泛化。这种"人民调解中心论"的泛化现象模糊了社会调解的法律定位，忽视了新型调解的个性特点，影响当事人对调解方式的多元选择和自主选择，严重制约了多元调解体系的发展，削弱了纠纷分流实效[1]，导致人民群众对非诉方式化解纠纷的信心不足，更加倾向于采用诉讼程序解决纠纷。

三、多元化解纷主体的协同性有待强化

"一个和谐稳定发展的社会，既需要建立公正、高效、权威的司法系统，更需要构建公民自治、社会共治、多方参与、司法保障的多元化纠纷解决体系。"[2]基层司法机关、行政机关、人民团体、社会组织等都是社会纠纷化解的关键主体，都在基层社会纠纷排查与预防化解中起到了不可忽视的重要作用。但是，由于缺乏统一的协调对接和指挥引导中心，不同机构在主体职责的分工、衔接和工作协调、支持上还做得不够到位，时常出现各自作战、重复解纷的现象，致使和解、调解、仲裁、诉讼、行政裁决、行政复议等诉讼与非诉讼纠纷解决方式彼此割裂，导致"各类纠纷解决机制在案件分流、程序分类、司法分界、职能分层等方面存在程序衔接不畅、实效发挥不彰、结构层次紊乱、资源配置不合理等弊病"[3]。社会解纷主体参与社会解纷时没有形成系统性、规范性的"协调配合，联手化解"机制，没有发挥出"互相联动，互为补充"的优势，没有释放出多元化纠纷解决机制在化解社会矛盾、维护一方稳定的最大潜能。现有的纠纷解决机制中，调解组织的调解人员流动性大，职业素养和调解水平参差不齐，没有与其他解纷主体建立长期稳定的联络。仲裁方式在社会解纷中运用度低，部分仲裁机构工作人员配备不齐，参与社会解纷积极性不高，大部分时间处于闲置状态。人民团体及其他社会组织认为人民调解组织和司法机关才是解决社会纠纷的主力军，

---

[1] 廖永安，王聪.人民调解泛化现象的反思与社会调解体系的重塑[J].财经法学，2019（5）：70.

[2] 龙飞.多元化纠纷解决机制立法的定位与路径思考——以四个地方条例的比较为视角[J].华东政法大学学报，2018（3）：108.

[3] 廖永安，王聪.我国多元化纠纷解决机制立法论纲——基于地方立法的观察与思考[J].法治现代化研究，2021（4）：2.

因而退居"战后方",对自身肩负的矛盾化解和治安维稳职能意识淡化。此外,社会主体参与纠纷解决面临着一定的风险,纠纷处理得当就能定分止争,处理不当容易引发信访事件,惹火烧身。出于维护自身利益和规避解纷风险的考虑,社会解纷主体对参与社会纠纷解决的主体意识、责任意识不强,积极性、主动性不高,面对社会纠纷漠视逃避,互相推诿,矛盾最终都转移到了法院。司法作为维护社会公平正义的"最后一道防线",却被推到纠纷解决的最前沿。以行政机关为例,行政机关负责管理社会公共事务,涉及百姓生活的方方面面,老百姓在身陷矛盾纠纷之时,习惯向政府及相关部门求助,人民群众的依赖性使得行政机关在社会纠纷解决中有着不可取代的地位。然而,法律没有将行政机关列为民事纠纷解决的法定义务主体,也未赋予行政机关对于民事纠纷解决结果的强制执行力,且行政机关在处理行政纠纷时,自身往往牵涉其中,甚至处于失利地位,故而对纠纷解决缺乏积极主动性,行政机关内部各部门之间或行政机关与其他解纷主体之间互相推诿,缺乏与其他解纷主体的联动与配合。

四、线上解纷平台建设尚需与时俱进

虽然我国各个地区、各种解纷机制纷纷推出线上解纷平台,以提高纠纷解决效率,降低纠纷解决成本,方便群众生活,但线上纠纷解决机制在我国仍处于起步探索阶段。我国地域辽阔,区域经济发展水平在东西之间、城乡之间差距较大,以互联网设备和互联网技术为前提的线上纠纷解决机制的发展更是参差不齐,尤其是基层乡镇和偏远农村地区,还面临着许多难题。

第一,缺乏配套的网络连接设备。人民法庭作为基层法院的派出机构和组成部分,主要设置在农村或者城乡结合部,与其他司法机构相比,由于地域经济发展水平的限制,硬件和软件设施都相对来说欠缺,网络设备的配给能满足日常办公的需求,但难以实际实现解纷全过程的线上化、网络化。当事人在解纷过程中仍然面临线下跑腿的情况,线上解纷平台的实际运行状况与理想状态存在较大差距。

第二，缺乏线上解纷技术人才。线上解纷平台作为新兴解纷途径，需要一定的计算机技术和网络工作经验，包括人民法庭在内的很多解纷机构缺乏熟悉线上操作的工作人员，很多基层工作人员没有经历过专门的计算机运用培训，对在线纠纷解决平台的操作流程和操作技巧不熟悉，线上工作效率不及线下，实际利用互联网大数据处理纠纷的频率不高。

第三，缺乏到位的宣传与推广。纠纷解决机构对自己推出的线上解纷平台没有进行到位的宣传，民众对解纷方式的认知仍停留在传统的线下模式，许多纠纷当事人对当地线上纠纷解决平台的建设进程、接入渠道、服务内容、操作流程、收费标准、文书效力、法律保障不甚了解，在选择纠纷化解途径时难以将线上解纷方式纳入首选范畴。低宣传率、低普及率导致公众线上解纷意识不强，使用率低，在线纠纷解决平台难以达到化解社会纠纷的预期效果。

第四，电子证据处理存在困境。在线解纷必然导致证据材料的电子化，"以互联网连接设备为载体的电子证据具有种类多样、技术依赖、易泄漏、易修改、易伪造、易毁灭等特性"❶，这给认定案件事实增加了难度。虽然电子证据作为证据种类得到了法律认可，但电子证据在司法实践中还存在较多未解决的问题。目前出台的法律法规只规定了电子证据这一证据类型的合法性，关于电子证据的认定、鉴定、保存等事项缺乏法律规定。电子证据不同于普通的书证、物证，具有很高的科技性和无形性，容易被复制、伪造、修改、传播，给纠纷当事人带来不利的风险。

第五，解纷主体线上联动不足。一站式在线纠纷解决平台的构建需要司法机关、行政机关、调解组织、仲裁机构等各方联动，实现信息的衔接与共享，一起织一张大网，在这张共同的大网下接入各自的切入口。然而，目前主要是司法机关在主导和实施，其他社会解纷主体处于消极对待状态，导致平台的功能较为单

---

❶ 黄良友.互联网环境下的仲裁制度研究［M］.北京：法律出版社，2011：107.

一，主要包括在线调解和在线诉讼平台，对于在线和解、在线仲裁、在线申诉平台的建设不完善，在线纠纷解决平台实际运行不畅。

第四节 一站式多元化纠纷解决机制的完善对策

结合我国一站式多元化纠纷解决机制的应用现状和具体实践中所面临的问题，我们需要通过分析问题，逐一突破，寻找出路，探索对应的完善措施，保障人民法庭一站式多元化纠纷解决机制在法治前提和政策支持下顺畅运行，经受住具体实践的检验，得到人民群众的认可，更好地发挥在基层社会纠纷解决中的重要作用，凸显在基层社会治理中的积极意义和时代价值。

一、发挥人民法庭的核心要素作用

随着司法改革和人民法庭布局的调整，人民法庭的管辖范围不断扩大，触角已经遍及辖区范围内乡镇的各个角落。作为基层司法力量，人民法庭是解决社会纠纷的"主力军"，通过诉讼途径消弭化解了基层社会大部分纷繁复杂的纠纷，办案数量高达全部法院办案数量的70%，在化解基层纠纷，维护社会稳定中起着关键作用。作为基层纠纷解决的权威性、主导性、统筹性机关，人民法庭有必要树立全局观念，发挥核心要素作用，引领、推动和保障一站式多元化纠纷解决机制的建立和完善。

（1）发挥"引领"作用。人民法庭要深化"诉源治理"，践行"枫桥经验"，通过"法官进村""法官进社区"等活动，对矛盾进行预防排查，就地化解。人民法庭要立足诉讼，提供一站式诉讼服务，培养专业的解纷人才，建设精、专、快的解纷队伍，对到人民法庭立案的案件及时处理，避免诉讼懈怠，久拖不决。

对不能到人民法庭立案的纠纷，开启"马锡五审判方式"，通过巡回审判、就地审判、依靠群众的方式，下沉纠纷，教育群众。人民法庭要加强法院调解，在民事诉讼的各个阶段，审判人员应当在有调解可能性的基础上，积极组织当事人进行调解，做到能调则调，弱化纠纷当事人之间的对抗，维护基层熟人社会的和谐自愈。通过纠纷预防、法院调解、法院诉讼等方式，消弭基层社会大部分复杂疑难纠纷，在纠纷化解中起到良好的带头和示范作用。

（2）发挥"推动"作用。人民法庭要加强与当地政府部门、公安局、派出所、司法所、居委会、村委会等社会解纷主体的联系与互动，向内对接纠纷，向外传输解纷经验，唤醒各社会组织、人民团体的职能意识，提高他们参与协同解纷的主动性。人民法庭要加强对非诉讼纠纷化解机制的支持和引导。第一，提供窗口引导支持。人民法庭作为基层纠纷解决活动中心，在诉讼服务中心为各种纠纷解决机制开设引导窗口，如人民调解窗口、仲裁窗口、公证窗口、律师咨询窗口、交通事故理赔窗口、治安管理窗口，让人民调解委员会、仲裁机构、公证机构、律师事务所、交警大队、派出所安排相关工作人员入驻，提供相应的解纷服务，让群众少跑、少找。第二，提供技术支持。由于非诉讼纠纷解决机制在我国的发展不够成熟和完善，工作人员的职业素养参差不齐，解纷效果不佳，人民法庭可以派遣优秀法官到其他组织、部门进行工作交流、经验传授、技能指导，就新法新规开展宣传研习、就风险防控组织建言献策、就典型案例进行学习讨论、就未来工作进行规划展望，带动大家常学、常新、常总结，推动诉讼解纷机制与非诉解纷机制携手向前。

（3）发挥"保障"作用。人民法庭要加强普法宣传教育，让普法宣传多形式、多维度、多重复，不落一村一户一人，提高居民、村民的法律意识和法治思维，从思想层面上为基层法治工作建设和多元纠纷化解提供良好的运行环境和思想保障。人民法庭要合理释法，对社会解纷实践中遇到的法律分歧和法律漏洞，结合法律原则和司法解释，作出符合法理社情的解释和释明，让基层解纷工作突破法律抽象、缺位的弊端，做到一切行为有法可依。人民法庭要做好司法确认和协助执行工作，通过司法确认维护解纷成果，通过协助执行保障纠纷落地，避免纠纷重回诉讼窗口，再度浪费基层社会宝贵的解纷资源。

二、健全多元化纠纷解决机制的相关立法

多元化纠纷解决机制立法的主要目标是要理顺各类纠纷解决机制的关系，加强各类纠纷解决机制的协调配合，形成一个系统性的多元化纠纷解决法律体系，通过国家层面的立法，保障社会各类解纷资源的整合，形成社会解纷合力，让多元化纠纷解决机制在法治轨道内健康运行。为了更好地制定一部既符合我国现有法律规定，又能补充完善现存法律漏洞，满足实际解纷需求的综合性法律，可以从现有单项法律、地方立法、域外立法中汲取经验。

（一）借鉴单项立法的经验

《民事诉讼法》《人民调解法》实施已久，对民事诉讼和人民调解的相关规定较为全面和成熟，应继续适用《民事诉讼法》中关于总则、管辖、审判组织、回避、诉讼参加人、证据、期间与送达、审判程序、特别程序、监督程度、执行与保全等规定，将法院调解的内容从诉讼法中分离出来，纳入调解方式的范畴。《人民调解法》中关于人民调解的规定较为全面，继续适用其关于总则、人民调解委员会、人民调解员、调解程序、调解协议的规定，完善现存法律法规中存在的漏洞，与法院调解、行政调解、仲裁调解及其他调解组织的调解合在一起，统筹于"调解"机制之下，并参照人民调解和法院调解完善对行政调解、仲裁调解的相关立法。《仲裁法》以商事仲裁为主，应借鉴其关于仲裁范围、仲裁委员会、仲裁程序、仲裁协议、涉外、撤销与执行的规定，以及《劳动人事争议仲裁办案规则》中关于劳动仲裁的规定，完善对体育仲裁及仲裁主体资格认定、仲裁案件审理期限、案外利害关系人权利救济、仲裁委员会自查自纠等事项的规定。

（二）借鉴地方立法的经验

《关于完善矛盾纠纷多元化解机制的意见》明确提出要推动多元化纠纷解决机制法律法规立、改、废、释工作，及时总结各个地方立法的成功经验，推动多元化纠纷解决机制在法治框架内健康运行。近年来，山东、福建、黑龙江、安徽、四川、吉林、海南、辽宁、河北，以及厦门、武汉等省市已相继制定多元化纠纷解决机制的地方性法规（见表8-1），各个地方多元化解纠纷促进条例的内容有很大部分重叠，其共性部分作为各地通用之规定，可以通过国家层面的立法予以充分吸收，为启动统一的多元化纠纷解决机制立法提供宝贵经验。例如，关于多元纠纷化解的具体途径，解纷过程应遵循的原则，纠纷的源头预防，各个解纷主体的职责分工，各个解纷主体的组织建设，各种解纷机制之间的程序衔接，和解协议、调解协议、仲裁调解书与裁决书的法律效力，各种解纷机制的保障措施、监督管理措施和责任追究等，这些核心内容可以借鉴地方立法的做法。

表8-1　我国多元化纠纷解决机制地方性法规 [1]

名称	年份	内容架构
《厦门经济特区多元化纠纷解决机制促进条例》	2015	共7章76条，分为总则、纠纷解决途径、纠纷解决程序衔接、纠纷解决组织建设、纠纷解决保障措施、考核监督、附则
《山东省多元化解纠纷促进条例》	2016	共8章65条，分为总则、职责分工、化解途径、程序衔接、组织建设、保障措施、监督考核和责任追究、附则
《黑龙江省社会矛盾纠纷多元化解条例》	2017	共9章65条，分为总则、职责分工、化解途径、途径引导、效力确认、工作规范、工作保障、责任追究、附则
《福建省多元化解纠纷促进条例》	2017	共7章63条，分为总则、职责分工、化解途径、效力确认、组织保障、管理监督、附则

---

[1] 廖永安，王聪.我国多元化纠纷解决机制立法论纲——基于地方立法的观察与思考［J］.法治现代化研究，2021(4): 8.

续表

名称	年份	内容架构
《安徽省多元化解纠纷促进条例》	2018	共6章52条，分为总则、化解主体、化解途径、保障措施、监督管理、附则
《武汉市多元化解纠纷促进条例》	2019	共7章53条，分为总则、职责分工、纠纷化解途径、程序衔接与效力确认、保障措施、监督考核与责任追究、附则
《四川省纠纷多元化解条例》	2019	共5章49条，分为总则、化解主体、化解机制、监督管理、附则
《吉林省多元化解纠纷促进条例》	2020	共7章58条，分为总则、职责分工、化解途径、途径衔接、保障措施、监督管理、附则
《海南省多元化解纠纷条例》	2020	共5章49条，分为总则、职责分工、纠纷化解机制、保障与监督、附则
《辽宁省矛盾纠纷多元预防化解条例》	2020	共6章57条，分为总则、源头预防、排查预警、调处化解、监督管理、附则
《河北省多元化解纠纷条例》	2020	共8章71条，分为总则、源头预防、主体职责、化解途径、效力确认、保障措施、监督管理、附则
《上海市促进多元化解矛盾纠纷条例》	2021	共6章72条，分为总则，调解，行政裁决、行政复议和仲裁，程序衔接与效力确认，保障与监督，附则

（三）借鉴域外立法的经验

我们还可以借鉴国外经验。国外很多国家和地区对替代性纠纷解决机制的认可和支持不断加强，现如今发展为优先适用或有条件的强制适用。美国1998年就制定了《替代性纠纷解决法》，日本2004年制定了《诉讼外纠纷解决程序利用促进法》，欧盟2012年制定了《庭外纠纷解决机制的指令》。虽然我国的多元化纠纷解决机制与国外的替代性纠纷解决机制在概念和效果上存在一定的差异，但两者的目的和功能趋于一致，都是为了实现社会纠纷的多种途径化解，满足人民群众的多元化解纷需求。域外关于替代性纠纷解决机制的理论研究和具体实践，比我国更早、更丰富，我们可以借鉴学习国外替代性纠纷解决机制的立法模式和运行规则，再根据我国的实际情况完善多元化纠纷解决机制的立法。

三、建设专业化纠纷解决人才队伍

在国家政策大力鼓励、提倡、支持纠纷解决机制由一元化向多元化拓展的当下，解纷人才需实现由经验型向职业型的转变，纠纷解决机制也面临着从传统模式向专业化、商业化模式的升级换代。

（一）专业化

要提高多元化纠纷解决队伍的专业化程度，首先要从高校教育抓起。高校是为国家各行各业提供专业人才的供给站，但当下各大高校法律专业的教育主要以实体法教育为主，程序法教育匮乏，关于纠纷解决机制的课程设置一般包括《民事诉讼法》、《中华人民共和国刑事诉讼法》（简称《刑事诉讼法》）和《中华人民共和国行政诉讼法》等诉讼机制，对非诉讼纠纷解决机制的课程设置较少甚至几乎没有。因此，应探索推进在高等法律院校或职业教育学校设立诉讼与非诉讼纠纷解决机制的专门课程，甚至开设多元化纠纷化解专业，让学生全面接受诉讼、和解、仲裁、行政处理等多元化纠纷解决机制的理论研究和实务培训，培养、储备多元化、专业化解纷人才。

一是提高行业准入门槛。上岗前需进行正式的考试和培训，工作中也要进行常态化培训、考核和总结，推行持证上岗、等级管理等做法，建立调解员、仲裁员资质认证制度、续职认证制度，明确职业道德准则，规范工作人员从业行为，通过严入口、严培训、严淘汰的机制，保证纠纷解决人员的专业素质和职业水准。同时，解纷人员的职业素养和职业纪律不可忽视，要加强对解纷人员的考评和监督，制定相关的法律法规和设置对应的监察机构监督解纷人员的违法乱纪、以权谋私行为，加大处罚力度。

二是完善解纷队伍建设，建立多层次的专职调解队伍。人民法庭身处纠纷化解的前沿，面临复杂新颖的案件类型和繁重激增的案件数量，司法工作人员却配备少。为了缓解诉讼压力，人民法庭可以选派经验丰富，具备调解技能的业务骨干担任调解指导员，同时选任经验丰富的调解员担任人民陪审员，协助案件审理；聘用退休法官、检察官等有多年从业经验的前辈作为专职调解员，运用他们丰富的司法实务经验化解纠纷；吸纳高校老师、专家学者、优秀律师等具备专业素养与专业优势的人才加入解纷队伍，发挥专业优势；吸纳具备调解资格和调解能力的人大代表、政协委员、村支部书记、德高望重之人等加入调解员队伍，他们与人民群众联系最为直接、紧密，最为了解当地的村情、社情、民情和人民群众的实际需求；还可以邀请心理学专业和从事心理学工作的优秀人才加入调解队伍，辅助调解人员用心理学知识分析纠纷当事人的心理活动，做到有的放矢，更加平和、高效地化解纠纷。"要进一步扩大行业性调解组织的覆盖面，推动行业领域的调解委员会向物业管理、医疗卫生、劳动争议、道路交通、消费者权益保护、保险纠纷、网络纠纷、金融纠纷、环境保护、知识产权保护等各个领域聚集。"❶ 通过各种途径，构建"以专业调解员为主，兼职调解员为辅，志愿者调解员为补充"的专业化调解队伍。

（二）商业化

商业调解作为调解组织追求利益而进行市场化运作的产物，因具有有偿性，20世纪80年代调解事业在美国迅猛发展，如今，这种调解服务突破传统模式，越来越产业化和市场化，在世界各国纠纷解决中得到广泛运用。这种商业性的调解服务之所以得到大众青睐和认可，一方面在于调解组织有利可图，为了追求利益不断自我革新、完善，在激烈的行业竞争中保持自身优势，力求脱颖而出。另一方面在于纠纷当事人通过支付报酬，可以提升自己的话语权和主观能动性，获得更加优质高效的调解服务。我国现行的纠纷解决机制主要以国家提供的公益性解纷机制为主，目的在于惠民便民。但是，公益性质的解纷服务由于缺乏利益刺激和行业竞争，容易丧失服务活力和革新动力。最高人民法院在《关于扩大诉讼

---

❶ 耿雷.P市多元化纠纷解决机制研究［D］.青岛：青岛大学，2020：27.

与非诉讼相衔接的矛盾纠纷解决机制改革试点总体方案》中，对商业调解的发展给予了政策支持，这是解纷机制商业化的未来前景，但最高人民法院对于我国商业调解的具体措施及操作方法没有明确的规定。律师、专家学者、退休法官、检察官等具有专业知识与丰富技巧的人才，都可以积极主动参与到提供有偿的纠纷解决服务中，参照律师为当事人有偿提供服务的方式，形成一定的市场价格，由国家对收费标准进行监管和调控。除了纠纷当事人，人民法庭也可以向社会有偿购买调解服务，让更专业的调解员协助法院调解纠纷，提高法院的调解结案率，缓解司法资源紧缺的压力。

四、树立多元化纠纷解决机制的权威

第一，扩大司法确认适用范围。近年来，除了人民调解，其他调解组织的调解发展势头很猛，如行业调解、律师调解、商业调解，在社会纠纷化解中转移分担了不少火力，起着不可忽视的重要作用。要想更好地推进多元化纠纷解决机制的发展，避免两极分化，必须尊重不同调解方式的价值，释放不同调解组织的活力，做到百花齐放、百家争鸣。将更多类型的调解协议纳入司法确认的范畴，减少社会解纷资源的非必要浪费，提高各种解纷机制在人民心中的社会认可度和法律权威性是发展之势。最高人民法院颁布的指导意见也明确指出，"其他具有调解职能的组织达成的调解协议同人民调解协议都具有民事合同性质，都可以申请人民法院确认其效力"，这是国家政策对扩大司法确认范围的肯定和支持，也是调解组织的发展需求和纠纷当事人的现实需要。因此，除了人民调解外，应当将司法确认的范围扩大至包括个人调解、行业调解、商事调解、行政调解等。对于和解协议，我国法律对其效力方面的规定不够全面，但作为纠纷当事人根据真实意思表示达成一致的成果，其本质与调解协议一样都来自当事人的合意，应该赋予他们与调解协议相同的民事合同效力，且经过司法确认后也具有强制执行力，可在一方当事人拒不履行时，向有管辖权的人民法院申请强制执行。

第二，完善调解协议司法确认的审查程序。我国司法确认入口之所以窄，是因为立法机关在立法之初考虑到人民调解发展历史悠久、经验丰富，纠纷范围基本上是普通公民之间的一般民事纠纷，纠纷标的额小、涉及人数少，虚假调解可能性低，即使出现了公民之间虚假调解的情况，纠错的成本和风险较小。但是，行业调解、商业调解等尚处在探索发展阶段，纠纷通常涉及的标的额较大，调解队伍经验不足，业务能力参差不齐，如果纠纷当事人进行虚假调解，则司法机关可能需要承担司法确认错误的严重后果，不利于司法权威的形成与维护。规避风险的途径有很多，但绝不是逃避问题，国家没有因为虚假诉讼的可能而关上法庭审判的大门，亦不能因为虚假调解的风险将司法确认的围墙高筑。相反，我们应该广开司法确认之门，最大程度做到司法为民，设身处地为纠纷当事人提供便利。在此基础之上，建立严格的司法确认审查标准，着重审查具体实践中忽视的调解活动的自愿性和合法性、调解笔录的完整性和收集、提交的各项证据材料；规范调解组织的调解程序，制定详细的信息披露规则，加强对调解过程的监督，提高调解活动的透明度；对虚假调解的行为加大惩处力度，努力杜绝虚假调解行为的发生，保证调解协议的质量和真实性。

第三，扩大司法确认管辖法院的范围。按照之前出台的法律规定，在非法院诉前委派调解的情况下，司法确认程序只适用于调解组织所在地的基层人民法院或派出法庭。这项规定从纵向上限制了司法确认管辖法院的层级只能是基层法院或基层法院的派出法庭，其他级别的法院不具有管辖权，从横向上限制了司法确认管辖法院的地域只能是调解组织所在地，其他关联地方的法院不具有管辖权。对于层级问题，为了给公众提供更多选择空间和救济渠道，同时缓解基层人民法院和人民法庭"案多人少"的压力，应扩大司法确认管辖法院的层级范围。对于地域问题，有且只有调解组织所在地的基层法院和派出法庭有权进行司法确认，严重限缩了纠纷当事人的选择范围。《民事诉讼法》为了给纠纷当事人带去更大程度的便利，将当事人住所地、标的物所在地的基层法院也纳入了司法确认的管辖范畴，可见国家在这个问题上持开放进步态度，正在不断扩大司法确认管辖法院的范围。在此基础上,可以将调解协议签订地、调解协议履行地等都纳入范围之内,让当事人可以根据自己的实际需求进行选择。

第四,延长司法确认的时间限制。申请司法确认的时间限制为协议生效之日起三十日内,且需双方共同向法院进行申请。达成调解协议后,双方明确表示会在一定的期间内履行协议,当事人本着便利,加之对司法确认程序和制度的不了解,未及时去法院申请司法确认,这种情况在实际生活中常有发生。调解协议约定的履行期间届满后,当事人仍未履行协议,但此时法律规定的司法确认期间已过,当事人应该何去何从?如果一方当事人在三十日内欲申请司法确认,但另一方不积极配合或由于客观原因无法配合,不能共同向法院申请司法确认,当事人又应当何去何从?难道任由此类纠纷在浪费社会解纷资源的情况下,又流入诉讼程序?笔者认为,为了更好地维护调解成果,避免因时间限制带来的进退两难之尴尬境地,应当延长可以进行司法确认的时间。

五、完善诉非衔接机制

(一)加大人力投入

由于人民法庭的工作人员有限,诉非衔接工作主要由立案庭负责,大量涌入的案件,在正式受理前进行诉前引导和案件分流,需要耗费大量的人力、精力和时间。为了更稳健地走好诉非衔接工作的第一步,为后面的工作打下良好的基础,应当增加人民法庭诉非衔接工作的人员配备,可以由上级人民法院委任、派遣工作人员进行司法指导协助,也可以通过聘用制招聘具有相关工作经验和专业资格的人员,扩大人民法庭诉非衔接工作队伍。

(二)加强诉前引导

为了更好地发挥社会各界参与纠纷化解、基层治理的积极性和协同性,减轻人民法庭"案多人少、案件积压"的诉讼压力,应加强纠纷诉前引导工作,把不是必须通过诉讼解决的案件向诉外引导，向其他解纷主体分流。我国社会公众对诉讼外纠纷解决机制的了解和运用意识不强，在面临纠纷解决时，不懂得灵活多变，选择最适合的解纷路径，纷纷涌向诉讼窗口。人民法庭工作人员在纠纷当事人立案时，应向当事人详细介绍和解、调解、仲裁等非诉讼纠纷解决机制，告知各种非诉讼纠纷解决机制的优点，通过风险评估、结果预测、成本计算等方式引导当事人选择非诉讼纠纷解决方式。对自愿和解的，鼓励和解；对选择仲裁的，联系仲裁机构进行仲裁；对同意诉前调解的案件，通过委派调解、委托调解、特邀调解等方式对案件进行调解，达成调解协议，化解纠纷。最终，实现纠纷由多到少，由简单到复杂逐级递进，形成"漏斗形"层级递减的化解结构。

（三）扩大对接范围

目前，我国人民法庭的诉非衔接工作主要体现在诉调对接，即诉前调解与诉讼的对接，忽视了诉讼解纷方式和其他解纷方式的对接，也忽视了非诉解纷方式之间的对接。人民法庭要践行"引进来"与"走出去"双管齐下，实现诉非的双向互动，则应提供场所等方面的便利，依托法院现有的诉讼服务中心，设置诉前和解室、调解室、公证室、仲裁室、行政办公室，配备相应的谈话桌椅和办公设备，由人民法庭安排调解员或者邀请人民调解员、行业调解员、仲裁员、公证员等入驻法院设置的诉非衔接平台，并配备相应的书记员进行记录、送达、卷宗整理等工作，对诉非衔接工作进行统一和集约管理。并在达成调解协议及其他对双方具有约束力的文书后，直接递交人民法庭申请司法确认。当然，也可以由人民法庭派遣司法工作人员到当地公安局交警支队、乡镇工商所、妇联、村委会、居委会等地值班，对交通事故赔偿类纠纷、妇女权益保护及家事类纠纷、消费者权益保护类纠纷、相邻关系纠纷、物业服务合同纠纷等地方常见型、多发型纠纷进行诉前调解，必要时开展巡回审判，让纠纷尽快落地化解。

（四）提高诉讼效率

对于无法通过诉外途径解决的纠纷，人民法庭不能置之不理，而应及时与解纷主体和纠纷当事人联系，转入诉讼程序。对转入诉讼程序的纠纷，应进行繁简分流，快审快决。首先，要明确规定案件的移交时间和审理时间，防止案件拖沓，久裁不决。例如，L市C区人民法院就规定，案件移交应在三日内完成，速裁团队的案件审理期限为三十日，特殊情况确需延长的，审理期限最长不得超过三个月。其次，要细化案件分流标准。基层案件数量巨大、类型多样、案情复杂，如何对其难易程度和繁简程度进行标准化区分是值得关注和思考的问题。目前案件分流主要依靠立案庭的立案员进行人工识别分拣，但这样存在主观性较大的弊端。因此应当对案件的分门别类、繁简分流建立更加客观化的标准，分案员根据证据、案件事实、法律关系复杂程度将案件分为疑难案件、普通案件、简易案件。最后，还可以实行集中审判。人民法庭可以将多个相同或相似案件安排集中审理，在保证审判质量的前提下，做到简案快审。例如，物业合同纠纷、道路交通事故纠纷，这些纠纷具有类型化特征，大多事实、证据、法律关系清楚明晰，在集中审理中可以互相参考，做到同案同判，提高司法公正和司法效率。

六、完善一站式在线纠纷解决机制

人民法庭与社会各方解纷主体的协同合作可以实现纠纷解决方式的多元化，引入互联网与解纷方式的结合和推广可以实现纠纷解决的一站式。随着"互联网+"对社会各行各业和生活各方各面的渗透，线上纠纷解决机制的社会环境和运作条件已经成熟，我们要进一步完善一站式在线纠纷解决机制，加速纠纷解决的一站式服务。

（一）加大平台建设

一方面，加大在线解纷设施的资金投入，配备更加全套、现代化、高科技的在线解纷设备，尤其是针对一些缺乏配套网络连接设备的农村地区和偏远地区，从根本上解决在线解纷率不高的难题。另一方面，加大在线解纷平台的人力投入和技术支持，基层解纷人员整体偏大龄化，对电子设备的运用不熟练，实际操作起来难度大、问题多，线上办公效率反而不及线下。因此可以派遣或聘请具备熟练计算机操作技能的专业人士定期对基层工作人员进行线上解纷操作技能培训，并随时通过远程协助或线下指导解决工作过程中遇到的操作技术难题，让更多解纷人员熟练掌握线上解纷技能，保证线上办公的效率。

（二）加大线上解纷平台宣传推广力度

使用的前提在于知晓，线上解纷方式在我国使用率不高的重要原因之一就是百姓知晓度不高。人民法庭虽纷纷推出线上解纷平台，但后续的宣传推广力度不够，群众的关注度、了解度不高。为解决上述问题，应针对前往线下大厅办理解纷业务的纠纷当事人，推荐、引导现场扫码、关注公众号接入线上解纷平台，根据系统指示选择相应服务，避免下次再跑腿；对操作流程不熟悉的纠纷当事人，可观看在线纠纷解决流程的演示视频或演示动画，或向现场志愿者、工作人员寻求咨询和帮助，将潜在纠纷向线上转移化解，缓解线下解纷压力；针对未涉纠纷的居民和村民，让宣传活动走进街道、走进社区、走进村庄、走进家家户户，组织工作人员、乡镇干部、志愿者定期进行宣传推广和操作教学，让人们在日后遇到纠纷时，可第一时间想到在线解决，避免纠纷向线下汇集。

（三）营造安全可靠的线上解纷环境

互联网作为一种虚拟空间，在给大众带来便捷高效的同时，其安全性和可靠性也面临着质疑。首先，其可能遭受病毒、黑客攻击，面临系统瘫痪、证据毁损、信息泄露等风险，致使纠纷解决半途而废或个人信息、隐私在网上广泛传播。为消除人们心中的忧虑，在线纠纷解决平台应当利用防火墙、信息加密、安全密钥等安全保密技术，确保当事人个人信息、隐私不被泄露、传播，确保依法提交的证据材料不被遗失、篡改，增强在线纠纷解决平台的安全性与保密性。其次，线上解纷不同于线下部分的最大区别就是，线下解纷提交的是纸质版证据和信息资料，往往为原件这样的一手证据资料。而线上解纷由于受空间和技术上的限制，提交的证据和案件信息资料为电子版，一些书证、物证等实体化的证据经过电子化后，面临被互联网技术修改、伪造、变造的风险，且在网络环境中很难发现和揭露，导致证据资料处于真假难辨的状态，甚至可能改变、扭曲案件真相。因此，应当制定更加严格细致的在线证据认定规则和提高对电子证据的识别鉴定技术，规避证据被伪造、修改的情况。还要确立更加严格的证据责任规则，纠纷当事人应当对自己提交的证据充分负责，加大对提供虚假证据、作伪证的打击惩处力度，确保在线解纷过程中证据的真实有效。最后，为保证在线解纷工作人员的服务态度和服务质量，破除人民群众选择线上解纷的最后一道屏障，要建立在线解纷工作评价平台，纠纷当事人可以在解纷过程中和解纷结束后，对解纷工作人员的工作情况进行打分评价，对做的好的地方进行好评，对做得不足的地方提出投诉意见和改正建议。也可以对平台设置中的问题和不足提出建议和看法，督促解纷工作人员不断提高工作水平，帮助解纷机构不断改进创新，提高在线纠纷解决服务的专业度和满意度，让人民群众可以放心大胆地选择线上解纷路径。

（四）完善在线材料交接、送达办法

建立网络化解纷平台，构建在线法律咨询、在线法律援助、在线案例查询、在线解纷、在线司法鉴定和在线司法确认为一体的一站式在线解纷平台。在线解纷窗口下包括诉讼解纷方式和非诉讼解纷方式，非诉讼解纷集在线和解、在线调解、在线仲裁、在线行政裁决、在线行政复议为一体，诉讼解纷实现立案、审判、执行在线化。为使各项在线解纷机制从纠纷发生到纠纷解决顺利运行，需要完善在线材料交接与送达办法，通过人脸、指纹、声音识别技术和身份证件扫描识别技术辨别当事人，通过格式化文件范本了解当事人身份信息、案件情况、解纷需求，通过电子数据库存储当事人提供的案件资料和证据材料，引导当事人实现案件信息电子化。在所辖区域的律师事务所推行网上阅卷，举证、质证、裁判文书纠错、法律文书送达等信息技术，增设庭审证据展示系统，应用文书自动生成、类案推送、法律法规检索提示等技术，让庭审活动更加智能便捷，进一步提升审判质量和效率。设置"互联网+送达"专区，提升数字化送达可及性。"送达难"一直是司法执行程序中的旧疾，在征得当事人同意的前提下，优先适用电子送达、短信送达，当事人可以通过手机、微信或者登录网站、邮箱等多种方式签收文书；对电子送达知晓度、认可度不高的当事人，推荐自取的直接送达方式；对不愿接受电子送达、自取送达的简易程序审理案件，则采用电话送达，告知其案由、开庭时间、地点等必要信息，实现送达方式集约化管理，助力破解送达难题。

在司法改革的背景下，国家政策的支持和人民群众的需求推动着一站式多元化纠纷解决机制的快速发展。近年来，一站式多元化纠纷解机制的建设在理论研究和具体实践中都取得了重要成果，诉源治理、非诉在前、诉调对接和线上解纷方式被广泛应用于人民法庭和其他各个解纷主体中，并取得了良好的社会效果。虽然一站式多元化纠纷解决机制的建设一定程度上仍然面临着立法层面和执行层面的困境，但只要发现问题、分析问题，通过完善立法、加强解纷人才队伍建设，完善诉非衔接，维护解纷效果等措施，便能不断改善，最终得以解决。

目前，诉讼纠纷解决机制在我国已经形成了较为稳定和完备的体系，在未来多元化纠纷解决机制的建设中，要加强对各项非诉讼纠纷解决机制的完善，以及非诉讼纠纷解决机制与诉讼纠纷解决机制的衔接与协调，合理利用信息化时代下互联网的强大功能，不断探索，大胆创新，形成社会解纷合力，最终实现社会共治共享。

第九章 人民法庭智慧化建设

人民法庭被定义为基层社会治理单元的组成要素之一，是基层人民法院的重要派出机构，随着法治化、现代化、信息化进程加快，司法改革在推动人民法庭高质量发展的同时也对其建设提出更为具体的要求。❶2016年，最高人民法院倡导以信息化作为法院审判执行的有力武器，"智慧法院"开始登上司法改革的舞台。近年来，智慧法院建设成为全国法院系统的工作重点，法院信息化、智慧化水平持续提高。法院作为司法的实践主体之一，司法改革必然包含法院系统的革新，基于人民法庭的特殊地位，法庭革新必然是法院革新的应有之义。为了适应改革的脚步，建设具有智慧庭审、诉讼服务等智能化功能的"智慧法庭"十分必要，即只有将"智慧法庭"落实到位才能促进全面建设"智慧法院"这一重大举措的完成，人民法庭的基础治理功能也能得到进一步发挥。❷随着智慧法院建设取得显著成效，人民法庭在全国范围内逐渐朝着建设智慧法庭之路前进，而在这条路上还有许多需要探索与思考之处。

---

❶ 章宁旦，玄月玲，李苏琴.构建新时代人民法庭建设"江门样本"[N].法治日报，2022-04-29（003）.

❷ 周强.认真学习贯彻习近平法治思想：全面推动新时代人民法庭工作实现新发展[J].法律适用，2021（1）：3.

第九章 人民法庭智慧化建设

第一节 建设智慧法庭的背景

一、国家改革之新力量

2016—2017 年，国务院陆续印发的关于国家信息规划与人工智能发展规划等文件，以及最高人民法院出台的针对加强建设智慧法院的文件，这些都无一例外地展现出"智慧化建设"已成为国家司法改革中的重点，也展现了国家对此的大力支持的态度。这一系列文件成为人民法庭在智慧化建设道路上的一盏明灯，推动我国人民法庭革新的进程。2019 年 2 月 27 日，最高人民法院颁布的关于人民法院改革的纲要中❶，新司法体制改革对各个方面提出了更高的要求，如要求细化审判、提高司法公开、规范司法活动中的行为等要求。并且纲要所提到的总体目标中有多项内容与智慧化相关，甚至单独将"智慧法院"列为一项，足见法院智慧化是司法改革中的重要任务，而通过将传统的人民法庭建设成信息化、智能化、系统化的智慧化人民法庭，无疑是为新时代司法改革注入了新力量。2020 年 11 月，全国人民法庭工作会议上明确需要正确处理继承与创新、便于当事人诉讼与法院公正高效行使审判权、群众化司法服务与专业化审判工作、提供智慧诉讼服务与开展巡回审判等关系，再一次体现出司法革新前进道路上，人民法庭进行智慧化建设的必要性与紧迫性。❷

---

❶ 李少平. 以习近平新时代中国特色社会主义思想为指导：推进实施人民法院第五个五年改革纲要 [J]. 中国应用法学，2019（4）：1-16.

❷ 李鑫，马静华. 中国司法改革的微观考察——以人民法庭为中心 [J]. 华侨大学学报（哲学社会科学版），2016（3）：51-60.

二、时代背景之所需

全球经济飞跃过程中诸多先进的科学技术被广泛运用，各个领域都展现出科技的强大力量，科技在司法改革领域的重要性不言而喻。我国在建设信息化、互联网、大数据法院的道路上已经探索了十余年，探索着如何将先进科技与司法相结合，以及如何借助智慧系统更好地维护司法正义，提升司法工作的效率。从无到有，从青涩到逐渐成熟，人民法院克服了无数困难，也获得了丰富的实践经验与可观的发展成绩，如现在各地使用的裁判文书网、审判流程公开平台等。从对最高人民法院公布的相关数据进行统计所得到的结果来看，我国法院网上立案、远程线上证据交换、审判信息公开、审判流程公开、直播庭审等工作都向前迈进了一大步。

随着全面推进依法治国、实现中华民族伟大复兴等重大举措不断推进，我国司法体制改革不断深入，简单的信息化和智能化已经不足以适应当前我国法治建设进程。❶ 传统人民法庭的整体工作模式、法庭状态无法解决新时代背景下"案件多人员少""现场庭审耗时费力""疫情造成现场庭审困难""立案材料复杂"等问题，人民法庭只有不断进行变革，进一步发挥信息、数据、智慧手段的优势，打造更加便捷高效的智慧化人民法庭，才能适应新时代法治化的新要求。

从全球的角度来看，司法改革之法庭智慧化早已成为全球趋势，美国、英国、奥地利、瑞士等欧美国家针对司法系统制定了相应的数字化、信息化、智能化计划，美国在20世纪60年代就已开始尝试信息化的司法活动，其司法系统信息化目前已经进入常规状态。❷ 新型冠状病毒疫情肆虐全球，对整个社会系统造成了巨大影响，疫情环境下不减反增的社会矛盾，以及因此引发的大量诉讼案

---

❶ 陈希国，付金良，李洪波.论人民法庭职能发挥的困境突破与实践进路——基于社会治理法治化的分析视角[J].山东法官培训学院学报，2019（5）：24.

❷ 和芫，韩静.美国法院信息化现状和发展——概述近期联邦司法信息技术长期规划[J].今日科苑，2018（9）：21.

件，使人民法庭面临着巨大考验。根据统计，疫情期间不少国家采取信息化、智能化技术办案，如俄罗斯联邦法院在 2020 年疫情非常严重的两个月开展了 8000 多次视频庭审，其最高法院的法官代表表示，在疫情肆虐全球期间，视频庭审成为了一种趋势，并且这种实时通信系统会被更多地使用于今后的庭审中。❶ 我国在新时代背景下进一步探索"智慧法庭"的建设之路也是大势所趋。

第二节　对智慧法庭相关概念的基本认知

智慧法庭是人民法庭在乡村治理中与时俱进的尝试，其以人民法庭为基础和依托，以智慧法院为方向标，当然同智慧法院、信息化法院有着千丝万缕的联系。在新时代，建设智慧化人民法庭必须符合依法治国的要求，也必须契合司法改革的理念，而对智慧法庭及其相关概念有着正确、科学的认知，是完成这一重要举措的先决条件。

一、智慧法庭相关概念

（一）智慧法院

智慧法庭是基层法院在建设人民法庭的基础上进一步便民、利民，以及适应社会发展进程、全球经济和疫情肆虐全球的大背景下应有的全新状态，也符合全面建设智慧法院的需求。建设智慧法院需要全方位贯彻"智慧"的理念，而智慧法庭对于人民法庭发挥基层治理作用有着不容小觑的重要意义，反之要想准确理解智慧法庭之内涵，则需要先厘清智慧法院之内涵。

---

❶ 陈志宏. 金砖国家：俄罗斯联邦法院信息化建设之疫情应对［J］. 中国审判，2020（19）：72.

2015 年，最高人民法院提出智慧法院这一概念，使其得以在司法领域中崭露头角。❶ 目前看来，虽然智慧法院这一称谓可以说是我国的原创，但实际上我国暂未对其进行权威定义。笔者根据最高人民法院相关文件和有关领导人的发言，将其定义为"将人工智能、大数据、信息化等技术手段植入司法运用活动中以支持司法审判、诉讼服务和司法管理，达到保证司法公正与高效平衡、司法公信力得以大幅提升的人民法院组织"。智慧法院这一概念一经提出，理论界、司法界对其便展开了激烈探讨与更为细致的研究。2016 年，最高人民法院信息化建设工作领导小组进一步明确智慧法院的相关内容；同年 7 月，《国家信息化发展战略纲要》又提出将建设智慧法院作为目标并将其加入国家信息化发展战略；2017 年 6 月 8 日，周强在中国—东盟大法官论坛中的专题发言《中国法院新的运行形态——智慧法院》又进一步明确智慧法院是以人工智能为托板，围绕司法为民、司法公正，坚持司法改革与技术变革相融合，将司法审判、诉讼服务和司法管理等司法活动与高度信息化相结合，从而实现网上办理、流程公开、服务智能的人民法院组织管理形态。❷ 综上所述，智慧法院可以被理解为是为了推动司法信息数据化、标准化与可视化，实现公正、高效的目标，从而运用大数据、云计算等信息技术促进司法审判与执行公正性和提高法院管理效率的信息化系统。❸

（二）智慧法庭

智慧法庭不是单纯的指某一个具体的平台或者系统，而是人民法庭进行智慧化创新，与新兴科学技术相结合的诉讼工作方式、组织形式、全新状态。根据 2017 年国务院印发的《新一代人工智能发展规划》，可以将智慧法庭理解为"将人民法庭立足于智能定位，将审判、人员、数据应用、司法公开和动态监控集中

---

❶ 邓恒.人工智能技术运用与司法创新［N］.人民法院报，2017-12-14（02）.
❷ 赵桂芳.从实践角度论智慧法院建设过程中存在问题及对策研究［EB/OL］.（2017-11-23）［2022-02-15］.https://www.chinacourt.org/article/detail/2017/11/id/3085397.shtm.
❸ 徐骏.智慧法院的法理审思［J］.法学，2017（3）：55.

于一体的，使人工智能、数字化手段等在证据收集、案例分析、法律文件阅读与分析中得到充分应用，从而充分展现法院审判体系和审判能力，并满足新时代背景下多元化的司法需求的人民法庭平台"❶。同年5月召开的全国法院第四次信息化工作会议中，智慧法庭的审判体系和审判能力现代化，提升司法为民、公正司法水平的目标被再次强调，网络化、智能化、数据化等特征是否准确体现也可以作为智慧法庭的判断标准。

将在全国范围内建设智慧法庭这一宏观要求落到实处，打造信息化、数字化、智能化的办案系统、庭审系统、卷宗归档系统、诉讼文书系统等，从而构建一个智慧审判体系，即智慧法庭之功能所在。简而言之，智慧法庭是以大数据、人工智能等科学技术为依托，通过诸多领先的科学技术实现围绕庭审这一司法核心环节变革的平台。若要分解来讲，这里的"智慧"是指科学技术智能与人类智慧能动的结合，"法庭"广义解释为一切与庭审相关的司法活动，再将分解开来的两个单独的概念综合起来，"智慧法庭"即在一切与庭审相关的司法活动中，充分发挥人类智慧能动和人类开发的科学技术智能，提高审判效率，满足多元化司法需求，提供便捷的诉讼服务，实现高效智慧的诉讼服务的人民法庭的一种特殊形态。

由此看来，智慧法庭是人民法庭在新时代背景下结合科学技术，既以智慧法院为向导，又符合智慧法院建设要求的，具有时代特色的新型工作形态。智慧法庭的内涵可以具体到以下几点。

（1）智慧法庭是信息科学技术发展背景下的产物，其依托于人工智能、云计算、数字化和大数据等科学技术产生并得以运转；❷

（2）智慧法庭是人民法庭在经济飞速发展、社会快速进步和全球疫情背景下所必须改革而结出的硕果；

（3）智慧法庭符合国家政策、最高人民法院对于建设智慧法院的要求，有助

---

❶ 黄姿.人工智能时代的智慧法庭建设［J］.西部学刊，2020（6）：49.

❷ 安德鲁V.爱德华：数字法则［M］.鲜于静，等，译.北京：机械工业出版社，2016：2.

于全面实现司法公开、高效等目标。

二、智慧法庭之特征

（一）依托互联网的网络化

通过内外联系实现网络化。智慧法院之"智慧"就是通过信息化、智能化等科技手段提升审判管理水平。智慧法庭同样援引五大网络体系提供的联通渠道。❶ 据统计，现今全国有三千多家法院和一万以上的人民法庭已经通过专门网络在一个网络平台上办理业务。除此之外，在全国已有多地推行"移动微法庭""掌上法庭"等智慧化法庭。以浙江省杭州市临安区人民法院创设的"微法庭"为例，其通过专门设计的"浙江解纷码"等智能化板块将司法服务通过低成本投入方式延伸到偏远村社。❷ 这类智慧化法庭由专门的板块提供案件基础信息，如法官姓名、案件材料，甚至可以在模板中进行发言交流，还可以查询流程进展，在一定程度上实现了全流程公开，对于当事人、法官和公众而言十分便捷高效。

（二）智能化

智能化是智慧法庭理应具有的特征。随着人工智能的发展进步，司法领域对其的运用早已如火如荼。❸ 在前文解释智慧法院之内涵时就提到，人工智能与大数据、信息化等是建设智慧法院的关键性技术，毫无疑问，打造智慧法庭自然也离不开前述科学技术。将智能化技术植入人民法庭建设中以打造出智慧法庭，如"吴江样本"——江苏省苏州市吴江区人民法院经济技术开发区法庭的"12345"智慧法庭，其智能语音助手"苏小e"可以实现自动根据案件建立相关人员的微

---

❶ 梁诗静. 我国智慧法院建设的理论分析与实践进路 [D]. 成都：四川师范大学，2021：8.

❷ 最高人民法院. 关于印发新时代人民法庭建设案例选编（一）的通知 [EB/OL].（2021-09-15）[2022-03-10].https://www.court.gov.cn/zixun-xiangqing-322471.html.

❸ 左卫民. 从通用化走向专门化：反思中国司法人工智能的运用 [J]. 法学论坛，2020（2）：19.

信群，以及智能语音拨打、接听电话，还可以通过实时督促法官及时回复来解决"找法官难"的问题。❶ 除此之外，智慧法庭通常还具备自动识别、归纳整理、分类存储重要信息、打造智能案例库、自动生成裁判文书等功能，使司法数据价值得以充分彰显。

（三）先进数字化

从科学的角度来分析，人民法庭要跨越地域时空因素的限制，除了具备网络化、智能化的特征，还需具有数字化特征。通过数字化技术，智慧法庭不仅可以实现让当事人远程缴纳诉讼相关费用、提交诉讼材料、出示证据，甚至可以远程参与庭审，法官制作出判决书也可以不受地域限制，并且可以远程送达。除此之外，具有数字化特征的智慧法庭还能节约诉讼时间，提高诉讼效率。通过对北京、杭州、广州三家互联网法院截至2020年8月底的庭审时长与线下审判时长进行比较，可以发现线上庭审的时长比线下庭审足足节省75%。❷ 目前我国已经建成的4万余个科技法庭均能进行视频庭审，也可以在网上办理其他与诉讼相关的业务。

第三节　建设智慧法庭的必要性

智慧法庭是人民法庭推进智慧化建设的一种司法状态，并不是凭空出世、毫无根源的，它是新时代社会经济迅速发展下司法领域革新与适应社会需求的必然产物。人民法庭进行智慧化建设，通过网络化、数字化、智能化对法庭内部系统

---

❶ 最高人民法院. 关于印发新时代人民法庭建设案例选编（一）的通知［EB/OL］.（2021-09-15）［2022-03-10］.https://www.court.gov.cn/zixun-xiangqing-322471.html.

❷ 常翔宇."十三五"人民法院这五年：交给党和人民一份满意的答卷［J］.中国审判，2020（24）：15.

进行优化，促进了我国的法治建设，同时也为社会进步、司法进步贡献出了重要力量，因此建设智慧法庭具有必要性与深远意义。

一、兼顾防疫与案件审判

自 2019 年新型冠状病毒疫情暴发以来，社会运转颇受影响，司法活动也难以正常开展。在党的领导下，迅速组织开展疫情防护工作，各个领域都制订了相应的防护措施以应对不断变异且迅速传播的病毒。在司法领域，为了响应国家防疫政策，平衡疫情期间人员接触、人员聚集与诉讼案件堆积、延迟审理的矛盾，达到切实有效防控疫情的效果，在司法改革、建设智慧法院的基础上，进一步推行人民法庭智慧化建设。在满足我国诉讼法对线上庭审的规定的基础上，通过智慧法庭不仅可以满足疫情期间案件正常，甚至更快更好地被审理的需求，也符合国家的防疫政策，且远程进行诉讼活动也让当事人的诉讼权利与生命健康同时得到保障。

二、促进司法为民阳光化

智慧法庭中诉讼全面，全流程在线化、智慧化，可以让当事人通过更广泛、更便利的途径获取司法信息。通过先进的技术依法公开庭审过程，有利于社会公众对人民法庭的工作进行全面监督。审判信息得以全流程公开，诉讼参与人不用为了获悉案件审判情况反复拨打法院电话、联系审理法官，实现了从当事人主动询问到人民法庭主动公开。庭审过程公开化，除当事人在线远程参与庭审外，智慧法庭还可以根据案件性质将整个庭审通过直播的方式向社会进行公开，让社会群众参与到庭审中，也可以起到社会审判监督的作用。裁判文书公开化，与目前已经应用的中国裁判文书网一样，智慧法庭在法官判决后，主动将案件对应的裁判文书同步到智慧平台上，当事人可以非常快速且准确地了解到判决结果，无须苦苦等待法院邮寄纸质裁判文书。

三、有效提升诉讼效率

何为实现司法正义？我国司法所坚持的理念是兼顾效率且公正优先，如若正义迟到，正义便有了瑕疵。当下，随着立案登记制的全面实施，全国法院受理的案件基数非常大，而司法人员的规模暂时无法匹配案件数量，案件多人员少的情况在全国范围内普遍存在。此类问题在基层人民法庭尤为凸显，经济基础较好地区的法官每年需要审理办结的案件最多可达 400 件以上，巨大的工作量对于法官的身体与办案质量来讲都是挑战。在实践中，就算法官尽力加快办案速度，案件审理的时间对于当事人来说仍然较为漫长。而智慧法庭可以为法官提供诸多辅助性帮助，如快速检索、自动填充案件信息、智能化审判流程、裁判文书模板借鉴等，为法官扫清了一些繁杂的基础性工作，极大提升诉讼效率。

除此之外，传统的司法活动较为复杂。以庭审活动为例，当事人在提交案件材料时，往往可能需要线上线下同时提交，效率较低且成本高，举证质证、参加庭审可能也由于法院距离太远而反复"舟车劳顿"，让当事人身心疲惫。而智慧法庭能够将立案、卷宗、证据、法律文书等资料转变成数字信息，大大提高信息录入、校验、检索等工作的效率，为诉讼提供了极大的便利条件，也有效提高了诉讼效率。信息化的便利体现在方方面面，对于当事人来说，网上立案可以让当事人只跑一次，甚至在家就能完成立案，便于当事人提起诉讼，降低成本，缓解当事人"厌诉"的抵抗情绪。对于庭审现场的书记员来说，智能语音识别能够快速将庭审内容同步记录，减少录入工作量，缓解书记员工作压力。电子化卷宗利于审阅、一键式核对、校验全案证据也方便了法官审核。智慧法庭的最大优势就在于将本就紧缺的人力从简单、烦琐、重复的工作中解脱出来，让其把更多的精力投入决策阶段或是处理疑难、复杂的案件中去，这在一定程度上缓解了法院人员不足、案件较多导致的效率低下的现状，真正实现司法便民。

四、创新纠纷解决机制

智慧法庭不仅可以通过庭审来解决矛盾纠纷，还可以作为一种诉前在线纠纷解决平台，合理分配资源，将纠纷与司法资源和非司法资源优化配置。针对简单的案件可先分配至诉前板块，引导当事人就地化解纠纷；针对疑难复杂案件可分配至特邀调解板块并由法官进行指导。这样的优势在于，智慧法庭的信息化平台可以为当事人快速匹配相应的纠纷解决方式，并且快速匹配到高效且性价比较高的纠纷解决服务，不仅可以合理调配资源，还可以更好地服务于当事人，满足他们的需求。目前，我国智慧法庭解决纠纷可以通过三种模式进行：人民法庭在线调解平台、矛盾纠纷多元化解平台和电商企业自身的纠纷化解平台。比较有代表性的当属广州互联网法院的在线纠纷多元化解平台，它具有资源、评估、调解、和解、司法确认等智能化、信息化服务功能，可以说开创了一种新的分层递进的漏斗型纠纷解决模式，通过层层的信息筛选、过滤，能够大大地节约司法资源，使人民法庭和当事人真正实现各取所需。

五、预防司法腐败

对于维护社会秩序、实现公平正义而言，司法是关键性的，且是"最后一道防线"。司法腐败影响司法公信力，会让人们对于法律的信仰轰然倒塌，因此司法腐败相较于其他领域的腐败，对社会造成的损害更加严重。当今社会对司法的公开公平公正要求更为严格，而如何解决司法腐败一直以来都是一大难题。解决司法腐败离不开有效的监督机制，过去的监督工作由于人自身的主观性也很难做到有效且全面的监督。而智慧法庭相关司法工作人员的监督工作交给大数据和人工智能技术来完成，从一定程度来讲更加客观。运用智慧法庭办案系统的线上办理模式可以真实地记录案件处理的全部过程、所有操作步骤，倒逼司法人员在办理案件过程中增强规范与合法的意识。除此之外，类案推送可以为法官审理提供参考，从而达到约束"判案任意性"的效果，避免同案不同判的情况发生。当法官审理判决与智慧法庭推送的类案审判结果出现了较大差异，系统会立即发出警示，而这类偏离预警的功能可以对法官形成一定威慑，达到平衡法官在审判中的操作空间的效果。❶ 总而言之，智慧法庭所具备的功能可以在一定程度上有效约束司法活动，达到预防司法腐败之目的。

六、防范冤假错案

不冤枉、不放纵，即维护被侵害、受损害之人的合法权益，让违法犯罪的人受到应有的惩处，这样的判决方能称为真正公正的判决。冤假错案不仅损害无辜群众的合法权益，也会对我国的司法权威性造成损害。我国冤假错案形成的主要原因之一是案件证据存在问题，因为案件的胜诉与否大部分取决于法官基于全案证据所作出的事实认定。如果一个案件的证据存在的问题会大大影响法官的判断，就有可能导致冤假错案的发生。而智慧法庭的智能辅助办案系统能够提供证据指引和对全案证据的一键式校验、核对，能够对证据的形式和内容进行核查，并且标注出瑕疵证据，提醒法官注意。在这基础上，系统还能对前后证据是否存在矛盾作出判断，审核证据链条是否完整，以及判断证据是否达到证明标准等。简单来说，智慧法庭的质证系统就像一张滤网，可以帮助法官筛选、审核证据的完整性和有效性，避免因人为因素导致对案件的证据作出错误的判断，能够有效预防冤假错案的出现。

---

❶ 刘春梅. 人工智能在司法审判运用研究［D］. 上海：上海师范大学，2019：25.

第四节 智慧法庭的构架

随着司法改革不断深化,我国智慧法庭经过多年探索,逐渐进入完善时期,最高人民法院将"促进审判现代化"作为信息规划的目标,是对智慧法庭之主要内容提出的新要求。但是,我国智慧法庭建设不仅包含庭审管理的智能化,还包含案件流程化管理、司法公开、诉讼服务、案件执行等多个板块的智能化。

一、智慧平台

广义解释的智慧法庭包含多个板块,前述提到的信息发展规划亦对智慧法庭建设提出了全面、全方位智能化的目标。要想实现多板块、全方位的功能,智慧平台是基础性的内容。智慧平台作为各个板块的依托,各司其职,各自发挥各自的功能。智慧平台归根结底是将传统的人民法庭打造成对法官、当事人和社会等不同对象而言,更加公开、高效、满足业务需求的平台。

智慧法庭将传统的人民法庭与各个专网,如移动专网、法院专网、互联网专网等,整合优化构建成网系平台,针对审判发挥网上提交证据材料、远程庭审、智能执行、送达电子诉讼文书等功能,针对社会群众发挥庭审直播、文书公开、流程公开等功能,针对司法管理发挥类案数据库、文书归档、移动办公等功能。总体来讲,智慧法庭平台依托数据管理平台、专有云、各专网组成一个网系平台,从而达到全方面智能化。江苏省吴江区"12345"智慧法庭研发的"苏智"办案辅助平台就是操作便捷、功能全面的全在线智慧平台。

二、智慧诉讼服务

司法公开、公正、透明、高效既是社会的需求，也是司法活动永不更改的服务理念。我国法院在探索进程中由以前关注司法的权威性转变为开始逐渐强调司法的服务性，在实践中越发注重诉讼服务的质量。人民法庭建设的初衷就包含着便民利民的理念，建设智慧法庭能够进一步将这个初衷落到实处，也能更好地满足司法公开公正、透明高效的社会需求。智慧法庭为诉讼参与人提供远程服务，迅速开展人民法庭的工作，准确且及时传递诉讼信息，提升了诉讼参与人的司法体验感，也降低了社会公众参与司法的成本。通过智慧远程诉讼服务，当事人可自行在各地区对应的诉讼服务网进行立案，在按提示进行注册实名验证后，根据指南上传对应材料、输入关键信息，智能化模板便会自动生成起诉状、申请书等文书，十分高效便捷。

截至 2020 年年底，我国绝大部分法院完成了诉讼服务系统的建设，人民法庭也通过智慧诉讼服务系统为不同群体提供相适应的诉讼服务。除了查询案件进程、阅读案件材料、文书送达更加便捷外，实现远程庭审也是智慧诉讼服务的重要内容。在跨区域案件增多和病毒肆虐的大环境下，当事人往返非常不便，远程庭审一方面节约了成本，另一方面也符合防疫政策的需求。智慧诉讼服务缓解了当事人对于诉讼的抵触情绪，也节约了诉讼成本，在一定程度上使得人民法庭的资源得到更加充分高效的利用。

三、智慧法庭队伍

任何改革措施最终都将落实到具体执行，而具体执行必然离不开人才队伍。人民法庭的智慧化建设以一支强有力的专业化队伍为保障。最高人民法院在《关于人民法院信息化人才队伍建设的意见》中明确强调智慧法院队伍建设的重要性，由此可见，智慧法庭也同样需要重视人才队伍建设。可通过下述方法建设人才队伍:为了更好地发挥智慧法庭的优势,运用科技手段对司法人员进行规范,如对经办人员的办公进行追踪管理,对违规行为进行警示;通过打造监督平台,收集法官办案过程,案件办结的上诉、申诉率和法官办案过程中的态度作风等信息,以此对法官办案进行监督规范;❶除此之外,通过外部专业人才提供专家咨询服务,对智能化、数据化等科学技术进行讲解培训,建立人才专业化分类与评估,完善培训、评估等人才队伍良性机制。

四、智慧诉调衔接

为了多元化解决纠纷,人民法庭除了承担审判的责任,往往还承担着调解的责任。智慧法庭的调解平台也是人民法庭在进行革新与适应新时代进程中的重大创造性成果。人民法庭通过将司法、行政、社会行业协会等调解资源集中起来,通过智慧法庭的平台将各种调解资源进行优化整合,打造较为全面的数据共享调解平台;智慧调解平台与诉讼管理系统相衔接,通过二者的数据共享,可根据当事人的意愿进行诉调选择,案件较小且当事人愿意调解的,则可以通过智慧调解系统,在前述的调解资源池里选择适合的调解方式;调解人员与当事人可直接在智慧调解平台上进行线上远程调解,当双方顺利达成调解共识后,系统识别调解内容并将相关信息录进系统的调解协议书模板里,直接生成调解协议书,由于诉调系统衔接,因此调解协议书可以直接被发送至诉讼管理系统并由法官进行核实确认,若双方调解失败,调解员可根据当事人的意见将相关信息、证据、请求等录入系统,同时转发至诉讼管理系统申请立案,该案件则进入诉讼程序。这样智慧的诉调衔接,可以省去调解与诉讼之间的中转工作,使案件被更加高效地处理。截至2021年8月底,"12345"智慧法庭在线调解高达2000多次,平台在线分配案件达3000多次,实现了诉讼与调解良好衔接,高效化解矛盾纠纷。

---

❶ 陈甦,田禾,吕艳滨,等.中国法院信息化发展报告 No.4(2020)[M].北京:社会科学文献出版社,2020:15.

五、智慧庭审

通过与先进的科技公司合作,引进语音识别等智能化技术,庭前书记员可以一键完成庭审准备工作,在庭审时语音识别系统自动、快速、准确地将当事人、法官等诉讼参与人所口述的内容转化成文字并记录生成庭审笔录,不仅极大程度减轻了书记员的工作量,且生成的庭审笔录更加具备真实性、客观性、全面性。接着再通过共享的方式直接让当事人阅读并核实庭审笔录,节约了时间成本,提高了工作效率。

六、智慧审判

人民法庭的核心功能便是通过庭审进行审判,智慧法庭通过智慧审判来实现这一重要功能。当今社会飞速发展,经济快速增长,伴随而来的是多元的纠纷矛盾,为了更好、更高效地解决纷繁复杂的诉讼纠纷,智慧法庭将如民间借贷、交通事故、合同纠纷等不同类型的案件分类整理,归纳出重要的审判内容,在智能系统中输入关键信息即能提取类案审判结果,从而规范法官办案标准。法官在审判时可以根据智能系统快速查阅案件关键信息,"智慧审判"模块也可针对草拟的裁判文书进行智能化审阅评析,结合前述的类案审判结果,来避免发生同案不同判的问题。

第五节 智慧法庭的现状

一、理论研究现状

智慧法庭的理论研究除了以人民法庭的研究作为基石外，若要对"智慧"一词追根溯源，则需要结合信息化法院、智慧法院等研究来进行。

我国对于信息化法院的研究早在1999年就出现了。在最初阶段，法院的信息化建设是以基础社会的构建为主要表现形式，由此联系并形成全国范围内的信息化系统，这一做法在一定程度上实现了司法公正、公开的要求。同时期也有较多法律学者对于法院是否需要配备最先进的信息化设备提出了疑问，在他们看来，法院最先考虑的应该是法律所呈现出的公正、私密、不可侵犯的特征，满足对当事人和案件信息进行保密的需求，而无须采用最先进的录音录像等信息化设备。事实上，这与法院所构建出的信息化平台是先进还是落后并没有直接关联，法院构建这样一个信息化平台，是为了能够将审判、执行和管理通过信息化手段融会贯通。随着信息化时代的到来，法院审理和执行案件以庭审网络化、数据化的方式展开已经成了必然的趋势，法院信息化程度不断加深更是必然的发展路线。通过大范围的资源、数据联通共享，将法院信息化和司法公信力进行整合，使司法公开成为一种可能。例如，开通信用惩戒平台、网络监督平台等手段，又如运用信息手段优化审判、人事、政务等方面的工作流程，都能达到这一目的。

最早针对智慧法院的宣传是2012年4月发表在《中国审判》上的《上海二中院：推出C2J系统打造智慧法院》一文，主要体现的是线上辅助、智能化办案的相关内容。❶ 从当前法院信息化的资料中我们不难总结出，大部分内容都围绕着智慧法院展开，这些资料的核心都是将法院的业务办理看作是司法信息从产生到储存的一系列信息化流程，而信息化的优势在于便于人们对数据进行分享和管理。一部分学者认为，智慧法院的重要表现在于信息技术的运用和智能化的审判管理，而这两者融合能够有效的提升司法质量和司法效率。其中，智能化的审判管理不仅能够突出管理者的主体作用，还能很好地结合信息技术和人类理性，能够体现出信息技术的优点。也有一部分学者认为，智慧法院使得法院内网和互联网实现了相互连接，是司法和科学技术的有机结合体，这打破了诉讼业务和非诉讼业务之间的壁垒，使诉前调节更具有实际的价值。还有一部分学者认为，实现数据的融合是智慧法院趋于完善的重要发展方向。他们认为，将相关信息进行整合能够使得司法数据便于分析和管理，并且在信息安全方面也能提供有力支撑。

从当前国内智慧法院的研究资料中可以看出，智慧法院不仅利用信息化手段提升司法效能，还将三者有机结合，在司法和科学技术的共同推进下，实现智慧法院的发展，最终将人工智能实际运用于司法领域。也就是说，通过司法数据和现代科学的信息化手段实现统一，从而在审理过程中实现对信息的整理、分析、评估，甚至得出结果预设，并且在实际审判中为法官提供相关信息的推送。我国当前对于智慧法院的研究还是基于实践层面，常见的研究信息载体是在主流媒体上发表相关文章，或是法院内部对智慧法院的见解进行交流分享，但对于相关法学的理论研究较少。

二、实践应用现状

随着人民法庭不断革新、技术不断进步，智慧法庭相继在全国各地的法院中开始进行实践。各地根据实际情况建设智慧法庭，为当事人、法官提供了智能化

---

❶ 高绍安，吴玲．上海二中院：推出C2J系统打造智慧法院［J］．中国审判，2012（4）：106．

诉讼环境，缓解了实践中存在的诉讼程序复杂、成本高、效率低等问题。

（一）北京智慧研判法庭

2016年，北京市高级人民法院引用"睿法官"这一智慧研判法庭，不仅可以根据法官正在审理的案件类型推送相关的法律法规、司法解释等资料，根据法官的需求整理出类案的判决文书，还可以生成文书初稿，这是因为"睿法官"系统中存储着七百多个裁判文书模板，几乎可以覆盖当前所有裁判文书的模板，法官输入案件关键信息，该智慧系统可以自动识别并填充材料进入模板。除此之外，法官在判案时还可以借鉴"睿法官"对案件材料进行梳理的思路和对争议点的处理建议。由此看来，"睿法官"智慧法庭系统在提高工作效率的基础上也提高了办案质量。

（二）重庆网上智能法庭

2018年1月22日，一个叫"易诉"的智能法庭平台为重庆的司法活动带来了全新的体验。该平台通过运用互联网、人工智能等高新技术将大部分案件的办理"迁徙"至线上，让法官可以直接通过该平台进行证据交换、庭审和文书送达。重庆大部分地形为山地，交通非常不便，当事人立案、诉讼需要付出很高的时间、经济等成本。智能法庭建设后，当事人可以在网上通过远程参与诉讼活动，甚至可以直接通过相应的编码和密码在平台上查询案件进度，不用再反复联系法官，因而也不用面对法院电话难打、难接通的问题，重庆因特殊的山地地形带来的诉讼通勤成本高、立案率低等问题在一定程度上也得到了解决。

（三）上海市第三中级人民法院

上海市第三中级人民法院作为知识产权、走私、公益诉讼等特殊案件的新型法院，为了适应此类案件"跨地域""专业化"的特征，自建院起就以坚持智慧法庭打造为目标，本着"全方面流程化、电子化、数字化、智能化"的原则建设让群众体验到智慧便利、感受到司法公平正义的智慧法庭。2016年4月，上海市第三中级人民法院开通的智慧平台化解了"阅卷困难"的问题，代理律师的申请经承办法官批准后可通过智慧法庭的互联网诉服平台远程阅卷，并且可以实现负责同一案件的多位律师同时阅卷，极大程度保证了律师阅卷权，提高了阅卷效率。知识产权等特殊类型的案件往往跨区域、跨国境，在新型冠状病毒的影响下，当事人参加庭审的难度大幅度提升，上海市第三中级人民法院的智慧法庭提供线上庭审、远程质证、电子签章、文书电子送达等系统，为来自全球各地、全国各区域的当事人提供了诉讼便利，降低了诉讼成本。

（四）宜宾市南溪区

2021年5月，四川省宜宾市南溪区法院在科技法庭系统、证人保护系统、云上法庭智能终端系统等基础之上，引进了智慧法庭，成为宜宾市首个引进智慧法庭的法院。该智慧法庭在质证方面依托数据化、智能化、信息化的系统进行智慧质证批注和共享，在智慧系统上便可以实现质证意见的交换，通过直接共享避免了传阅带来的不便。以前，诉讼参与人只能根据庭审进度看到书记员的记录，现在通过智慧法庭系统不仅能够看到实时笔录，还能在电脑上随意进行翻阅、查找，这无疑有利于诉讼参与人更好地融入庭审中。除此之外，该人民法庭引进的智慧语言识别系统能根据法官或者律师口述内容，实时将涉及的法条显示在大屏幕上，有利于给旁听群众与诉讼参与人带来高效、直观的庭审体验。❶

（五）珲春市人民法庭

2022年2月，吉林省珲春市人民法院针对当事人在外地的一起民间借贷案，第一次以融合法庭的方式进行了跨网审理。融合法庭是在现有智慧法庭的基础上，将智能化与跨网、跨场景、云布局相结合，通过专网与互联网实时交接，根

---

❶ 陈珊.宜宾：全市首个"智慧法庭"在南溪敲响第一锤［N］.宜宾日报：2021-05-21.

据法庭实际情况和法官庭审习惯打造的新型法庭。在该智慧法庭中，法官通过专网浏览案件卷宗，通过互联网与当事人远程开展庭审，并且可以实时对笔录进行浏览核实、远程举证质证。融合法庭的智慧系统节约了司法成本，提升了审判效率，为诉讼参与人提供了有利和便捷的司法保障与服务。

第六节　智慧法庭发展的困境

虽然人民法庭不断进行革新，智慧法庭亦随着智慧法院的脚步前进且在运用的过程中取得了显著成效，但在新时代背景与疫情期间仍然凸显出亟待解决的不足之处。

一、适用案件范围不明确

目前可以适用智慧法庭的案件范围尚未明确，结合适用互联网庭审的相关规定可以发现，最高人民法院也仅是为案件适用互联网庭审提供了合法性的支持，但并没有对适用互联网庭审的具体范围进行明确。由于各地实际情况不同，对于智慧法庭建设与适用的程度亦存在差异，因此各地人民法庭针对适用智慧法庭的案件范围尚在探索中。根据最高人民法院民事诉讼法司法解释的内容，在得到当事人同意的情况下，针对采取简易程序审理的案件可以采用视听传输的方式进行庭审。根据以往在实践中的经验，符合最高人民法院关于适用互联网庭审的案件往往是情况不复杂、当事人不多、分歧不大、证据不多的简单案件。2020年新型冠状病毒疫情暴发之后，智慧法庭审理案件变得更加能适应社会情况，但如果案件类型纷繁复杂，哪些案件能通过智慧法庭来解决，哪些案件需要将传统人民法庭与智慧法庭的工作模式结合起来，哪些案件完全不适合运用智慧法庭，暂未有具体的、统一的、明确的标准。

二、智慧诉讼服务应用不充分

智慧法庭依托于智能化、数字化等科学技术，在建设过程中尤为重视技术板块，由此产生了未充分考虑司法业务与技术的衔接问题，如司法人员对技术板块涉及的专业内容掌握不充分，日常的操作与维护都十分依赖技术人员，当事人通过智慧法庭平台进行诉讼操作时，遇到司法业务与技术衔接板块的操作问题时无法及时有效得到帮助。虽然现在部分智慧法庭的平台或系统内可以查询到相关承办人员的基础信息，但实际上，当事人远程通过智慧法庭诉讼服务板块往往无法直接与承办人员取得联系，或者得不到及时有效的回复，此类信息传递不及时和无效沟通的问题使得智慧法庭的诉讼服务没能充分发挥作用，影响了群众的司法体验。除此之外，一刀切地使用智慧法庭而不考虑实际情况，不考虑是否与当事人的需求相匹配的问题也并不少见。在实践中，当事人联系司法人员非常困难，在智慧法庭等智能化平台广泛运用后，司法人员将当事人一概而论地推到智慧平台，导致当事人在此过程中遇到的问题无法得到高效地解决，若当事人不具备操作智慧法庭系统的能力，既要探索线上操作步骤，又要线下奔波，反而增加了当事人的负担。

三、司法人员思维观念出现偏差

通过总结智慧法庭的实践情况可发现，由于智慧系统大大提升了司法工作效率，节约了时间与司法成本，司法人员在此基础上一方面依赖于智慧法庭带来的便利，另一方面也产生了司法人员主体性是否因此受到影响的担忧。以法官为例，相关问卷调查与访谈的数据展现出大部分法官认为智慧法庭系统给法官自由裁量权等方面带来了冲击，甚至绝大部分法官认为随着智慧法庭系统的不断优化，自己可能面临失业的风险。通过对目前智慧法庭的运用情况的分析，类案整理模块根据关键词推荐大量类案的判决指引给法官，在一定程度上体现出智慧法庭的审判重任大部分落在了智慧系统身上，而不是法官身上。除此之外，2020年7月发布的《最高人民法院关于统一法律适用加强类案检索的指导意见》体现出系统在一定程度上限制了法官的自由裁量权，该文件明确了法官若不按规定参照类案检索的结果，应当对情况进行全面且详细的说明。[1] 智慧法庭的建设与运用最终会落实到司法人员身上，而司法人员从主观上产生的担忧无疑与智慧法庭的运用存在矛盾。

四、缺少相应的人才队伍

智慧法庭是科学技术和社会政治文明相融合的产物，这是一条没有太多成功经验可借鉴的改革和创新道路，是基于社会发展而新出现的司法需求。人民法庭智慧化建设的难点不仅在于技术，更在于与之相适应的人才。各级法院的人才招聘着重于法学专业领域的人才，因此在法院系统内部多为精通法律的人才，但智慧法庭的建设和落地缺不了人工智能领域的技术人才，而现实情况是法院内部既懂法律又擅长人工智能等相关技术的人才非常匮乏，只能寻求外部技术力量的帮助。目前较为普遍的做法是法院和科技公司达成合作，购买相关的技术和服务，但这也为智慧法庭的建设埋下了隐患。

一是需求方面的隐患。法院不懂技术，科技公司不懂法，导致法院无法清晰准确地描述出打造智慧法庭需要的功能和场景；科技公司不懂法律，也不了解法院办案的内部流程，无法代表公司向法院介绍服务的具体内容。双方交流、理解都存在着一定的偏差，而基于这些认知上的偏差，设计出来的智能系统很可能会背离需求方和设计方的初衷，从而导致智慧法庭促进高效司法、提高司法公正的

---

[1] 刘树德，胡继先. 关于统一法律适用加强类案检索的指导意见（试行）的理解与适用[J]. 人民司法，2020（25）：40.

功效无法很好地体现。

二是合作本身带来的隐患。科技公司和法院本身没有任何的从属关系，只是一种商业上的合作关系，导致法院很难监管智能系统是否存在漏洞，甚至出于走后门而影响司法公正的情形。另一种情况是，科技公司作为独立的市场主体，无法保证公司本身不会成为案件的当事人，科技公司一旦卷入诉讼案件，法官所作的判决可能很难被另一方当事人理解和接受而质疑判决的中立性，从而影响了司法的公信力。更为极端的是，科技公司利用技术后门影响审理流程，甚至改变审判结果，这必然让案件的审判结果严重背离法院维护司法公正的目的。虽然这种情况还没有在现实中出现，但法院技术型人才一日不足，智慧法庭还依赖外部技术力量，这样的隐患就会一直存在。

五、增加数据被泄露和滥用的风险

互联网时代，衣食住行几乎都可以通过网络平台进行。为了使用各网络平台，往往需要上传、填写个人信息，在一定程度上公民的个人信息已经被各大平台"掌控"。而在智慧法庭应用过程中，司法活动不可避免会涉及个人信息，尽管这些信息不如网络平台收集的信息量大，但司法活动的权威性和严肃性使得收集的个人信息是非常准确的。由于专业与技术的限制，智慧法庭建设时往往会将相应的信息技术进行外包，外包公司通过提供服务不可避免地会接触到相应的数据信息，在这种情况下，法庭往往无法进行切实有效的监管，可能增加数据被泄露的风险。尽管实践中专网、局域网可以将网络体系进行一定程度的区分，但网络就像海洋，是一个庞大的整体，在这种背景下，被各种平台或公司收集的数据信息实际"暴露"在网络海洋中，黑客、因工作或服务而接触到这些数据信息的人，通过远程操控、保存、传输等方式就能让这些看似分离的区域得以联系，互联网平台收集的信息与智慧法庭平台收集的信息一旦被不法分子整合起来，极有可能造成大量个人数据被泄露至公开的网络环境中，甚至被实施商业性滥用，如发现微信号或手机号被大量陌生人获得，以用于商业推广或电信诈骗。❶智慧法庭的建设尚在探索中，其智慧平台所依托的技术尚未成熟到能避免数据被泄露和滥用的风险。

六、各地信息化发展水平不均衡

虽然近年来我国经济发展迅速，从整体来看，随着经济迅捷地发展，信息化水平也在不断提升，但我国地域辽阔，各地发展还未能达到同一水准，无论是经济水平还是信息化发展水平，依然存在着经济发达地区与经济落后地区、内陆偏远地区与沿海地区的巨大差距。而建设智慧法庭离不开经济与信息化技术的支持，经济的不均衡在一定程度上限制了信息化等高新技术的进步，因此我国智慧法庭存在信息化发展不均衡的困境。最高人民法院前院长周强强调，"当前人民法院信息化虽然取得了一定成绩，但也要认识到信息化在法院工作中的覆盖和融合程度尚未达到应有的水平，各个地方的法院信息化建设水平从整体上来说参差不齐"，人民法院的建设尚且如此，智慧法庭作为革新的内容，无疑也无法避开各地存在差异的问题。❷除了地域产生的经济水平差异导致信息化发展不均衡外，指挥法庭的运行还与地域带来的思想观念的差异紧密相连。经济基础较为薄弱的地区，决策者对智慧法庭的价值、功能的理解可能不透彻，认为信息化建设带来的优势不足以弥补其带来的资金不足和工作技能压力过大，因此不愿意将有限资金分配于购买高新技术打造、维护智慧系统。即使部分地区紧跟智慧法庭建设的风潮，按下了打造信息化系统的按钮，但由于缺乏对政策和价值内涵的深刻理解，也只是形式上跟随，未能实现与周边、上级法院的有效联动，缺乏对数据信息等重要信息的整合处理，使得智慧法庭的信息化建设未能在实质上得到发展。

---

❶ 张素敏.智慧法院建设背景下数据信息利用与安全的隐患及防控——以H省F县人民法院数据信息利用与安全保护的实践为样本［J］.西华大学学报（哲学社会科学版），2021（3）：55.

❷ 李清云.论我国智慧法院的建构［D］.哈尔滨：黑龙江大学，2020：30.

第七节 智慧法庭的完善

一、进一步明确适用规则

智慧法庭是人民法庭为了适应司法革新和新时代背景而进行的改革与创新。任何新事物都需要一定时间来检验，也需要逐渐适应，智慧法庭不是传统人民法庭的替代品，全面应用也不会一蹴而就。智慧法庭的远程操作及通过新型科学技术来运行等一方面使其可以在案件办理过程中发挥其优势，另一方面也能在一定程度限制其任意扩大适用范围。司法具有严肃性，关系着群众切身利益，因此智慧法庭的适用应当遵循一定规则。

二、打造立足于需求的智慧法庭系统

智慧法庭建设包含着便民利民的价值追求。智慧法庭的诉讼服务平台建设要充分考虑诉讼参与人的地位，充分保障其参与到司法活动中的各项权利，避免因智慧平台的运用而减少当事人与司法人员的沟通机会，增加交流难度，且应当针对在诉讼过程中当事人存在的疑问，及时有效地提供解决途径。具体可从以下几个方面进行完善。

（一）没有调查权，就没有发言权

在进行智慧法庭的建设和完善过程中应当加大各大媒体的宣传力度，打通群众与司法人员的沟通路径，在对智慧法庭进行宣传的同时了解群众的需求与建议。

（二）综合考虑群众的操作与认知水平

在对智慧法庭相关系统和平台进行建设时，要考虑到大部分当事人的操作习惯，应当化繁为简，操作尽量简洁快捷，避免因操作难度大而给当事人增加负担。

（三）提高智慧法庭的服务质量

优化系统模块，加强监督与追责，杜绝将智慧平台作为拒绝与当事人沟通的"挡箭牌"，保障智慧平台线上解答与服务的高效、及时与便捷。

三、促进司法人员思维方式转变

意识指导行为，思维方式是否正确、是否与社会背景相适应，对行为和发展前进的方向有着重要影响。智慧法庭的建设首先需要正确的思想观念引导，上到领导层，下到执行层，只有充分理解智慧法庭对司法改革的重要意义，正确认识智慧法庭建设的价值所在，才能促进这一重要举措扬帆起航。此外，应当加强司法人员对智慧应用的准确界定，使其认识到智慧法庭的地位是辅助与弥补短板，并且对缓解司法工作压力过大具有积极作用。根据我国法检信息化领域的龙头北京华宇信息技术有限公司所公布的数据，我国审结案件总量高达8000多万件，同时结案的案件涉及的标的额超过20万亿元，每年还在以15%~20%的速度增长。而全国法官总额只有10余万人，工作量之大、效率难以提升的程度可想而知。因此，法官们需要在正确认识智慧化法庭的基础上充分发挥其优势，坚定法官身负重任、无可替代的职业认同感，积极推动智慧项目的进程，积极参与到智慧法庭有关的宣传学习活动中，一方面深刻理解智慧法庭之内涵，另一方面强化对智慧系统的操作能力。在某些偏远落后地区，司法人员对于智慧化技术的认识较为片面，认为离开人工实际掌控而转移至智慧平台进行处理降低了安全性，因此智慧法庭的推广存在阻力。要想从根本上解决这类问题，促进司法人员转变思维，当务之急是建立正确的系统思维，这就需要在建设智慧法庭前期对司法人员开展培训指导，通过各种方式的培训与实操体验，或是前往智慧法庭建设应用较好的地区进行访问学习等方式，让他们了解且乐于应用智慧法庭，并支持相关项目的开展。

四、培养相应的复合型人才队伍

建设智慧法庭不是人民法庭与智能化、信息化等高新科学技术的简单相加，而是在遵循人民法庭司法活动内部运行规律的前提下，结合技术手段使人民法庭的工作办案、司法服务更加优质高效的系统性工程。要想充分发挥人民法庭与智能化系统各自的优势，单纯在法院设立技术性部门较为机械，无法真正实现二者有效合作。需要做到在司法工作队伍中既有专业的司法工作人员，也有擅长智慧法庭相关科学技术的人员，二者交叉，引入或培养既精通法学知识，又擅长信息与管理的综合性人才，通过二者完美融合实现法律与智慧的效应加乘。[1]具体可从以下几个方面着手。

（一）在人才培养时开展法学与智能化交叉学科

跨专业学习对于新时代背景下行业及分工多样化、技术不断发展进步而言，适应程度较高，就司法革新来说，若只掌握法学领域的专业知识，无法与司法革新与社会经济发展的脚步相适应。经济发展带来先进的技术，只有掌握与专业领域相关的新型技术，将其与精湛的专业知识相融合，才能让法学领域在新时代发光发热。除此之外，从实践结果来看，事物与思想的碰撞才能促进新事物、新思想的孕育与诞生；从国家政策来看，2017年国务院、教育部针对培养"复合型

---

[1] 任素贤.智慧法院核心是人的智能现代化［N］.社会科学报，2017-07-20（4）.

人才"在一定程度上指明了方向。❶因此，重视交叉学科人才培养，也可以与国家政策、事物前进方向相适应。

（二）专岗招聘与内部培训

打造复合型人才队伍，要从内到外进行。"从内"即对内部在岗人员加强技能培训，根据不同岗位所涉及的智慧化技能操作进行培训，不定期进行专业知识与技能操作结合的实践演练，让司法工作人员逐渐熟练智慧法庭的运作系统，从而提高工作效率。"到外"即在招录人才时需要根据岗位进行专岗招聘，只要涉及智慧法庭相关智能化系统的岗位，可以对技能知识或操作水平进行加试，将专业成绩与技能加试成绩综合，以此作为择优录取的依据。

五、加强对数据的保护

进入互联网、智能时代，生活变得越来越便捷的同时，也在逐渐透明和公开化，网购、叫外卖等行为使公民的住址、电话变得公开化。小程序、部分 App 人脸验证，甚至部分小区进出需要人脸识别，使公民的面部信息在一定程度上变得公开化。❷各大平台手握大量的个人数据。公民的个人信息在日常生活中已经被不同程度收集、利用，在这样的背景下，智慧法庭的建设与应用需要加强对个人数据的保护。具体可从以下两方面进行。

一方面，完善政策和立法对个人数据的保护。政策与法律作为社会运转、公民行为的指南针，因此应有针对性地增加政策指引，完善相关法律规范，否则个人数据被泄露、被滥用事件不仅不会减少，反而会越演越烈。应当结合智慧法庭工作的实际情况，加强与智慧法庭特征相适应的立法，制定明确的系统安全标准

---

❶《国务院关于印发新一代人工智能发展规划的通知》《教育部关于印发〈普通高中课程方案和语文等学科课程标准（2017 年版）〉的通知》（2020 年修订）。

❷ 赵刚. 大数据：技术与应用实践指南［M］. 北京：电子工业出版社，2013：143.

和数据保密细则，从宏观上为智慧法庭的信息数据安全提供有力防护。

另一方面，谨慎管理信息技术外包。数据泄露与信息安全密不可分，除了内部加强网络安全管理，还需要认识到信息技术外包同样存在安全与数据泄露的风险。首先需要加强防范意识，注意对信息技术外包商的考核，深度了解该信息技术外包企业的商业信誉、技术水平和员工综合素质，明确各方的权利义务，在合作之前签订严谨的合作协议，并针对在合作过程中容易导致数据泄露的行为进行明确的约定和清晰的责任划分，重视保密与安全协议的作用，针对信息技术外包商导致的数据泄露约定严格的责任承担条款，增加外包商的违约成本，从而降低因外包商导致数据泄露的风险。其次要明确引进信息技术外包服务的范围，对于授权的领域，信息技术外包商不得通过信息技术手段查阅、收集、存储或利用其中的数据信息。最后还可以通过招录、培养、自主设计研发等途径打造内部的信息化技术人才，减少核心领域的信息技术外包，从而长远且有效避免数据泄露。

六、协调各地人民法庭信息化建设

信息化建设是司法改革道路上的重要举措，其对于智慧法庭的建设而言亦是不可或缺的，然而因为地域差异、经济差异等各种因素，各地人民法庭信息化建设不均衡。想要缓解各地智慧法庭信息化建设不均衡的矛盾，可以从以下两个方面着手。

（一）统一经费标准

协调各地的信息化建设，推行便民利民的智慧法庭，离不开充足的经费保障。由于各地经济水平存在差异，对于经济基础较为薄弱的地区来讲，制定全国统一的经费标准尤为重要。从顶层设计的角度来探索全国统一的信息化建设的经费标准，为各地区的信息化建设提供有力的物质经费保障。可以首先推进省一级对经费进行统一管理，根据省内智慧法庭信息化建设统一的要求，为智慧法庭信息化建设项目设立专门的资金账户，专款专用，保证各地区能均衡得到经费支持，实现经费的最优利用率，从而缩小各地区经济水平差异，达到协调各地智慧法庭信息化建设的效果。

(二)建立全新的信息化建设认知

各地由于地域、经济等因素，司法人员的认知也存在差异。智慧法庭的建设不是单纯引进高新的硬件或是软件，各地区，尤其是思想较为落后地区的司法领域的决策者、管理者、操作者在智慧法庭的建设和应用过程中，不能片面关注某一个方面的问题。例如，实践中存在重法律专业知识而轻科技问题，对信息化建设在司法工作中的作用产生误解，或是只注重引进科学技术和软件的问题。司法工作人员应当认识到建设智慧法庭是一项考虑长远且任务艰巨的项目，要想更高效、更好地完成这一重要项目，首先应当重视信息化建设，不能简单地认为信息化建设就是实施引进智能化设备、打造数据库等单一行为，应当致力于将司法实践活动与智能化、数据化、网络化等科学技术有机融合，再广泛应用于人民法庭的司法活动中。只有各地区的司法人员建立正确的认知才能使信息化建设得以协调。

建设智慧法庭是人民法庭为了适应国情、顺应全球趋势所进行的一项重大工程。智慧法庭不是简单的某一个人民法庭，而是一整个人民法庭集合平台，以基础平台、诉讼服务平台、调解平台、庭审平台、审判平台等作为主要内容，因而智慧法庭建设与应用面临着诸多方面的问题与挑战。目前，我国智慧法庭建设进入关键时期，要实现我国司法改革的目标，更好地推进全面依法治国，促进司法革新更好地适应新时代，首先必须正确理解智慧法庭的相关概念，结合智慧法院多年来的建设经验，分析智慧法庭的特征。其次需要充分认识智慧法庭在新时代的重要意义，在分析智慧法庭当前状态的基础上发现其存在的问题。最后要清楚认识智慧法庭的建设不会一蹴而就，在建设和应用的过程中应该直面困难并尽力寻求解决的途径，从而使智慧法庭建设朝着科学合理的方向前进，使其优势能得到充分发挥。

第十章 人民法庭指导人民调解

目前，我国正处于社会转型的关键时期，各种矛盾问题频出，人民法院已成为众多冲突的聚集地，肩负起艰巨而复杂的解决纠纷的任务。人民法庭是基层人民法院的派出机构和组成部分，在创新社会治理中也扮演着重要角色。作为最"接地气"的一环，人民法庭一直奋战在化解冲突的最前线，在确保司法公正和司法为民的基础上承担起"调停者"的责任。值得注意的是，人民调解是多元化纠纷解决机制中的关键一员，是受广大人民群众欢迎的解决纠纷的途径，在构建和谐社会中更起着不可忽视的作用。[1] 据此，人民法庭作为法定的指导人民调解的角色，应积极践行公正司法的工作理念和为民服务的工作宗旨，调动一切化解矛盾和维护秩序的力量，帮助、指导、监督人民调解机制朝着正确方向迈进。但是，构想是美好的，现状却并不那么令人满意。当前，我们应当将目光放到如何探索与完善人民法庭对人民调解的指导上面去，创新指导理念和指导措施，以此来调动人民法庭审理与人民调解的联动潜力，促进人民调解工作的可持续发展，发挥多元化纠纷解决机制在维护社会稳定、构建社会主义和谐社会中的重要作用。人民法庭对目前人民调解工作运行中出现的问题，以及以往在指导工作中做得不足

---

[1] 张青. 乡村治理的多元机制与司法路径之选择 [J]. 华中科技大学学报（社会科学版），2020(1): 20.

的地方都应当予以高度重视，以期逐步完善我国的人民调解工作，提高人民法庭对人民调解工作的指导水平。

第一节 人民法庭指导人民调解的必要性

人民调解有其重要的价值，在维护我国社会关系稳定和谐方面起到不可忽视的作用。并且随着社会的发展，多元化纠纷解决机制成为潮流。要实现人民法庭审理与人民调解的联动，就必须重视人民法庭对人民调解的指导，这不仅是减轻人民法庭"讼累"的重要手段，更是在源头预防和化解社会矛盾的必要条件。

一、人民调解制度的重要性

在我国，人民调解是除诉讼程序之外被运用得最为广泛的一种纠纷解决途径。它是由依法设立的人民调解委员会运用国家法律、法规、公共秩序、善良风俗等对纠纷当事人进行劝说、斡旋，本质上也是一种教育和指导人民群众的重要手段，对社会秩序的稳定和人民关系的和谐起到了不可忽视的作用。这样的人民调解制度又被外国学者们誉为"东方经验"，它由于自身特有的柔性和温度而成为最受广大人民群众欢迎的诉外纠纷解决方式。[1]并且，人民调解制度既与中国传统的"无讼"文化一脉相承，又与现代多元化纠纷解决机制的发展相一致。《最高人民法院关于推动新时代人民法庭工作高质量发展的意见》中提到，要形成源头预防、非诉挺前、多元化解的分层递进前端治理路径，加强源头预防化解矛盾，积极服务基层社会治理。该意见强调，人民法庭要积极支持

---

[1] 梁久军. 马锡五审判方式在新时代的承继与创新——以人民法庭建设为视角[J]. 山东法官培训学院学报，2021（2）：25.

非诉纠纷解决机制的发展，发挥各种优势。因此，我们一定要重视人民调解制度的发展。

二、指导人民调解工作的主体

人民法院是指导人民调解工作的重要主体，但对于人民法院内部的众多部门，应当由哪个部门承担起这项指导职责比较合适呢？在人民法院内部，民事审判庭、立案庭、执行局和人民法庭都是与处理民事纠纷有关的部门，由于立案庭主要负责民事纠纷的立案，执行局负责已生效民事法律文书的执行，因此这两个部门都与案件的审理工作无关。剩下民事审判庭和人民法庭都负责民事案件的审理工作，但在司法改革后，民事审判庭庭长一般进入员额成为员额法官，不再审理本庭民事案件，也就是说民事审判庭庭长的职能已经被弱化。因此，依然矗立在广大基层的人民法庭相较于民事审判庭就显得更具有优势，可以承担起化解基层矛盾纠纷的重要责任。此外，《最高人民法院关于推动新时代人民法庭工作高质量发展的意见》强调："人民法庭作为基层人民法院的派出机构，是服务基层社会治理的重要平台，要加强人民法庭对于人民调解工作的指导。"综上所述，应当由人民法庭承担起指导人民调解工作的职责。

三、加强人民法庭对人民调解工作指导的重要意义

（一）有利于提高人民调解水平

《人民调解法》第十四条规定："人民调解员应当由公道正派、热心人民调解工作，并具有一定文化水平、政策水平和法律知识的成年公民担任。"而对于人民法庭审判人员的选任，则具有更加严格的程序和要求，即既要具备扎实的法学专业知识，还要拥有丰富的法律职业经历。因此，与人民法庭的审判工作人员相比，人民调解员不管是法律素养还是调解工作经验方面都稍显不足，因此应加强

人民法庭对人民调解工作的指导，促进人民法庭审判人员与人民调解员的沟通交流与学习。审判人员应当在日常工作中对人民调解工作人员的调解实践提出具有建设性的指导意见，这对于提高人民调解工作的办事效率、提升人民调解员的专业能力都具有重要作用。❶

（二）有利于节约司法资源

一方面，根据《人民调解法》第三十一条第一款的规定，经人民调解委员会调解达成的调解协议，具有法律约束力。据此，合法合规的人民调解协议是可以作为民事诉讼的证据的。但是，实践中仍存在人民调解协议不合法、不合规的情形，不仅浪费人民调解委员会和当事人的时间和精力，还造成了当事人对人民调解工作的不信任。因此，加强人民法庭对人民调解工作的指导是必要的，这有利于提高人民调解委员会对于调解协议规范的认识，逐步减少不合法、不合规调解协议的出现，方便人民法院在日常审判工作中的证据收集，减少人力、物力、财力的浪费，从而实现人民调解和审判工作的有机衔接。另一方面，加强人民法庭对人民调解工作的指导可以提高人民调解工作的有效性，从而将更多的民事纠纷化解在萌芽状态，防止事态的恶化，既维护了社会的秩序和稳定，又为国家减少了司法资源的出动，为人民法庭真正实现"公正与效率"创造了机会，使人民法庭真正成为解决纠纷的"最后一道防线"。

（三）有利于及时解决新时期的社会矛盾，巩固党的执政地位

当前，我国正处于百年未有之大变局，新形势下的社会矛盾呈现出复杂性、群体性的特点。"群众利益无小事"，涉及群众利益的问题是影响社会稳定的重要因素，若未被及时妥善地解决，而任由其扩大蔓延，则很有可能导致社会不安、民心不稳。解决好新时期的社会矛盾关系到广大民众切身的利益保护，关系到党

---

❶ 孙冲.人民调解体系化运行研究［D］.长春：吉林大学，2021：15.

和国家的发展，也关系到中国特色社会主义的未来发展。因此，我们在正确认识新时期的社会矛盾的特点和把握矛盾发展的方向和动态的基础上，就应该及时调整解决矛盾的手段，不断跟紧时代的步伐进行创新。也就是说，在新的历史时期下，人民法庭想要尽可能多地就地解决矛盾冲突，就必须依靠群众、依靠基层群众自治组织解决矛盾，积极主动地指导人民调解工作。只有这样，我们才可以有效地对社会进行管理，脚踏实地搞改革，一心一意谋发展，我们党才能在执政过程中更加知民意、得民心，增强克服各种困难的信心和本领，提高应对各种变化着的复杂局面的本事，最终逐步夯实党的执政能力和执政地位。

第二节 人民法庭指导人民调解的现状

前面我们已经论述了人民法庭指导人民调解的必要性，接下来要把目光聚焦到人民法庭指导人民调解的现状上，即当前人民法庭在指导人民调解的过程中遇到了什么困难。将分三个方面阐述：第一个方面是人民调解在工作中所面临的困境，因为人民调解作为指导的对象，它所遇到的困难正是人民法庭在指导过程中应当关注和解决的重要问题；第二个方面是直接指出人民法庭在指导人民调解的过程中所存在的问题；第三个方面是开始分析现状背后的原因，查找出问题、探究出原因，我们才可以对症下药。

一、人民调解工作面临的困境

（一）人民调解组织调解纠纷的现状

据图 10-1 和图 10-2 所展现的数据可得知：近些年来，人民调解组织调解的纠纷数量总体在稳步增长，且案件被圆满解决的概率均在 96% 以上，人民调解工作在安定民心、协调社会秩序方面起到了重要作用。目前，我国已基本实现了人民调解委员会组织全覆盖。截至 2021 年，全国共有村、镇级调委会各 51.5 万个和 3.1 万个、人民调解员各 213.5 万名和 22.1 万名。因此，在重视人民调解组织的存在的同时，我们应当关注人民调解工作在现阶段所遭遇的困境，对症下药才能最大限度地发挥人民调解组织的便利和好处。

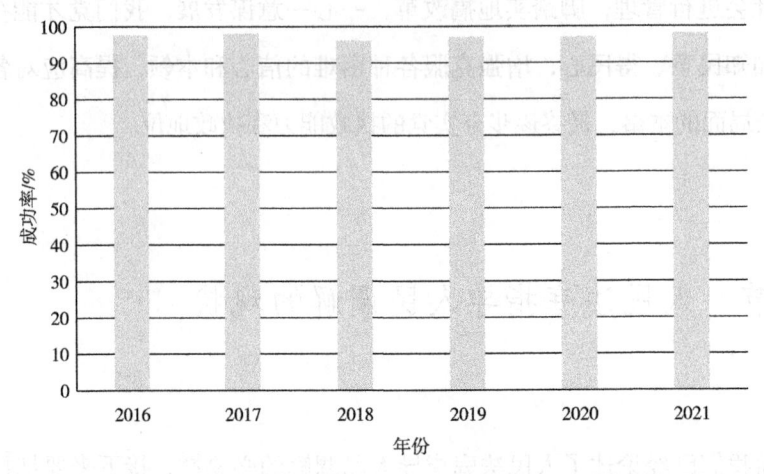

图 10-1　2016—2021 年全国人民调解组织调解成功率

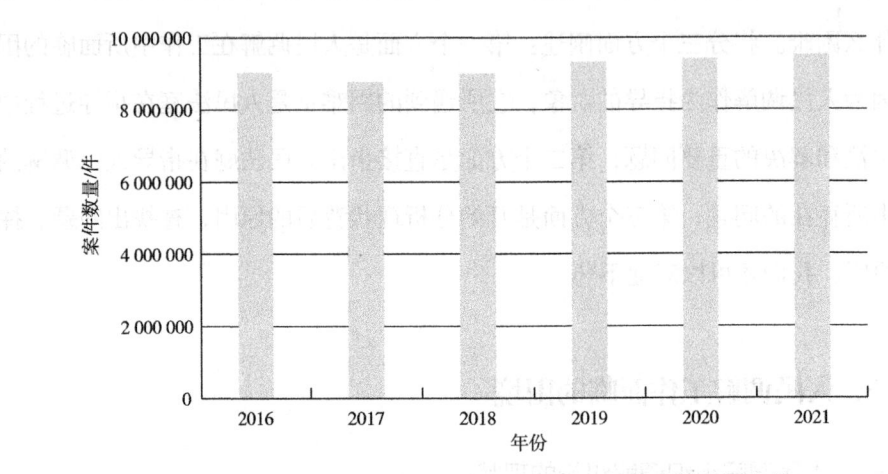

图 10-2　2016—2021 年全国人民调解组织调解案件数量走势

（二）部分地区对人民调解工作的认同度不高[1]

目前，虽然各乡镇都以各自的名义成立了人民调解委员会，但由于宣传不到位，人民调解委员会的存在并没有受到大家的重视，人们平常所说的"调解"仍是指司法所的调解工作。在部分人看来，人民调解委员会仅是一个讲讲法律、说说好话的单位，并未将其工作放在一个重要位置。此外，虽然司法确认制度已经设立，但仍有部分群众对人民调解的强制力持不信任的态度，解决纠纷矛盾的首要选项还是诉讼、上访。依据《人民调解法》第三条的规定，调解工作应当在当事人平等、自愿的基础上进行，若一方当事人明确拒绝，则不得进行调解。因此，若当事人不同意调解，人民调解委员会的工作便无法进行。在现实生活中，部分群众在签署调解协议书之后和申请司法确认之前，仍然可能会反悔、不履行协议等。在遇见这种情况时，人民调解委员会往往也是无计可施，易造成被"爽约"一方当事人对人民调解委员会工作的不满与不信任。

人民调解难以发挥有效作用，使得不少群众认为人民调解协议没有强制力，以致出现矛盾纠纷时更倾向于到法院提起诉讼或上访。

（三）人民调解工作经费保障不足

根据《人民调解法》第四条的规定，"人民调解委员会调解民间纠纷，不收取任何费用"。据此，人民调解委员会的工作是没有任何收入进账的。虽然《人民调解法》第六条和第十二条补充规定县级以上地方人民政府、村委会、居委会和企事业单位应当给予人民调解工作必要的经费支持，但目前看来，不少村委会、居委会很难做到，因为他们自身都缺乏经费来源，自顾不暇。此外，政府一方虽然也有义务支持和保障人民调解委员会的工作，但由于缺乏明确性的经费保障机制，导致此举在现实生活中落实得也不理想。2009年以后，部分地区开始对

---

[1] 张丽丽. 新时代人民法庭参与乡村治理的理论逻辑与反思［J］. 西北大学学报（哲学社会科学版），2019（2）：48.

人民调解实行"一案一补"的政策,即对于制作成案卷的调解案件,经县、市司法局核查后给予 10~50 元的补助。这样的话,经人民调解后达成口头协议的认定就比较困难,但在现实生活中,当事人恰恰就倾向于达成口头协议。因此,此项补贴政策的落实也成为问题。

综上所述,在很多地方由于工作经费保障的不到位,即使是对人民调解工作怀有满腔热情的人民调解员,其开展工作的积极性也受到了严重打击,缺乏经费的现状成为人民调解发展的巨大障碍。

(四)人民调解队伍结构不合理

人民调解员是人民调解工作的主体,人民调解队伍建设现状将会直接影响矛盾纠纷的走向,然而目前我国一些地方的人民调解队伍却存在素质参差不齐的问题。首先,一些地方的人民调解队伍年龄构成不合理,从事人民调解工作的往往是在人民群众中具有较高威望和信服力的人[1],他们更加熟悉当地情况和人情世故,对于处理当地纠纷更有经验。某市司法局的数据显示,在当地 5000 多名人民调解员中,50 岁以上的占了一半。这样的年龄结构的优势如前所述,但同时也存在很大问题。例如,当前的社会正处于转型期,而年龄偏大的人民调解员比较缺乏消化新事物、新思想的能力,因此对于复杂多变的社会矛盾纠纷的适应程度远低于年轻一点的人民调解员。其次,部分人民调解员的业务和文化素养不足。随着改革的进行和深入,过去以邻里纠纷、婚姻家庭、遗产继承等为代表的民间主要矛盾已经悄然改变,如今又增添了合同纠纷、拆迁纠纷、征地纠纷、房屋宅基地纠纷等,这些都是新形势下的巨大挑战,对人民调解员的业务能力和专业素质也提出了新的、更高的、更严格的要求。但是,当前某些基层地区的人民调解员大多都不是专业人员或全职人员,而是由退休工人、社区干部或者其他一些职业的人来兼任的,文化水平较低且没有受过专门的法律专业教育。因此,他

---

[1] 王浩. 新时代乡村振兴背景下人民法庭的诉源治理之道[J]. 行政科学论坛,2022(1):48.

们对法律条文、政策的理解往往不够透彻，也缺乏了解人民调解工作和适应新形势下的社会矛盾纠纷的能力。再次，人民调解员的素质较低也体现在"和稀泥"式的调解方式上。❶一些地方的人民调解员不注重对当事人的权利保护，认为调解就是息事宁人，不仅不鼓励当事人主张自己的正当权利，还为了达到调解目的去压抑当事人的正当权利。这样的做法虽然看似能缓和一时的矛盾，一旦当事人的权利觉醒，便会更加激化已有的矛盾。因此，"和稀泥"的做法只是掩耳盗铃，不仅与调解工作的初衷相悖，还会对社会和谐产生一定的威胁。最后，人民调解队伍流动性较大，稳定性较差。人民调解工作处于基层，工作环境艰苦且待遇较差，导致受过专业训练的人一般不会主动选择来基层担任人民调解员，或者即使选择留在人民调解委员会，也是将这份工作作为其职业生涯中的一份短暂的过渡性工作。所以人民调解队伍往往是招不来人也留不住人，队伍人员流动性较大。

（五）人民调解机构不够完善

由于我国经济社会变革的不断深化，有些地区的保障措施没有完全到位。虽然我们早已实现了全国村居（社区）和乡镇（街道）人民调解委员会的全覆盖，医疗纠纷、道路交通、劳动争议、物业纠纷等行业性、专业性人民调解组织也普遍建立，但仍存在一些村级组织为精简人员而只设置一名人民调解员，甚至村民小组不设置人民调解员。人民调解工作人员的稀少导致人民调解工作没有被真正落实，处于"人少、人散、工作没人干"的状态，人民调解委员会有名无实，人民调解机构处于半瘫痪状态，并没有实际履行人民调解职能。相对应，人民法庭缺乏指导的对象，指导人民调解的工作难以开展。

（六）人民调解工作制度不健全

我国目前对于人民调解工作人员的工作保障机制和激励机制不健全，尚未建

---

❶ 最高人民法院民事审判第一庭.各地法院领导深入人民法庭调研情况综述［N］.人民法院报，2021-12-02（5）.

立科学有效的人民调解工作制度。人民调解员的工资较低、待遇较差，甚至还有很多地方的人民调解工作是义务性的，人民调解员的工作热情普遍不高，工作随意性大，给人民法庭的指导工作带去很大困难。

（七）司法确认使用率低

《人民调解法》明文规定了司法确认人民调解协议制度，该制度设立的最初目的是降低人民群众解决纠纷的成本，同时达到缓解人民法院的诉累、节约司法资源的效果。但是，在实际实施过程中，却由于各种各样的原因导致司法确认使用率较低，不仅当事人的权利无法落实，加重了法院诉讼的负担，还影响了人民调解的公信力和权威性。通过探究，司法确认使用率低主要由以下几个问题导致：第一，司法确认的程序不太合理。根据法律关于"司法确认调解协议"的规定我们可得知，司法确认的实现需要双方当事人在达成调解协议之后再形成申请司法确认的共识，即当事人首先需要达成调解协议，然后形成申请司法确认的合意。两次协议的顺利完成才能最终走向司法确认，这样的程序无疑提高了当事人调解的成本。第二，司法确认是有时间限制的，必须在调解协议生效之日起三十日内向人民法院提出申请，并且目前还没有出现任何可以顺延申请时间的法律规定。意思就是，一旦超过了"三十日"的时间限制，人民法院便不再受理你的申请。在实践中，就常常存在为了不履行义务而拖延着不向法院申请司法确认的当事人，他们故意钻三十日时间限制的法律空子，对另一方当事人的合法权益造成严重损害。虽说权利人仍可以向法院提起诉讼的方式来保障自己的合法利益，但一个案件经两次程序，无疑加重了法院的负担，无法达到人民调解和司法确认制度设立的初衷。第三，人民调解协议没有一个标准的模板。由于法律并未对人民调解协议设定规范模板，导致很多当事人签订的人民调解协议不规范，甚至存在违法违规的情况。在申请司法确认时，人民法院审查发现不合法、不合规的调解协议就会予以驳回。所以在现实生活中，司法确认率往往比较低，当事人对司法确认制度也逐渐产生了怀疑。

二、人民法庭指导人民调解工作存在的问题

（一）人民法庭指导人民调解工作不力

一方面，人民法庭作为基层人民法院的派出机构和组成部分，代表国家依法行使审判权。人民法庭的工作重点倾向于一线审判，并且由于处于基层，人民法庭往往案子多、任务重。❶因此，对于指导人民调解工作的这项职责，人民法庭由于对其重要性认识不到位，常常不积极也不主动承担。特别是在遭受"讼累"的地区，人民法庭的日常状态就是案多人少、自顾不暇，很难再挤出时间和人力去指导人民调解，导致在法院总体工作量之中，指导调解工作的占比一般来说比较低，甚至可能趋于零。另一方面，对于经济状况比较差的地区，人民法庭办案人员不足、办案经费十分紧张。若要履行指导人民调解这项职能，人民法庭必须派出人数合理的工作人员，并承担其差旅费、培训费、法律资料费等必要的费用。这对于本身就缺乏人员条件和财政条件的人民法庭来说，的确会成为制约其开展指导人民调解工作的重大阻碍。

（二）对人民调解工作具有指导义务的各工作部门之间缺乏沟通与协调

依照法律规定，对人民调解工作具有监督和指导义务的不仅有人民法院，还有司法行政部门。然而在实践中，某些地区的人民法院和司法行政部门对于人民调解的指导工作存在不相为谋的现象，他们往往各自为政，对如何指导人民调解工作存在各自的想法和见解，与对方部门之间缺少有效的沟通交流，因而常常在指导过程中发生方法或内容上的冲突，导致人民调解员陷入两难，严重拉低指导工作的效率，也打击了人民调解员的工作热情。

---

❶ 张文涛.充分运用诉源治理机制，深入推进人民法庭参与基层治理［N］.人民法院报，2021-10-14（5）.

（三）人民调解与人民法庭司法调解缺乏联动性

2021 年，成都市某县人民调解委员会接受委托调解的案件仅占比 2%（见图 10-3），接受委托调解的案件数量少，占比低。此外，该县人民调解员人均案件调解数量仅为 5 件。以上都表明人民调解委员会的职能未被全部激发，人民调解委员会维护社会和谐与稳定的作用未被重视，人民调解与人民法庭司法调解之间缺乏联动性，人民调解与司法调解联动化解纠纷矛盾的潜力尚未被全部释放。

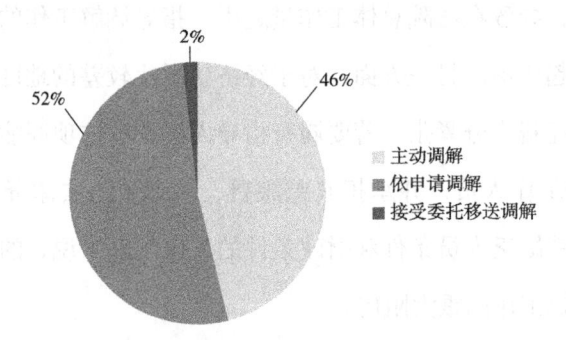

图 10-3　某县 2021 年人民调解案件来源

三、人民法庭指导人民调解现状背后的原因

（一）指导理念错误

虽然在《人民调解法》生效以前，《最高人民法院关于人民法庭若干问题的规定》规定，人民法庭的职责包括对人民调解工作的指导。但是在 2011 年实施的《人民调解法》第五条却规定："国务院司法行政部门负责指导全国的人民调解工作，县级以上地方人民政府司法行政部门负责指导本行政区域的人民调解工作。"意思是，人民法庭没有权力对人民调解工作进行指导。这样一来，即使是认为应当对人民调解工作进行指导的人民法庭工作人员，他们对于这项职责的行使也陷入"被动"。人民法庭对人民调解工作的指导由于被错误的理念牵引，没

有厘清当前指导与审判、构建多元化诉讼与非诉讼相衔接之间的关系，指导行为被动、不积极，导致了诸多问题的出现。❶

（二）指导缺乏联动

目前，人民法庭对人民调解的指导方式已由传统的工作指导转变为纠纷调解的业务指导，纠纷解决方式也逐渐从诉讼与非诉讼互不相干转变为了多元化诉讼与非诉讼相结合。因此，人民法庭也应当转变对人民调解的指导思路，不能拘束于传统的指导方式上，单向的业务指导已经不能适应当前纠纷矛盾多发的社会发展阶段，若缺乏联动的指导理念，指导效果必定不佳。

（三）人民法庭人财物配备不足

据调研，某县人民法庭在2021年度和2020年度分别收案1713件和902件，案件增幅近90%。但是，反观同期的人民法庭工作人员，增幅却仅为50%。其实不仅是该县人民法庭，放眼全国，案多人少已经成为大多数人民法庭的常态。因此，即使人民法庭承担着指导人民调解的职责，但由于审判压力的增加，也很难再挤出额外的精力来指导人民调解。

（四）指导方式单一

目前人民法庭对于人民调解工作的指导主要是被动参与，再加上自身负担着较大的审判压力，在实践中一般是为了完成某项工作任务才对人民调解进行十分有限的业务指导。并且人民法庭基本上不会认真探究如何开展人民调解的指导工作，对于指导人民调解工作的方式较单一，方法较单调。这种传统单调的指导方式不但使人民法庭的指导工作处于停滞落后的状态，而且会限制诉讼与非诉讼相结合的多元化纠纷解决机制的作用发挥，不利于社会矛盾纠纷的最大化解决。

---

❶ 李佩繁.乡村司法的实践困境及其产生机制——基于冀中W法庭的实地调查［J］.社会建设，2018（3）：91.

（五）指导工作机制不完善

一方面，当前对于人民法庭应当如何指导人民调解委员会缺乏完善的法律规定，人民法庭对人民调解的指导措施大多为临时性的任务或者根本没有任务。另一方面，对于如何考核指导工作也没有一个明确的规定。指导工作机制的缺位已经成为人民法庭指导人民调解工作的一大障碍。

第三节 人民法庭指导人民调解工作的完善

人民法庭在指导人民调解的过程中出现了许多问题，影响了人民调解作用的发挥，也没有激发出人民法庭与人民调解相互联动解决纠纷的潜力。因此，探索、创新与完善人民法庭指导人民调解的方式和路径是我们的当务之急。

一、总体构想

（一）优化布局

优化布局的关键在于合理规划人民法庭的总体布局，对人民法庭工作人员的分配要合理，即人财物的配置与供给要及时到位，最终形成一心多点、点位呼应的人民法庭布局，达到落到每一个人民法庭工作人员头上的指导任务更加均衡化与合理化，不至于让法庭人员陷入"忙不过来"的状态，从而增强人民法庭指导人民调解工作的针对性和有效性。❶

---

❶ 山东省高级人民法院课题组.人民法庭参与乡村治理的功能定位与路径选择［J］.山东法官培训学院学报，2021（6）：88.

（二）摆正理念

一是要树立"主动"理念，即人民法庭工作人员要摒弃以前"被动""不应该"的指导理念，主动对人民调解委员会进行业务指导，将对人民调解委员会的指导工作视为自身的重要职责和任务，做到不懈怠、不敷衍和主动参与。二是要树立"联动"理念，单向业务指导的理念早已不适应当前社会矛盾多发的现状，只有坚定"联动"理念才能实现纠纷联动解决。"联动"，顾名思义就是要求人民法庭不能只看到单向业务指导可以提升人民调解委员会的工作效率和调解能力，还要看见人民调解委员会业务技能的提高也可以为人民法庭委托调解、司法调解等纠纷解决的成功提供极大帮助，从而真正实现诉讼与非诉讼的联动，挖掘出多元化纠纷解决方式的潜力。

（三）理顺关系

要实现人民法庭对人民调解工作的正确指导，关键还要理顺人民法庭审理与人民调解之间的关系（见图10-4）。人民法庭审理与人民调解都是解决纠纷的手段，两者之间存在很大的区别，前者为诉讼方式，后者为非诉讼方式。更重要的是，我们应当看见两者之间的联系，两者是相互促进、相互关联、相互衔接、相互补充的关系。人民法庭审理与人民调解是在不同阶段发挥作用的两种纠纷解决方式，理顺两者之间的内在联系是实现纠纷联动化解的关键。一方面，要提高人民调解委员会调解民间纠纷的效率和技能，亟须人民法庭的有力指导；另一方面，人民调解委员会业务技能的提升，有利于民间纠纷的就地解决和人民法庭委托调解、司法调解等的成功率的提高，为人民法庭的审理工作分流，在减少人民法庭审理工作的压力的同时还能保证纠纷解决率的提高。因此，理顺人民法庭审理与人民调解之间的关系不仅是维护社会稳定和谐的关键枢纽，更是维护人民法庭成为解决纠纷"最后一道防线"的职能定位的重要手段。

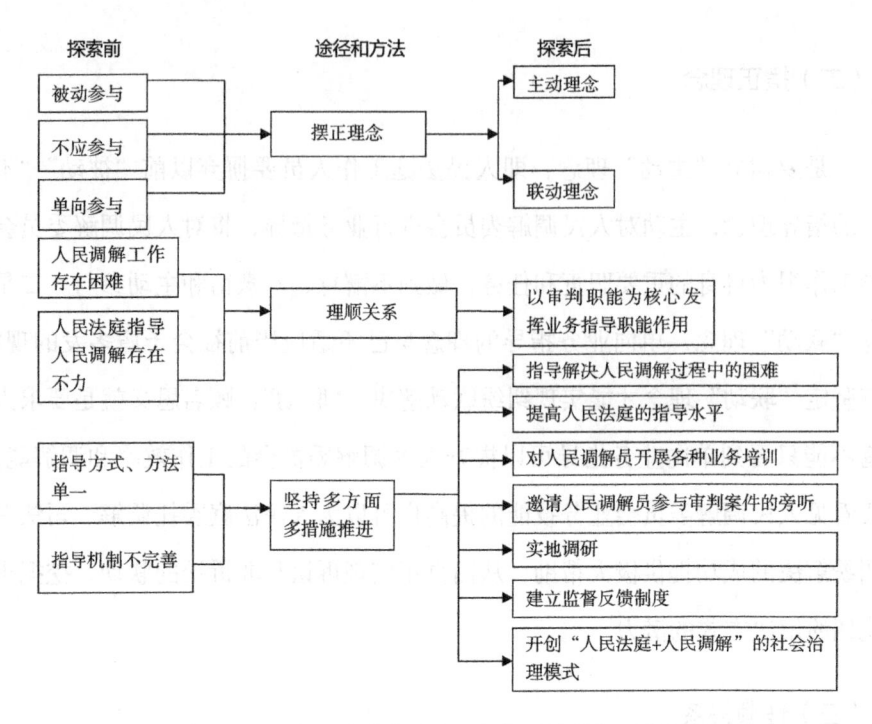

```
探索前              途径和方法           探索后
┌─────────┐                          ┌─────────┐
│ 被动参与 │──┐                   ┌─→│ 主动理念 │
└─────────┘  │   ┌─────────┐     │  └─────────┘
┌─────────┐  ├──→│ 摆正理念 │────┤
│ 不应参与 │──┤   └─────────┘     │  ┌─────────┐
└─────────┘  │                    └─→│ 联动理念 │
┌─────────┐  │                       └─────────┘
│ 单向参与 │──┘
└─────────┘
┌─────────┐
│人民调解工作│                          ┌─────────────────┐
│存在困难  │──┐  ┌─────────┐          │以审判职能为核心发│
└─────────┘  ├─→│ 理顺关系 │─────────→│挥业务指导职能作用│
┌─────────┐  │  └─────────┘          └─────────────────┘
│人民法庭指导│  │
│人民调解存在│──┘                       ┌───────────────────────┐
│不力      │                          │指导解决人民调解过程中的困难│
└─────────┘                          └───────────────────────┘
                                      ┌───────────────────┐
                                      │提高人民法庭的指导水平│
┌─────────┐                          └───────────────────┘
│指导方式、方法│                        ┌─────────────────────┐
│单一      │──┐                       │对人民调解员开展各种业务培训│
└─────────┘  │  ┌─────────┐          └─────────────────────┘
             ├─→│坚持多方面│          ┌─────────────────────┐
┌─────────┐  │  │多措施推进│─────────→│邀请人民调解员参与审判案件的旁听│
│指导机制不完善│─┘  └─────────┘          └─────────────────────┘
└─────────┘                          ┌─────────┐
                                      │ 实地调研 │
                                      └─────────┘
                                      ┌─────────────┐
                                      │建立监督反馈制度│
                                      └─────────────┘
                                      ┌─────────────────────┐
                                      │开创"人民法庭+人民调解"的社会治│
                                      │理模式                │
                                      └─────────────────────┘
```

图 10-4 人民法庭指导人民调解总体构想示意图

（四）制订计划

实现人民法庭对人民调解的正确指导需要一个明晰的工作计划和流程，包括内部和外部的具体措施、实施方案等。对内主要包括指导人民调解工作的具体安排、司法确认调解协议的审查、人民法庭委托人民调解及邀请人民调解的情形和具体流程等，对外主要包括实地调研、建立对人民调解员的监督反馈机制、强化与司法行政部门的协调合作等。计划的制订必须全面细致，涵盖指导工作内外的方方面面，具体到指导的各个措施，最后再按照计划去按部就班地实施。只有先行实现计划的制订与明确，才有可能达到指导的针对性和有效性。

（五）保障先行

人民法庭目前处于人财物配备不足的现状，做好人民法庭人员、经费等方面的保障是实现人民法庭正确指导人民调解的先行条件。积极争取当地党委政府的支持和保障，获得他们的理解与信任，解决当前人民法庭人财物短缺的问题，这不仅是提高人民法庭人员工作积极性的重要路径，更是实现联动解决纠纷的基础。

以上就是实现人民法庭对人民调解工作的指导的总体构想，既然大方向已经确定，接下来就是将其细化为具体可行的措施。我们主要从强化人民法庭的指导职责、加强人民法庭指导人民调解的各项工作与开创"人民法庭＋人民调解"的治理模式三个方面进行设想。

二、在人民法庭内部下功夫，强化指导人民调解的职责

（一）注重人民法庭对于指导人民调解的重要性

（1）要提高人民法庭对于指导人民调解职责重要性的认识。虽然目前我国人民法庭对于人民调解工作的重要性的认识已经有了很大的提高，但在某些地区、某些工作人员的内心深处，仍然存在认识不到位的问题。因此，加强人民法院和人民法庭的内部教育和交流，大力强调和宣传人民调解工作在解决社会矛盾、维护和谐秩序等方面的重要性和必要性，让大家充分认识到指导人民调解不仅是一项法定职责，还是一项政治责任。人民法庭一定要提高监督和指导人民调解工作的积极性和主动性，只有认识问题到这个层次，才能真正在实践上下功夫。

（2）要依法及时审理有关人民调解协议的案件。当有关人民调解协议的案件起诉至人民法庭，人民法庭内部的相关工作人员必须严格依照法律规定进行，不得拖沓、轻视，符合条件的应当及时受理，不符合受理条件的也应当详细说明理由。并且在受理过程中要让调解活动贯穿整个审理期间，必要时可以邀请人民调解员参与法庭调解。通过邀请人民调解员参与人民法庭的审理工作不仅有助于案件的解决，更有助于通过工作过程中的交流沟通实现对人民调解工作的指导。

（3）建立人民调解协议专项通报制度。人民法庭可以设立一个针对人民调解协议案件的专项通报制度，即对于起诉到人民法庭的人民调解协议的案件，如人

民调解协议成功达成后,当事人又反悔起诉到法院或请求对人民调解协议进行变更、撤销等的案件进行专项通报。人民法庭在审理此类案件时,就可以重点关注人民调解委员会在调解的过程中是否存在问题或不足。一旦发现存在问题,人民法庭就要及时进行业务指导,纠正人民调解员的调解手段,提高人民调解员的调解能力。

(4)建立纠纷常态通报和人民调解反馈制度。人民法庭可以根据当地的实际情况,依法对本辖区内的民事纠纷进行统计分析,其中应当包括民事纠纷的特点、难点、注意点、解决建议等,再将统计分析抄送至当地人民调解委员会,要求人民调解委员会必须重视统计分析表的内容并提出问题和意见,由人民法庭及时进行解答。同时,人民调解委员会要按月或按季度向人民法庭反馈该月或该季度的人民调解统计表,统计表的内容应当涵盖一定时间内人民调解委员会调解的纠纷数量、纠纷特点、多发性纠纷的频率和特点、调解难点与调解过程中所产生的困惑和困难等。人民法庭在收到人民调解委员会的统计表后,也应当仔细阅读,及时基于统计表的内容给予反馈。

(二)抓人民法庭工作,提高对人民调解的指导水平

人民法庭是指导人民调解工作的前沿阵地,因此抓好人民法庭的工作是做好指导职能的首要途径。

(1)加强人民法庭组织建设。我们应当格外严格谨慎地选择人民法庭的庭长和副庭长,他们必须由法律业务精通、政治立场坚定、有高度的责任心等特质的人来担任。作为人民法庭工作的"领头羊"和"引路人",他们的存在对于人民法庭的发展起着关键作用。因此,我们要着重引进高素质、能力强、专业过硬的法律人才到人民法庭,以人才引入来充实人民法庭的队伍。

(2)加强对人民法庭法官的专业能力培训和职业道德建设。一方面,要重视对法官专业能力的培训。因为法官作为案件的审判人员,法官的工作能力和效率高低不仅决定案件的审判质量,也影响人民群众对司法机关的信任度;作为对人

民调解工作负有指导职责的主力军,则决定指导工作的效果。对法官的培训内容应当包括各种法律及司法解释等,培训活动必须落在实处、落在点上,而不是走形式、搞虚假。另一方面,提高法官的职业道德素养更是刻不容缓,因为这对于实现司法公正、提高人民对法院工作的信任度等都具有决定性的意义。做好法官的职业道德建设就是要求法官树立秉公办案、刚正不阿的信念,做到清正廉洁、公正审判、依法审判,不辜负人民和国家的信任与重托。

(3)各级人民法院要做到"眼睛向下看",做好人民法庭的物质保障工作,这是人民法庭做好各项工作的基础。一旦发现人民法庭存在物质保障工作不到位的情况,要及时反映给人大和党委,特别是经济条件较为落后的地区,更要积极为他们争取专项资金,做好对口支援工作。

(三)人民法庭指导人民调解工作的主要方式

(1)通过具体的个案进行指导。❶ 一方面,人民法庭在审理有关人民调解协议的民事案件时,要仔细审查协议是否有效。若审查后发现人民调解协议是严格依照法律规定作出的,则应当对作出调解协议的调解委员会予以支持和鼓励,以提升人民调解员的工作热情和信心;而对于经过人民法庭生效判决确认被撤销、被变更或无效的人民调解协议,则要引起重视,不仅要及时通知当地的调解委员会,指出他们的工作中存在的不足,还必须提出改进的方法和建议,让他们可以针对自己的不足对症下药,并持续在今后的个案中加强监督,督促人民调解员及时改正和提高,从而促使人民调解员发现自身不足,总结经验教训,提高人民调解工作的专业性。另一方面,人民法庭可以通过以案带会、以案代训的方式对人民调解员进行业务指导。即对于具有普遍性的案件,人民法庭应当组织人民调解员进行庭审观摩或参与审理,让人民调解员对普遍性案件有个基本的认识和自己的想法。在庭审结束后,人民法庭的法官可以召开案件讲评的会议,在会议上对

---

❶ 周立.新时代人民法庭推进法治乡村建设的路径[J].人民法治,2018(14):65.

该案进行重点难点的讲解，同时听取人民调解员的意见和想法，解答他们的疑惑，争取让人民调解员将具有普遍性意义的案件吃透，从而提高人民调解员的调解能力和法律素养。

（2）进行实地调研，以期更好地指导人民调解工作。"没有调查就没有发言权"，在日常工作中，人民法庭工作人员不仅要认真听取人民调解员的想法和报告，跟进辖区内的工作开展情况，了解是否取得新的进展和亮点等，同时还需深入辖区内各街道、乡镇等进行座谈走访，对当地人民群众的看法和意见要了然于胸，听取他们对于完善当地人民调解工作的新点子、新建议。在实地走访过程中，我们不仅可以针对新时期人民调解工作存在的疑难和缺失获取更深层次的体会，还可以在了解人民调解工作已经取得的成果、过往的一些好的经验做法等优势中寻求解决方法，从而加强对当前社会矛盾和调解工作的特征，以及将如何发展人民调解工作、如何让人民调解工作的效用最大化等的思考。在此基础上，再针对人民调解工作在新时期出现的问题提出建议，积极促进人民调解工作的大跨步发展。

（3）吸纳人民调解员加入人民陪审员的队伍。人民法庭可以根据当地人民调解员的实际情况，选配部分人民调解员担任人民陪审员，参加人民法庭的庭审活动，让人民调解员担任人民陪审员，听取人民调解员对案件的看法和建议，让人民调解员在实际的庭审中学习业务技能。这样一来，不仅可以让庭审实现司法民主，还可以让人民调解员在实践中学习法律知识和掌握解决纠纷的技巧。

（4）实现人民调解与司法调解的对接。人民法庭应当建立人民调解与司法调解的对接中心，明确人民调解委员会和人民调解人员的联系方式，制定人民调解与司法调解对接的具体措施和办法，通过多种形式如驻人民法庭辖区各镇便民诉讼服务点和调解工作室、流动调解工作站的调解网络等实现人民调解与司法调解的对接，实现人民法庭与人民调解委员会的对话和沟通，释放人民调解解决纠纷的潜力，发挥人民法庭审理与人民调解联动的化解纠纷的作用。

（5）建立对人民调解员的监督反馈机制，督促人民调解员廉洁履职。[1]人民调解委员会是一个具有自治性、群众性的组织，若缺乏必要的监管措施，容易出现工作不到位、工作效率低下甚至是贪污腐败等问题。人民法庭在指导人民调解工作的同时应当注重监督人民调解工作，一旦发现违法行为，应立即制止，进行依法依纪处理或向当地司法行政部门进行反馈。

为此，我们可以通过以下程序来实现对人民调解员的廉政监督。一是制定规范。要严格制定"人民调解员廉洁履职监督管理办法"，该办法应涵盖人民调解员的日常工作规范和行为规范，如着装整齐、言行举止规范、不得违法调解、不得泄露调解当事人秘密、入职时应当签订《人民调解员廉洁履职承诺书》、若违反上述要求应当接受处分等规定。二是树立意识。由于人民调解员来自各行各业，未接受过专业的廉洁教育培训，缺少基本的廉政意识，抵抗诱惑的能力不足。因此人民法庭应当定期为人民调解员举行廉政教育培训会，以此来提高人民调解员廉洁履职意识，提升其防范风险诱惑的能力，使廉政意识内化于心、外化于行，真正做到调解民众纠纷时公平公正、合法合规。三是时常审核。人民法庭要安排专人对案件、文书等进行复核，定期对人民调解员出具的相关材料进行审查，以确保人民调解工作不存在法律法规的禁止性规定，证据材料完整无纰漏，调解过程符合法律规定。四是设置举报路径。为督促人民调解员廉洁履职和公平公正地处理案件，人民法庭应设立举报电话和邮箱，由廉政监察员负责接听电话和记录内容。若廉政监察员接到相关举报电话，应当第一时间进行内容核实，确有其事的要及时进行汇报并处理，并将结果反馈给当事人，做到公正处理的同时防止舆情扩大化。五是严厉惩罚。若人民调解员在履职过程中出现违法违纪等问题，核查属实后应严厉惩罚。首先停止其调解工作，其次人民调解员可以进行申辩、复议和申诉，最后根据处罚条例进行惩处，情节较轻的可予以警告、通报批评、减少津贴费用、暂停工作，情节严重的则应当报送司法部门决定是否撤销其

---

[1] 龚浩鸣. 乡村振兴战略背景下人民法庭参与社会治理的路径完善 [J]. 法律适用，2018（23）: 92.

人民调解员的资格。

（6）强化与地方司法行政部门之间的协调合作，以多种形式增强人民调解员的专业能力和素养。首先，在审判典型性、多发性、常见的民事案件时，可以安排人民调解员参加案件审判的前期工作或者组织人民调解员旁听开庭审判，抑或聘请资历深、实力强的人民调解员为本案审判的人民陪审员，以帮助人民调解员在具体案件的审判过程中掌握法官的调解技能与经验，同时加强庭后的沟通交流，学习法官的调解思路，从而提高他们的调解能力。其次，人民法庭可以采取定期授课的形式对人民调解员进行专业能力和业务水平的培训，从而加强人民调解员对人民调解工作的认识和提升他们在调解工作中的技巧。授课内容围绕当地人民调解委员会常遇到的纠纷来进行，如可以结合人民法庭的实际工作，通过列举典型多发的赡养、人身赔偿、婚姻家庭等案例为堂课的切入点，以分析案例的形式为大家深入浅出地讲解法律条文。同时，授课人员还可以与人民调解员进行互动，调动课堂的气氛与学习热情，以便人民调解员更好地吸收授课内容。在讲解法律知识之后，授课老师还可以进行现场指导，如在今后的工作中，如何做到准确适用法律法规及灵活掌握调解方法，以达到最大程度地将矛盾化解在人民调解工作中的目标。最后，鉴于当前仍然存在人民调解委员会制作的人民调解协议不规范不合法的情况，人民法庭要加强指导人民调解委员会的调解文书格式规范，建立健全人民调解委员会的各种规章制度，进一步明确人民调解委员会的任务和工作原则、人民调解工作的目的、人民调解员的行为规范、人民调解工作的文书档案管理方法等，使人民调解委员会走上规范化、制度化的道路，做到在矛盾纠纷排查调解工作中有章可循、有条不紊。❶

（7）考评问效，建立激励机制。人民法庭指导调解工作必须做到求真务实，不能流于形式、浮于表面，要把指导人民调解工作列入对人民法庭工作人员的绩效考核中，把指导调解工作的成效当作一个最主要的考评指标。凡是在指导调解

---

❶ 丁晓.人民法庭多元化纠纷解决机制的构建——以家事纠纷解决为视角[J].黑龙江生态工程职业学院学报，2018（2）：71.

工作中表现出色、成绩优秀的有关人员，要在今后的考核评优推先中择优考察，并授予一定的荣誉。对于成绩不佳、推卸职责的相关工作人员，要在单位内部进行通报批评，并失去评先推优的机会。只有将指导人民调解工作作为人民法庭基础工作的重要部分，利用奖惩制度调动全体上下的积极性，大家才会愿意有倾注更多热情并为工作输入源源不断的动力。

（8）人民法庭要长期对人民调解工作进行指导。人民调解委员会的调解工作和人民法庭的审判工作如同两条并行的火车轨道，既相互独立又彼此联系，如何在保持人民调解工作独立性的基础上实现人民法庭对人民调解工作的指导是一大难题。为此，我们可以通过在人民调解委员会中设立联络员的方式进行双向联络。联络员的工作一方面是向人民法庭反馈人民调解工作中遇到的难处和问题、保持人民法庭与人民调解委员会之间的经常性联系，另一方面向人民调解委员会传递最新的法律资源、法律信息，传达人民法庭的最新指导和审判工作的亮点、突破点等，实现人民法庭与人民调解委员会之间的互通有无。"联络员"的设置是打破人民法庭与人民调解委员会之间的"僵局"的一个重要方式，致力于长期实现人民法庭与人民调解委员会的沟通联系。

（9）人民法庭对人民调解工作的指导，以不直接介入具体的调解活动为基本。一方面，虽然指导人民调解工作是人民法庭的法定职责，但人民法庭的最主要职责仍是公正审判，审判工作是人民法庭的最基本职能。若人民法庭直接介入人民调解工作，将会消耗大量的时间和精力，导致"本末倒置"。另一方面，作为解决纠纷的"最后一道防线"，人民法庭若是直接介入人民调解工作，将会使得"最后一道防线"形同虚设，是对司法资源的严重浪费。

三、加强人民法庭指导人民调解的各项工作

某些地区的人民调解工作存在比较大的问题，不仅导致人民法庭的指导对象缺失，使人民调解机构形同虚设，还会影响人民法庭的职能发挥。

（一）建立矛盾纠纷调解制度

人民法庭可以提出建议以建立和完善矛盾纠纷调解制度，调动人民调解员的工作热情，同时实现人民调解工作的规范化和制度化。一是应当完善分级调解制度。对于一般性纠纷，先由村（社区）级或者企事业单位介入进行调解，对于调解不能的，再转由乡镇或县级人民调解组织进行调解，努力实现矛盾纠纷就地解决。二是建立矛盾纠纷化解奖惩制度。根据基层人民调解组织所调解的矛盾纠纷数量来决定具体考核和奖惩结果，对按照法律规定调解成功并制作调解文书数量越多的人民调解员进行奖励，对怠于完成调解工作的人民调解员进行督促监督。[1] 奖惩制度是最能有效提高人民调解员工作积极性的方式，也将大大推动人民调解制度和调解工作的规范化建设。

（二）加强人民调解队伍建设

（1）人民法庭参与指导人民调解员的公开选拔，择优录取。人民调解员的选拔既要重"量"，更要重"质"。在当前的新形势下，社会矛盾纠纷多变且复杂，仅靠诉讼方式化解是很困难的，这就决定了人民调解工作的重要性。我们不可否认，人民调解工作日渐艰巨。因此，为了让纠纷更好地在基层被解决，我们就要努力培养质优量足的人民调解员，并且要让各个行业或领域都存在一定担任人民调解员的人员，以人民调解员分布的广泛性来促成纠纷的就地解决。对此，国家公务员的招录方式值得我们参考，以公开招聘人民调解员的形式来扩大招录范围，让更多了解本行业或领域且对人民调解工作怀有热情的优秀人才有机会加入到人民调解队伍里来。在招聘人民调解员的过程中要看重招聘人员的素质，因为人民法庭承担着指导人民调解的职责。在选拔人民调解员的过程中人民法庭应当派驻工作人员进行指导和建议，保证选拔出的人民调解员素质和要求达标。人民

---

[1] 赵志．人民法庭参与基层社会治理创新的范例分析——现实与制度构建［J］．法律适用（司法案例），2018（2）：72.

调解委员会是解决矛盾纠纷和维护社会稳定的重要组织，想要成为一名优秀的人民调解员，必须具备出色的调解能力和专业素养。所以人民法庭要联合人民调解共同积极动员退休的法律工作者或法学教师、律师等法律行业的专业人才来担任人民调解员，也可以引入一批高学历法学专业毕业生，为人民调解组织输入新鲜血液，做好人才储备。

（2）人民法庭要加强对人民调解员的培训工作。人民调解员的培训工作对提高人民调解员的职业水平和专业素质都起着不可替代的作用，因此，加强人民调解员的岗前培训和在岗定期培训是必要的。培训方式可以多种多样，如现场观摩、现场教学、经常性的经验交流等。通过对人民调解组织有指导职责的司法行政部门和人民法庭的共同努力，选择资深、有经验的法官对人民调解员进行业务培训，培训内容包括但不仅限于人民调解员的专业素养培训、人民调解员的业务技能培训、不同行业的人民调解员的专业能力培训等。同时，培训过程中采取常规与专项相结合的方式，既要进行具有普遍性、常规性的技能传授，又要进行具有针对性、非常规性的专项业务指导，如针对社会发展中所出现的新问题、新难题等进行讲解和辅导，有组织、有计划地对人民调解工作进行有效培训，逐步提高人民调解工作人员的整体素质。

（3）人民法庭指导推进人民调解队伍职业化和社会化的结合。首先，把人民调解工作建设成一种专门的职业。此举的最终目的是让公众了解人民调解的重要性和存在价值，提高人民调解员的社会地位，从而激起公众对人民调解工作的兴趣和积极性，吸引更多的人才参与人民调解工作中来。为此，我们需要加强人民调解工作的职业化建设，具备该职业必需素质和要求的人才可以加入成为人民调解员，而入职之后的人民调解员必须严格遵守人民调解工作的内部规定和职业规范，并可以通过从事人民调解工作而获得相应的社会报酬。此外，我们要重视各种社会力量在解决社会矛盾纠纷中的重要性，吸引更多的社会人才进入人民调解行业，不仅可以减轻现有的人民调解工作的负担，还可以通过专业的人才来提高人民调解工作的效率和专业度，以此来激励更多的优秀人才进入人民调解行业，形成一种良性互动。

(三）完善人民调解司法确认制度

首先，应当修改《人民调解法》所规定的"司法确认应当由双方当事人共同向人民法院申请"的条件。该条件对当事人的行为限制过于严格，不利于当事人的权益保护，应将其变化为"只要一方当事人申请司法确认即许可"。其次，应当放宽司法确认的申请时间，明确规定可以顺延司法确认期限的情况，而不是一律不能超期限，以切实地维护权益人的合法利益。再次，对人民调解协议的模板进行明确，并出台具有指导性的规范性人民调解协议模板，以供人民调解员参考，提高人民调解协议制作的规范性。最后，没有执行就没有意义，为了更好地保护当事人的合法权益，我们应当提高对司法确认调解协议的适用率和执行力，让司法确认调解协议实实在在地被依法适用，而不是让它成为难以落地的空中楼阁。只有让广大人民群众亲身感受到司法确认制度带来的红利，才能有效提升人民调解工作的公信力。

（四）做好人民调解工作的经费保障

巧妇难为无米之炊，没有充足经费保障的人民调解工作的开展非常艰难。由于缺乏外部的激励政策和手段，人民调解员对调解工作的积极性大打折扣。为此，想要改善人民调解工作经费保障不足的现状，我们应当多措并举地增加人民调解工作经费。一方面，对《人民调解法》第四条规定的"人民调解委员会调解民间纠纷，不收取任何费用"进行修改，变为"人民调解委员会调解民间纠纷，收取一定费用"。这样不仅可以从内部增加人民调解工作的经费，还能通过收取一定费用的方式来提高人民调解的社会地位，提高社会大众对人民调解工作的承认度。另一方面，要通过增加财政预算的方式加大对人民调解工作的经费保障。《人民调解法》要细化已规定的补贴发放的对象及如何进行发放，同时还应建立统一的合适的补贴标准和补贴审批程序，以此来提高基层人民调解员的工作待遇。经费保障是人民调解工作的"水之源、木之本"，做好经费保障工作是有效提高人民调解工作吸引力及调动人民调解员工作积极性的重要手段。

（五）构建人民调解道德评价体系

在调解过程中，总是很难避免不正当的甚至是恶意的调解行为的出现，对权利人的权益造成了严重威胁和损害。这种局面的出现，正是由于人民调解没有法律强制力的保障，即缺乏强有力的惩罚措施，这才让某些当事人有了钻法律漏洞的机会。想要解决这个问题，动用法律的强制力是不妥当的，但我们可以通过在人民调解的过程中进行道德评价来约束纠纷当事人，督促当事人在调解过程中遵守道德和法律。首先，我们需要建立一个标准化的人民道德评价体系，如是否诚信、是否遵守合同约定、是否说谎等都可以成为道德评价体系的内容。在调解过程中，人民调解委员会则可以按照这个体系的要求，对纠纷当事人的表现进行综合评价；若调解不成功，人民调解委员会则需要探究不成功的原因，分析纠纷当事人在本次调解失败中各自应负的责任或者各自是否存在过错，从而综合全局对他们进行道德评价。接下来就是人民调解道德评价体系真正发挥约束力的时候。若纠纷当事人的案件进入诉讼程序，人民调解委员会则可以将在调解过程中对当事人作出的评价报告提交给人民法庭，审判人员可以在判断当事人所提供的言辞等证据的真实性时进行参考。对于人民调解道德评价较低的当事人，在法庭中可能处于一个"不被信任"的境地。这样我们就可以对纠纷当事人调解时的行为进行约束，从而提升人民调解工作的有效性和认同度。当然，既然人民调解道德评价体系的运用可能会影响当事人在法庭中的局面，人民调解委员会在实际实施的过程中就必须慎之又慎，做到评价时有理有据，千万不能虚假操作，要时刻谨记，维护好人民调解工作最基本的职业素养。

四、开创"人民法庭+人民调解"的治理模式

"人民法庭+人民调解"的治理模式是指人民法庭和人民调解联合办公，在人民法庭内部设置人民调解室，以及在人民法庭管辖的乡镇设置便民调解室，双

方在不影响对方职权行使的前提下实现社会治理效果的最大化。这样的社会治理模式不仅有助于人民法庭与人民调解的互动互助，实现人民法庭对人民调解的指导和监督，还能推动法治观念的普及进程，助力我国社会主义法治化建设。

"人民法庭+人民调解"的社会治理模式是对基层社会治理模式的创新，也是对人民法庭指导人民调解工作的设想。针对此种社会治理模式，笔者提出以下几点想法。

（一）设置方式

将人民调解引进人民法院、人民法庭，分别设置驻院调解中心和驻庭调解室，在村级便民服务点设置便民调解室，形成院、庭、点与人民调解的有机结合。在这样的治理模式下若发生纠纷，纠纷当事人进行调解的途径有多种，包括以人民法院或人民法庭委托调解，当事人自行申请调解，以及有关部门委托驻院调解中心、驻庭调解室进行调解。若当事人之间成功达成调解协议，则可以就近向人民法庭申请司法确认。若调解失败，当事人可直接起诉。将人民调解引进人民法庭的社会治理模式下，虽然人民法庭与人民调解仍旧是职权独立、互不干扰，但实际已经建立了密切联系。

（二）可行性

人民法庭往往为了方便当地人诉讼，会在辖区内设立便民服务点、便民联络员等，"人民法庭+人民调解"的社会治理模式就是以人民法庭已设立的便民服务设施为基础，既不需要重复设立机构，也不需要重新招募工作人员，只是将人民调解引进人民法庭，使人民调解机制层层结合，实现人民法庭与人民调解的优势互补。在实际工作中，驻人民法院调解中心、驻人民法庭调解中心及驻村级便民服务点的便民调解室的人民调解员由当地的乡镇调解委员会自由选取，而村委员、居委会的人民调解工作则由人民法庭便民联络员负责。这样的人员交叉安排更有助于调解工作经验的学习交流，在实现便民服务的同时也可以实现对人民调解的指导。

"人民法庭+人民调解"的社会治理模式做到了点、线、面的科学规划，不仅不需要人员与机构的重复设置，运行成本低，而且可以发挥基层工作人员化解乡村社会纠纷的经验优势，在实践中容易被大众接受，可行性强。

（三）建立人民法庭法官联系基层人民调解委员会、调解室的工作制度

为了进一步加强人民法庭对人民调解工作的指导，人民法庭的法官要定期或不定期地到人民调解委员会、调解室进行工作指导和监督，对人民调解委员会、调解室的工作提出建议和改进意见，同时实现人民法庭与人民调解职能的有机融合。人民法庭与人民调解委员会并非两个毫不相干的机构，而在职能上有重合的地方。因此对于职能重合的工作，人民法庭与人民调解委员会、调解室可以共同完成，如进行教化群众、引导群众的基层法治宣传工作。这样做的好处有两方面，一是如果两机构都分别实施某项工作，则会存在不必要的劳动重复，出现资源浪费的情况。而两者若是合作完成任务，不仅可能呈现的效果更好，还可以节约双方的时间和精力成本。二是两者的共同工作不仅是业务交流的过程，也是人民法庭指导人民调解工作的过程。

"人民法庭+人民调解"的社会治理模式并非一个空想的治理模式，而是经过我国某县实践过的具有可行性的一种创新模式，该县在这样的治理模式下创造了不到一年"受理案件1165件，调解结案的955件，成功率高达81.97%，兑现案款5700多万元"佳绩。因此，"人民法庭+人民调解"的社会治理模式是更好地实现人民法庭指导人民调解工作的一个可行路径。

当前人民法庭在指导人民调解的过程中遇到了诸多困难和问题，在指导理念和指导措施方面仍然停留在过去，无法满足人民调解日益增长的业务指导需求，也不能适应社会矛盾复杂和多发的特点，难以担起人民法庭在创新社会治理和构建和谐社会中的责任。为此，我们必须对新时期人民法庭应当如何指导人民调解的路径进行积极探索，发挥人民法庭审理与人民调解的联动效应，完善多元化纠纷解决机制，为维护社会和谐与稳定提供有力的法治保障。

第十一章 ▲ 人民法庭巡回审判制度

第一节　人民法庭巡回审判制度的演变与价值

一、巡回审判制度的内涵与特点

巡回审判❶是最高人民法院下属的巡回法庭与地方基层人民法院的派出机构，为了广大人民群众的诉讼便利，充分发挥司法的能动性，在其辖区内的巡回审判点、案件发生地、当事人所在地或者其他方便人民群众进行诉讼的地点，采取定期或者不定期的形式，进行民事诉讼案件的审判及开展其他与案件相关的如庭前调解、案件调查、法律宣传等司法活动的一种制度。❷

之所以主体中不包含最高人民法院的巡回法庭，是因为基层人民法院的派出

---

❶ 本书仅从狭义上定义巡回审判，即反指地方基层人民法院的派出法庭进行的巡回审判，不包括最高人民法院的巡回法庭所实施的巡回审判。巡回审判是为了方便人民群众进行诉讼活动，让人民法院的派出法庭深入交通不便、地址偏远的山区、牧区，针对普通民事案件、对当地有一定影响但争议不大的案件或者标的额不大的案件等进行审判，做到就地解决纠纷的一种审判方式。

❷ 李伟民. 法学辞源［M］. 北京：中国工人出版社，1994：576.

法庭和最高人民法院的巡回法庭涉及的巡回审判方式并不完全相同。最高人民法院的巡回法庭的巡回区域和设立地点都是有明确规定的,其案件审理可以跨行政区域,而地方基层人民法院的巡回法庭不能跨行政区域审理案件。并且最高人民法院的巡回法庭所作出的判决、裁定效力与最高人民法院作出的判决、裁定效力一致,而当事人对基层人民法院的巡回法庭所作出的判决、裁定不服的可以向上一级法院上诉或者对已经生效的判决、裁定提出再审。巡回审判的特点如下。

首先,巡回审判方式具有便民利民的特点。巡回审判充分体现了"法官多走路,群众少走路"的服务宗旨,让法院深入人民群众,扎根基层,在群众有了矛盾、纠纷之后,不再局限于"多一事不如少一事"的思想中,充分利用派出组织带来的便利,及时有效地解决百姓身边的纠纷,保护他们的权利和利益。"巡回审判"出现的原因之一是"司法为民"这一理念的实际践行。考虑地区资源不平衡、客观条件不一致,如地区偏远、地域辽阔而居民少等原因会导致诉讼的不便利,那么在当事人和法院之间就可以将传统模式中"当事人找法院"变为由法院主动出击、主动为人民服务。在四川尤其是川西地区,由于地势险峻、地广人稀及川西地区内多为游牧民族,生活居住地址的不固定也造成了司法普及的客观不利,这就需要巡回审判来延伸司法的广度和深度,秉持着"一切为了人民"的思想,巡回审判也衍生出"马背上的法庭""摩托法庭""帐篷法庭"等特色法庭。

其次,巡回审判方式具有流动不固定的特点。既然是巡回审判,那么不管是人民法庭的巡回地点还是其巡回时间都可以是流动不确定的,它可以根据不同地区的实际情况而变动,运作上也是多元化,可以根据该地区群众的实际需求和场所的不同来灵活安排。但是,从另一个角度来看,或许也是因为尚未有明确具体的法律文件来对这种审判方式进行约束,没有一个整体系统的规定,也没有细化具体的要求,让其有了不固定性,这一方面让巡回审判工作有了更多自由发挥的空间,另一方面会导致巡回审判方式停滞不前,难以发展前行。

再次,巡回审判方式所审理的案件还是传统的民事案件为主,尽管有时也会有对行政案件、刑事附带民事诉讼案件或是一些在当地有较大影响但争议不大的案件的审判，但还是少数。

最后，巡回审判以调解为主，面对纠纷多采取就地解决的方式。上文提到，巡回审判所解决的案件绝大多数都是民事案件而非刑事案件，受传统思想影响，老百姓在遇到纠纷时更加倾向于以调解解决纠纷，这样的特性也有利于与社会调解组织的职能相对接，将一些离婚案件、邻里纠纷案件等联合人民调解员、社会调解组织共同解决也有利于社会调解资源的整合。"巡回"也表明了人民法庭审理案件不再是"坐堂问案"，法庭开始走出去，便民法庭的地点可以出现在田间地头，可以是在马背上、帐篷里，可以是建筑工地，还可以是村民院落中，让案件在"第一现场"得到公正、高效、合理的处置。

二、巡回审判制度的历史演变

我国巡回审判制度是以便利人民、服务人民、公正高效为核心的一项审判制度。在中国，巡回审判制度由来已久，在不同的朝代，其作用也有着细微的差别。我国现行的巡回审判制度是对解放战争时期诞生的"马锡五巡回审判方式"的继承和发展。在中华人民共和国成立初期，巡回审判也经历了各种发展阻碍。近年来，由于法治社会的建设，该制度又被重新纳入法治发展的轨道上来，"巡回审判"这项制度再次备受关注。

（一）巡回审判制度的开端是西汉时期的录囚制度

录囚也被称为"虑囚"，它是指在中国封建时代由皇帝和各级官吏比如刺史、郡守等定期或不定期巡视监狱，对在押犯的情况进行审录，并决定是否可以原宥，以防止冤狱和淹狱，监督监狱管理的司法制度，是中国古代监狱史和司法制度史上的一项重要制度。西周时期就有司法官吏每年三月省视监狱的制度。西汉王朝建立以后，鉴于秦朝法峻刑残，囹圄成市而激起人民反抗的历史教训，吸取儒家的慎罚思想，对司法制度多有改革，并在此基础上建立录囚制度，但当时仅限于州郡刺史太守定期巡视所部狱囚。《汉书·何武传》记载，何武有"行部录囚徒"。颜师古曰："省录之，知其情状有冤滞与不也。"其意思是，官员们利用录囚即检查记录囚犯的记录来核实，以此知晓这些囚犯的实际情况，是否存在冤假错案。《后汉书·寒朗传》载，东汉明帝"车驾自章洛阳狱录囚徒，理出千余人"。意思是说，东汉明帝驾车亲自在章洛阳的监狱中录囚徒，清理出了上千人。除此之外，在魏朝、晋朝、隋朝、唐朝、宋朝等都有录囚制度。比如在《新唐书·刑法志》中记载，太宗于贞观六年，"亲录囚徒，阅死罪者三百九十人，纵之还家"。意思是说，唐太宗在贞观六年亲自录囚徒，核查出三百九十多个犯死罪的囚犯，放他们回家。《宋史·刑法志》中记录："天子岁自录京师系囚，畿内则遣使。"录囚也是主管长官的职责，并有严格的期限。唐代由大理寺掌，还有监察御史巡行地方录囚。明清时皇帝一般不再亲自录囚。❶ 这种由皇帝和相关官员到各地监狱去核实审理冤案、假案的制度和现代的巡回审判制度有着相似之处，可以看出在中国古代，录囚制度是平反冤案错案的一项司法活动，也可以说现代中国巡回审判制度是对传统法制的继承和突破。

（二）历史上巡回审判制度的发展

唐朝。在唐朝，不论是经济还是法律制度都发展到了相对完善、丰富的阶段，因为经济上的富足、国力的强大，对人的关怀体现得更为明显。唐代依然继承了汉代的录囚制度："唐初虑囚，似上循汉世理冤之义……其初与汉制无大异。"❷ 唐朝初期的皇帝如唐高祖李渊和唐太宗李世民吸取隋朝灭亡的教训，充分吸纳儒家"仁政"思想，唐太宗在位后，设立了"安人宁国，先存百姓"的国策，还宣传"若损百姓以奉其身，犹割股以啖腹，腹饱而身毙"。就是说要是通过损害百姓的利益来侍奉自己，就像割下大腿上的肉来充饥，就算是肚子吃饱了也活不下去。因此，在唐初，李世民是非常在乎吏治、重视监察制度的运用的。

---

❶ 郭翔.犯罪学辞典［M］.上海：上海人民出版社，1989：86.
❷ 沈家本.历代刑法考［M］.北京：中华书局年版，1985：797.

除了在中央设立检察制度，核心地区也就是在京城，还赋予殿中侍御史巡回审判和对全国各地的监察御史进行巡回审判的权利。

明清朝。在明清时期，统治者仍然是通过监察机构对案件巡回审判，由于清朝主要还是继承明朝的制度，所以这里主要分析明朝的巡回制度。在明朝，君主专制到达了顶峰，巡按制度作为皇权的产物，充分吸收了前朝的不足，又借鉴其可取之处后逐渐完善，形成了一套完备严密的中央对地方的监察制度。所谓的"巡按"，是指中央派遣十三道监察御史去往各地巡视或考察，这些监察御史被称为"巡按"，也可以称为"按台"。明朝建立之初，对地方的检察主要还是靠提刑按察司，但皇权对于按察司是否真的能当好朝廷耳目一直持怀疑态度，因此皇帝还常常派出其他大臣出巡。明朝的巡按制度借鉴西汉的刺史制度，"位卑职重，与汉之刺史相似"，虽吸收了其以小治大，以卑临尊的做法，但也有所改进。当时改监察机关为都察院，巡按是都察院常职官员，需要到各地出差，到固定时间后方可回都察院，直接由皇帝派遣，不受制于任何中央机关。巡按是治官之官，对其要求甚高，其势力也越来越大。到了明朝中期，巡按"代天子巡狩"，地位也不再如初期那么低下，开始受到明显的倚重。到了弘治万历年间，巡按御史制度到达了顶峰，除了监督、考察的职责，还获得了军政、司法、行政方面的权力。与巡回审判相关联的职责主要是审录罪囚和审问职官案件。其中，审录罪囚就是指复核已经完结的案件，如果当事人对案件结果有异议的可以向巡按御史投诉，巡按必须受理，不能拒绝。如若在重新调查之后发现确实是冤假错案，原审判的官员还会受到相应的处罚。另外，涉及军政的案件需要直接向皇帝禀报，不得擅自提问。

（三）现代巡回审判制度的确定

到了现代，1925年巡回审判制度正式出现，当时的政府除了设立巡回审判制度，还颁布了相关的法律法规来明确巡回审判制度具体的实施细则。在这个阶段，巡回审判制度得到了群众的认可。到了抗日战争时期，新民主政权与传统观念发生了冲突，司法制度迫切需要开创一种新的审判方式以应对当时的纠纷解决，于是马锡五审判方式应运而生。在1943年前后，边区政府出台了众多政策来激励人民群众劳动生产，包括调动生产资料，使人口流动增大，也因此导致了民事纠纷的增多。在边区的司法背景之下，原有的司法制度在现实中的实践开始力不从心。在那个时期的法律规定或落后得与现实生活脱节，或超前得和人们的观念难以重合。例如，法律虽然规定了男女平等、婚姻自由、禁止包办婚姻、禁止买卖婚姻，但在实际生活中，社会风气根深蒂固，一时难以转变，还是有许多父母私自谈好价钱强迫子女结婚，被结婚的双方当事人也束手无策，虽然法律明文禁止，但几乎没有人会因此直接将自己的父母告上公堂，这时如果法律强行介入，只会产生反面的效果，还可能引发更大的社会问题。除了实践中的困难与传统风俗的冲突之外，也存在着其他的困境。例如，由于法律的不完善，没有相关的法律制度来限制约束司法人员的权力，这就导致了严重的刑讯逼供现象，即使发生了违法行为也没有惩罚措施，人民的权利被肆意打压，很难得到保障。于是陕甘宁边区司法界开始探索如何脱离上述困境，以马锡五、奥海清为代表的陕北籍干部逐渐摸索出了一套解决方案——马锡五巡回审判方式。这种模式将群众与审判密切联系在一起，与封建时代的地法制度和国民党纷繁复杂的法规不同，它充分为民众的实际需要考虑，由司法工作人员下乡，灵活地将人民法庭开到案发地以公开审理案件，人民群众可以参与其中并在一旁观看旁听，一方面可以进行普法教育，另一方面这种形式贴近群众，"从群众中来，到群众中去"，更能让群众产生当家作主的体会。马锡五的这种审判方式将法治建设与群众路线相结合，让人民也能监督法庭的审判，在一定程度上促进了边区法治建设，维护了社会的稳定，为当时的困境提出了一个实效可靠的解决途径。

三、巡回审判制度的价值

巡回审判制度在我国有着悠久的发展史，现代巡回审判制度充分贯彻了便民、利民的思想，以便利人民作为出发点，对广大人民群众、审判方式、民族地区法治建设具有重要价值，最大限度满足人民群众多层次的司法需求。

首先，巡回审判方式解决了偏远地区打官司难的问题。随着社会不断发展，人与人之间的经济往来不断增多，这也引发更多的经济纠纷。同时，我国的市场经济不可避免地让纠纷类型复杂多样，民事纠纷不再局限于土地问题、婚姻家庭纠纷、邻里关系矛盾等，逐渐呈现出新型化、多样化的特点，人民群众找法院的意愿也不断增强。例如，四川省川西地区的甘孜藏族自治州、阿坝藏族羌族自治州等地区属高寒缺氧的高原，冬天极端天气温度甚至能到零下四五十摄氏度，地广人稀、交通相对不便，而诉讼当事人从到法院提交起诉状、立案审查、排期开庭，再到审判及最后的执行，需要在住所地和法院之间往返多次，当事人提起一次诉讼不仅要耗费大量的时间，还要承担由此产生的交通费用和诉讼费用，效率低下，还劳心伤神，导致原本有诉讼需求的群众产生了畏诉、怕诉的情绪。在这片农牧区，少数民族人民由于生活习惯、民俗风情的差异和法律意识相对薄弱等原因，如有的少数民族采取游牧的生活方式，生活场所不固定，即便是相对固定的生活场所也可能因在广阔无垠的草原放牧或者两户之间相隔太远，导致难以找到当事人、打官司难的问题，这时再通过诉讼的方式解决纠纷，法官甚至可能需要到几十公里外去送达诉讼相关材料。如果继续采取原有的"坐堂问案"模式，很难适应类似地区的司法需求。这里的每一个法律工作者都意识到法治建设工作的任重道远，以甘孜藏族自治州中级人民法院为例，以"正义雪莲""石榴籽"两个品牌作为切入点，构建以"石榴籽调解工作室"、派出法庭为点，"正义雪莲女子审判团队"、马背法庭、车载流动法庭为线，线上立案、电子送达等信息化手段为面的"点线面"形式的少数民族地区新型诉讼调解体系。在海拔4000多米的四川省甘孜藏族自治州石渠县就有这样的一支队伍，她们在寒风彻骨、氧气稀薄的草原上，即便已经怀有身孕，为了开庭，骑着马匹，搭乘摩托，背着国徽、干粮，在零下20多摄氏度的寒风中依然无怨无悔地前行，将正义带到人民身边。

从成都出发，一路朝着西北方向行驶，在距离900多千米、5座海拔高达4000

米的山头后就是石渠县。石渠县地域辽阔，居住的人口不算少，但相对分散，2.5万平方千米的土地上大致有10万人散居着。2019年的冬天，石渠法院正式成立了"正义雪莲"女子审判团队，主要审理家庭纠纷案件。每当到了冬季、夏季，"正义雪莲"团队就开始行走在路上，将人民法庭开到扎溪卡草原。这里的被告席上出现过不愿意承担抚养责任的父亲、对妻子实施家暴的丈夫、不赡养老人的子女，旁听席上通常坐满了附近的牧民、村民或者一些学习的村干部，也有一些为了避免群众对于女子审判团队会偏袒女性这一想法而出现的男性工作人员。有一案件的被告（男）长期酗酒，曾多次殴打原告，在有关民政部门、村干部多次调解之后还是屡教不改，原告无可奈何又不堪其扰，只得求助法院。受当地传统风俗和一些地域文化的影响，以往当地妇女在面对家庭暴力时总是会被动或主动选择以忍气吞声、得过且过的心态去处理，但近年来，法制教育、法律宣传逐渐有了成效，人们的法律意识不断加强，同样的事件产生了不一样的后果，越来越多的女性不再选择沉默，学会了拿起法律的武器向违法犯罪行为反抗。这起案件从侧面印证着群众法律意识的提高。好在案情并不复杂，不过路途有些遥远，"正义雪莲"女子团队和往常一样，以方便当事人为主，采取巡回审判的方式来办理该案。由于是在冬季，草原已经是一片萧瑟，上午九点马路上还有许多薄冰，审判团队却早已踏上征程。搭好帐篷，挂上国徽，布置好法庭，一切准备妥当，法槌一落，帐篷法庭内案件就开始审理。对于离婚的结果双方没有异议，只是财产究竟要如何分割双方争执不下，考虑到男方在婚姻中有过错，财产的分割要尽力照顾女方，在人民法庭的主持下，大到房产、牦牛，小到绿松石、蜜蜡，都当场分割完毕，女方如释重负，含泪感谢"正义雪莲"团队每一位工作者。

其次，巡回审判制度开创双语审判的新模式。"双语审判"就是指在整个审理活动中使用少数民族语言或者同时使用少数民族语言和汉语进行审判。具体有两种模式：一种是法庭上直接利用少数民族语言来审理案件，另一种是人民法院以为诉讼参与人提供翻译的方式让其理解当地民族语言，以便参与到诉讼当中来。❶ 我国由56个民族组成，国家保障每一个民族的合法权利和利益。语言作为交流的桥梁，少数民族的语言和汉语的融合使用是我国各个民族之间相互交流、相互融合的必然结果，根据相关法律的规定，各个民族都有使用和发展自己民族语言文字的自由，各民族公民都有使用本民族语言、文字进行民事诉讼的权利，民族自治地方的人民法院和人民检察院应当用当地通用的语言审理和检查案件。因此，根据上述依据，少数民族群众必然有使用自己的民族语言进行诉讼的权利。在全面推进依法治国的过程中，让人民感受到公平正义是法治进步的必修课题，而公正既包含实体正义，也包含程序正义，程序正义是实体正义的必然要求。在诉讼过程中，若当事人无法用语言文字表述清楚自己的诉求，又谈何公平正义？从这个角度讲，只有诉讼语言得以保障，诉讼参与人才能更好地投入到诉讼活动中，更加专注地维护自身的权利。前文讲到的双语审判的两种模式在实际情况中的保障方式有所不同，在基层法院往往有经费不足的困扰，配备专门的翻译人员不太现实，职业化的双语法官是更多的选择。与普通法官相比，双语法官既要熟练地掌握汉语，也要能娴熟地运用少数民族语言表述清楚专业法律术语的意思。在解释案件、说明理由的时候，对于能够用日常生活中的词语解释清楚的自然是省力不少，但遇到如"善意相对人"这类专业术语，可能在民族语言中没有直接对应的解释，就需要非常熟悉该少数民族语言的法官运用自己的专业知识配合民族语言，为不能使用汉语表达的群众讲清楚、说明白。在巡回审判方式的语境下，双语审理拥有了一个全新的模式，少数民族聚居区的基层人民法院在巡回审判的过程中，一方面法官需要主动将人民法庭搬到更多场景中去，不局限于"公堂"；另一方面还要使用汉语和民族语言将群众调动起来，让他们参与到案件审理中来，保障每一位当事人的诉讼权利。

最后，巡回审判方式能够促进民族地区法治建设。与传统的审判模式不同，巡回审判是需要走到案件发生地或者当事人所在地去，这种模式下的一个巨大的

---

❶ 爱如娜.少数民族诉讼语言文字权的法律保护[J].内蒙古农业大学学报（社会科学版），2011（1）：32.

优势就是在审理案件的同时还能方便群众旁听,让民族区域许多不了解法律的群众能够更加直观地了解案件是如何审理。在法官的引导下,更多的人民群众可以结合实际的案例学习法律知识,在庭审结束之后群众还能直接就审判的案件所涉及的法律问题向审判人员进行询问,只有在认识法律、学习法律、明白法律后,群众才能遵守法律,明白如何拿起法律的武器保护自己的权利。除此之外,巡回审判的法庭还能通过这种形式直接向群众印发法制宣传资料,比起直接在社区分发法律宣传资料,结合实际案件的审理来进行法律宣传教育更能让群众感知法律的公平正义,体会审判的公开透明。

第二节 马锡五审判方式

一、马锡五审判方式的时代内涵与精髓

提到巡回审判就不得不提及马锡五审判方式,因为马锡五审判方式主张"亲民、爱民、为民",法官将人民法庭带到了群众中去,与巡回审判有着高度一致性,因此无论是马锡五审判精神还是其精髓所在,对巡回法庭而言都有借鉴意义。前文已经谈到马锡五审判方式出现的背景,20世纪40年代,时任陕甘宁边区陇东专员与边区高等法庭陇东分庭庭长的马锡五同志经常深入群众开展调查研究,上山下乡巡回审判、就地办案,紧密依靠群众,保护人民群众的利益,不局限于各种形式中,而是真正地为民、利民,不仅灵活办案、公正审判、简化手续,还大量运用调解的形式来解决纠纷,纠正了一些错误审判的案件,解决了一些疑难案件,被人民群众亲切地称为"马青天"。从历史的角度来看,那个时期法律法规缺失,司法制度并不完整,司法资源相对欠缺,许多尚未解决的纠纷矛盾急需解决,加之人民群众诉讼的不便,以"一切为了人民"为内在灵魂的马锡

五审判方式与这种背景迅速弥合,得到了人民群众的拥护,司法工作也因此能够在人民群众中扎根。可以说马锡五审判方式为当代的司法理念与审判制度作出了前所未有的贡献,是巡回审判司法制度的活水源头。这种审判方式的内涵与精髓表现在以下三个方面。

首先,马锡五审判方式坚持走群众路线,依靠群众,体现司法为民的内涵,也是我党"联系群众,从群众中来,到群众中去"的优良传统的体现。在抗战时期那种紧张而又简陋的司法环境下,如何能够快速有效的解决纠纷是一大难题,考虑到现实中法制体系的不完善,参与诉讼中的群众有时可能找不到相对的法律制度来支撑自己的诉求,部分群众法律意识不高,害怕涉及诉讼或者诉讼能力欠缺,常常对自己享有何种权利并不清晰,更不用提收集证据、举证质证的能力,只有依靠边区的司法工作人员始终恪守"一切为了人民"的理念来展开司法工作。例如,法官需要依据职能对当事人的问题进行解释,提供帮助,以保证群众能够充分行使自己的权利,保护自己的利益。此外,在马锡五审判方式的群众路线下,审判过程往往会有大量群众旁听,审判结果也要让群众满意,在缺乏法律制度支撑的情况下不得不借助乡土情理来解决纠纷。那么在法律体系已经逐渐完善的当下,是否还要继续走这种路线呢?情理与法理究竟该如何平衡?如果仅着眼于完备的法制体系而排斥"情理",那么法律也会变得干瘪,可上演以情动人的戏剧场面,让法律没有充分发挥其效力亦不合乎常理。仅以情服人,最后只会架空法律,让法律形同虚设。在司法改革的场景中,法理与情理的平衡是重中之重。在走群众路线的过程中,我们绝不能以情理干预法理,相反,更应该严格贯彻法律,将法律作出充满理性富有逻辑的解释,营造司法权威、尊重法律的社会氛围。若是过分强调情理,在本质上就是利用法官的个人行为来规劝周围群众,在氛围的感染之下群众会产生跟随的心态,最后本应由法律来规范的行为变成了一场集体干预,当事人的权利和利益看似得到了保障,但他们最终接受判决往往是出于中国传统民俗中"抹不开面"这样一种情绪,是被迫妥协。昔日马锡五审判中的"联系群众,让群众满意"在实践中确实取得了很好的效果,但不可忽视的是，在那个年代背景下，中国社会处在传统的熟人社会中，群众之间彼此熟悉，了解度很高，依靠群众能够直接获取大量的相关信息，从一定层面上能够提升办案效率，并且通过"上山下乡"、走访群众能更加便利地了解案件情况，给出公正的判决。马锡五也强调："群众不是法律专家，不熟练侦查技术，他们的意见可能一时为犯罪者造成的假象所迷惑。"因此要查明案件真相，需要将是非曲直厘清后再释案说理，将原则和具体情况结合起来。随着现代社会变迁，如果直接将此种路线嫁接至当今的制度上显然是不合适的，在司法改革这条道路上，选择法理还是情理并不是一个简单的问题，需要在实践中摸索、平衡。

其次，马锡五审判方式是典型的巡回审判模式，强调就地解决纠纷，具有很强的及时性。当时边区缺乏符合条件的司法工作人员，原本就较为繁重的审判工作很难圆满结案，而矛盾没有彻底解决就容易引发民愤，群众有时还会上访，司法工作陷入一个难以完成的循环之中，压力很大。为了完成审判工作，法官常常需要主动上山下乡，深入群众调查研究。同时，为了方便当事人诉讼，还简化了诉讼手续，在很大程度上缓解了边区人民群众在诉讼上的困难，弥补了司法资源的不足。随着司法制度一步步完善，司法资源的逐渐完备，抗战时期司法资源上的短缺已不复存在，马锡五审判方式与现代法治的碰撞下，其精髓仍值得我们借鉴。尽管国情民情都有了很大的不同，但"下乡办案""巡回法庭"等模式还是为我们如今的人民法庭治理提供了参考价值与实践模板。最高人民法院的数据显示，截至 2021 年 8 月，全国实际运行的人民法庭一共有 10 145 个，其中乡村法庭 6201 个、城区法庭 1234 个、城乡结合法庭 2710 个，法官人均办案 232 件，人民法庭还是承担着乡村振兴、参与社会治理等重大的战略任务。从这些数据来看，法官的工作任务非常紧张、繁重，继续借鉴马锡五审判方式所提倡的"下乡办案"、深入群众显然难以落实。并且随着法治宣传力度的加大、法治观念的深入人心，群众"遇事找法院"的情况也在不断增加，人民法庭受理案件的数量还会不断上升，现实的需求与资源的不匹配所引发的矛盾会越来越明显，因此更要牢牢把握住马锡五审判方式的精髓。现代科技不断发展，面对人力的不足，我们可以用科技的力量填补人力的缺口，即所谓的巡回审判可以让数据的线上巡回代替人民法庭的现实巡回，这样依然能发挥出其"及时雨"的优势。在智能手机早已普及的当今社会，这也并非什么难题。以少数民族地区的甘孜藏族自治州人民法院为例，它们正是利用微信平台上的小程序创建"微法庭"，打造官方公众号、官方软件，让群众在网上也能立案、查询案件相关信息、打印诉讼文书资料，让当事人足不出户就能享受诉讼服务，既减少当事人往返法院的次数，也节省人民法庭实地巡回的时间。甚至在征求当事人的同意之后，还可以采取线上开庭的方式。一方面省去交通费用，直接减少诉讼成本，地广人稀的地域还能间接缓解群众畏诉心理；另一方面也能缓和法官下乡的难度，保持住马锡五审判方式追求的高效、及时解决纠纷，提高群众对司法的认同感。但是，不能忽视还有许多不会使用或者操作不熟练的老年群体与特殊群体，因此也不能完全借力科学手段，毕竟徒科技不足以前行。

最后，马锡五审判方式是调解与审判的结合，以群众大会的形式展开，在解决纠纷矛盾的过程中还能对群众展开普法教育，以这种形式得出的审判结果，群众也更能接受。前文也提到，因为部分法律法规的不完整，需要借助"情理"来完成审判工作，马锡五在接到案件后会找当地的群众、干部了解具体情况，同时还会与他们进行商讨，有时还会上门做思想工作来说服当事人以解决纠纷。这种审判方式深刻体现出"不拘于任何形式，以能替人民群众解决实际问题为主"的理念，而这种理念在后来也导致马锡五审判方式被理解为是以调解为主的审判方式。从传统思想上讲，中国老百姓普遍是厌恶诉讼的，觉得与人对簿公堂就是一件不光彩的事，所以在当时思想还比较禁锢的条件下，不局限于传统的审判模式是更为实际的选择。另外，上文也提到，当时的法律并不完善，司法制度不够完备，有时找不到对应的法律来作出判决，以调解的方式结案是更优解。在抗战时期需要追求民心，如果是诉讼，必然会面临一方败诉的情况，败诉方很有可能对结果不满，因此就有可能失去一方民心。而调解不同，它能让双方协商出彼此都满意的结果，让政府能够获得双方当事人的民心。但是，实际上这种认知是不全面的，马锡五审判方式并不能等同于人民调解，法官也并不是调解员，我们要用历史的眼光看待问题，而不是仅立足当下去审视特殊年代的制度形式，因此把握住马锡五审判方式的精髓显得尤为重要。就像马锡五本人说的，以调解的方式结案的主要是小案件，且没有相关法律法规来管理的情况下才适用调解，大的民事纠纷或者刑事案件还是要依据案件事实与调查结果来作出公正判决。在如今的中国，法律已经相对完善，如果放置对应的法律文件不用继续一股脑地采用调解就会架空法律，降低司法权威性。马锡五审判方式着眼于调审结合的思路，其实在一定层面上也是在提升办案效率。而在现代社会，我们可以充分利用诉讼程序中现有的简易程序、小额诉讼程序等来持续简化各种规则，同时建立健全现代化的审判体系，不仅是人民法庭、基层的检察院、派出所等，还可以利用好人民调解委员会、信访窗口等基层社会治理的力量，让审判与多元调解共同参与纠纷解决，让司法真正做到便民、利民。

二、马锡五审判方式的借鉴与创新

在现代人民法庭中继承马锡五审判方式就必须牢牢把握其精神内涵（坚持党的领导、就地化解矛盾、手续简便利民、依靠群众办案、严格奉公守法），突出人民法庭工作的政治性、人民性、法律性，践行群众路线，坚持一切从实际出发的原则，打造出多元治理、一站式服务、调审结合的新时代马锡五式法庭。作为抗战时期司法制度的标志，马锡五审判方式最大的贡献就在于开创了中国本土化法治建设的道路，它的形成一方面完全契合当时社会的需要，另一方面也符合法律的基本原则，不管是从其便民利民、一切为了人民的精神内核理解，还是其在技术手段上重视简便、灵活的态度来看，都是追求法律效果和社会效果的统一、法理与情理的统一、审判与调解的结合、巡回审判与就地解决的配合、司法技术与司法理念的共同前进的优秀先驱，因此马锡五审判方式即使饱含沧桑却依然被频繁提及，在快速发展的现代社会仍能散发出法治的光芒。想要让马锡五审判方式重回司法轨道上前行发光，我们可以将目光附着于人民法庭之上。人民法庭作为人民法院的派出机构和组成部分，处于最末节细微的"细胞组织"，不仅承担着大量审判工作，还肩负着基层社会治理、乡村振兴的重大任务，可以说全面建设新时代社会主义现代化国家最基础的工程就包括新时代人民法庭的建设，要做好新时代人民法庭的建设工作就需要充分发挥其审判职能，不管是从理论的层面还是从实践的角度来看，人民法庭的发展都可以充分借鉴马锡五审判方式的优势之处。

第一，借鉴马锡五审判方式的精神内核可以指引人民法庭效能与定位之困境。人民法庭作为派出机构深深扎根在基层社会的最前线，在基层社会治理的新格局中承担着不可替代的责任。但是，当前人民法庭的审判工作与基层社会治理之间也存在着些许矛盾。一方面，人民法庭的职能定位并不清晰，作为派出机构，人民法庭有案件数量和审判质量双重考核指标，在这种压力下仿佛已经没有多余精力分给巡回审判、参与调解等司法工作，被动地陷入"坐堂问案"的境地之中。另一方面，由于人民法庭的工作也已经独立于党委政府，或多或少会让其不能清晰判断自身在社会治理中的职责所在，从而影响积极性。另外，由于多方联动的社会治理格局还未真正发挥其应有的效能，人民法庭与非诉调解纠纷的力量还未能达到最佳的协作效果，在人民法庭主动向非诉端引流以便联动发挥效力解决纠纷时，非诉端往往不主动接收、不积极调解，就会导致多元解纷治理效果不尽如人意。马锡五同志曾经强调："司法工作是多方向性的，是主动的，而不是不告不理的、被动的。"的确，只有主动肩负起审判职责，一切只为解决纠纷，追求多元化地化解纠纷，立足于马锡五审判方式的就地化解矛盾纠纷等治理模式，这样才有利于寻找人民法庭的社会治理路径，有利于推动司法工作效力的提升。除此之外，践行马锡五审判方式"依靠群众办案"的方法路线能更加高效地处理司法审判的专业度与司法诉讼服务的平民化之间的平衡关系。近年来，矛盾纠纷高发且呈现出复杂多样的趋势，从以往常见的婚姻家庭矛盾、邻里纠纷等逐渐演变到民间借贷问题、农村土地流转、城镇化建设引起的矛盾等问题上，涉及的法律关系也复杂化，这对基层人民法庭的工作能力提出了更大的挑战。这时，马锡五审判方式中的"群众路线"就可以成为很好的借力手段，以群众的力量来助力基层司法能力的提升，既能够以人民群众容易支持接受的方式、看得明白的方法展开工作，又能够遵循法律规则不逾矩。

第二，借鉴马锡五审判中"手续简便利民、严格奉公守法"的内核，构建便民、规范、合格的人民法庭。很多边远地区由于交通不便利，在有诉讼需求时很难第一时间得到帮助，这时人民法庭可以优化布局，根据乡村与城镇的划分，或者人口布局等合理布置人民法庭数量，实现司法服务的广泛全面覆盖。以便利人民为中心，合理利用网络、线上资源，让群众全天随时都能够自助式享受司法服务。还可以统筹规划线上线下的一站式服务点，一方面在公众号或官方软件上完善网上立案、提交资料、下载打印司法诉讼文书、查询相关案件详情的服务，另一方面配备线上法律咨询、缴费退费等相关配套服务。在线下依然突出强调便利当事人、简化程序的理念，推动诉前调解、审查立案、程序转换、案件移送等环节一站式办理或就近办理，让程序在内部流转，而不是当事人反复跟着案件流转。

第三，科技创新为马锡五审判方式注入新鲜活力。马锡五审判方式提倡就地解决纠纷、巡回审判案件，这种模式既能够方便化解群众的矛盾纠纷，也是开展普法教育的顺风车。在全面依法治国的今天，人民群众对于司法服务的需求越来越广泛，这些需求中也包括高质量的法律教育，我们可以充分利用上文提到的公众号，通过开放评论区与留言互动的方式来解答群众在法律知识方面的疑惑，还可以通过大数据的方式分类整理筛选群众最为感兴趣的案件类型，再推送类似案件的庭审直播。另外，智慧法庭的建设也充分呼应马锡五审判方式的"便民利民"理念，特别是在疫情影响下，为了疫情防控的需要，人群要尽量少地流动，更不用提外地的当事人诉讼权利要如何保障，跨区域的审判如何进行。这时为了方便人们，保障群众诉讼权利，科技为司法实践提供了更多的一种可能，诉讼可以依托网络实现，从起诉立案开始，中间的调解、举证质证、庭审宣判一切诉讼环节均在线上实现，全面提高诉讼效率、节省诉讼成本，还能提高案件审理公开化的程度。不能忽视的是，尽管线上审理案件有诸多的优点，但官方的 App 还未成熟运用、广泛推广。例如，相关软件中未能完整包含所有的案件类型，毕竟现实生活中案件复杂多样，更新很快，这点还需要改进；现有的提供司法服务的智能产品多是为法院内部服务的，很少有完全面向普通群众的产品出现，因此还可以创新开发出更多的大众化产品以适应现实需求，让人民群众切实体会到科技与司法结合所带来的便利。

总之，坚定不移地走群众路线，坚持一切为了人民、一切从实际出发是马锡五审判方式的精髓所在。在新时代借鉴马锡五审判方式一定不能生硬地照搬照抄、舍本逐末地强行嫁接，一定要因时、因地制宜，与实际情况结合，推动制度的革新，从精神层面由内而外地为马锡五审判方式注入新鲜活力，让其在新的时代再一次焕发生机。

第三节 人民法庭巡回审判制度的现状

从中华人民共和国成立初期到改革开放初期，马锡五审判方式所提倡的就地审判模式逐渐演变为巡回法庭，再进一步发展为人民法庭。在司法体系逐渐恢复的过程当中，人们觉得流动式的审判不太符合司法专业性的要求，巡回审判因此逐渐淡出司法舞台。2003—2009 年，最高人民法院出台《关于进一步加强司法便民工作的若干意见》，重新提及巡回审判工作，至此，各地基层法院又逐渐开始重视巡回审判制度。2014 年最高人民法院设立巡回法庭，在深圳设立第一巡回法庭、在沈阳设立第二巡回法庭，到了 2015 年还颁布《关于巡回法庭审理案件若干问题的规定》，紧接着全国逐步设立 6 个巡回法庭。目前而言，除了最高人民法院在全国范围内设立的 6 个可跨区域审理民商事及行政案件的巡回法庭之外，在各地的基层人民法院还设立有定期或者不定期在其管辖范围内以巡回的方式进行审判的巡回法庭。尽管近年来巡回审判制度重回历史舞台，并且在实践中逐渐积累经验，受到人民群众的赞赏，但不可否认巡回审判制度还存在着许多问题。

一、有关巡回审判制度的法律规定不够完善

近年来有关巡回审判的规定如下：《最高人民法院关于落实23项司法为民具体措施的指导意见》《最高人民法院关于全面加强人民法庭工作的决定》《最高人民法院关于加强人民法院审判公开工作的若干意见》《最高人民法院关于进一步做好2008年人民法庭工作的通知》《最高人民法院关于进一步加强司法便民工作的若干意见》《最高人民法院关于大力推广巡回审判方便人民群众诉讼的意见》《最高人民法院关于进一步加强新形势下人民法庭工作的若干意见》《最高人民法院关于巡回法庭审理案件若干问题的规定》《关于进一步发挥审判职能作用 促进旅游业健康发展》《最高人民法院关于建设一站式多元解纷机制 一站式诉讼服务中心的意见》《民事诉讼法》《人民法院组织法》。从以上规定可以看出，涉及巡回审判的文件多是采取的某某决定、某某意见、通知的形式，且都是概括性、原则性的意见，较为抽象，虽然可以看出国家对于巡回审判制度持有的是支持态度，但过于抽象分散，很难为实际中的操作提供具体的参考和规范，例如，《民事诉讼法》中规定："人民法院审理民事案件，根据需要进行巡回审理，就地办案。"《最高人民法院关于人民法庭若干问题的规定》中规定："人民法庭根据需要可以进行巡回审理，就地办案。"两条规定中都提到了"根据需要"，可却对这种框架性的语言没有作出任何解释，这就让基层人民法院的巡回审判工作难以实践而流于形式。并且，从上述规定来看，有关巡回审判的规范性文件并不多，因而没有一个体系化的规定，内容分散不够具体。由于没有具体规定来约束，各地巡回审判组织没有统一的规范化组织。例如，在有的基层人民法院没有设立专门的巡回法庭，而是直接由民事审判庭负责巡回审判工作，有的人民法院又专门

设有巡回法庭来开展巡回审判工作；一些民族地区在巡回审判的过程中有双语审理案件的需要，那么是否需要在巡回法庭中专门配备双语工作人员也是值得探讨的问题；基层人民法院的巡回审判工作采取的巡回周期也没有具体规定，在不同地区，由于人口分布紧密稀疏程度、距离气候等原因，巡回审判的时间也不太固定，这种不确定性同样会限制巡回审判制度的发展。

二、巡回审判模式的理念与司法制度的专业化存在冲突

我国是由汉族和 55 个少数民族组成，在少数民族地区存在着不一样的风土人情，进行审判工作的同时不得不考虑少数民族地区的传统风俗习惯对案件的影响。在实行巡回审判的过程中，如果仅维护法律的权威性，没有立足于不同的风俗背景而作出完全违背当地少数民族普遍遵循的习惯的判决，让当事人无法接受、纠纷无法解决，实则给司法权威埋下了隐患。即便立足于乡土社会、民族地区，过分地迁就少数民族风俗习惯，只顾着符合群众期待、符合道德、符合情理，让法律的约束作用微乎其微，又从实际上使巡回审判的效力未能发挥作用。此外，由于我国目前还未对巡回审判有具体的、系统的规定，那么从一定层面上而言，赋予人民法庭的灵活度是比较高的。举例来说，巡回审判多选用简易程序审理或是采取调解的方式化解纠纷，可能会导致程序上的混乱和用调解方式结案的案件数量过多。更有甚者，法官在巡回审判工作中先促成当事人达成调解协议，但实际上双方可能还尚未到人民法院进行立案，从当事人的角度来看，当然是高效便利地解决了纠纷，但从法律的角度而言，并未走正当程序的审理，其调解结果的正当性和合法性都让人难以信服，毕竟，正义不仅是实体正义，更应该体现程序上的正义，完整的公平正义才是现代司法应该强调的，司法机关只有充分遵循法律规定的审判程序后作出的判决结果才是真正的公正守法，才能在现实意义上实现实体正义。但是，因为法律规定的欠缺，让巡回审判制度没有可以依

据的具体规定，难以在客观上实现规范化发展。❶

三、双语法官培训、考核、奖惩机制不明确

在民族地区，基层人民法院开展巡回审判工作时往往需要能够熟练掌握民族语言与汉语的司法工作人员，但在现实中，由于基层人民法院的经费不足，配备专门的翻译人员存在困难，因而需要一定数量的精通双语的法官、书记员等，这不仅是对法律知识水平的考验，更是对司法工作人员能否灵活理解运用法律并将其翻译为通俗易懂的民族语言的能力的考验。在巡回审判法官本就紧缺的情况下，双语法官的培训显得尤为重要，特别是放眼现今的基层巡回法庭，精通少数民族语言的普遍是年纪稍大的中年司法工作人员，因而对于年轻法官的培训值得重视。另外，双语法官作为司法层面少数民族与法律对话的桥梁，其与普通法官存在一定的差异，工作任务也不完全相同，那么考核政绩时理应采取不同的标准来审核。通常情况下，法官是以服判息诉率和调撤率来考核办案能力的。❷ 面对双语巡回法官，若将巡回审判工作的结果列入考核范围，其审判质量难以得到监督，巡回法官对于巡回工作的积极性也会受到影响。更何况，对于双语法官的专业要求标准本就高，需要进行审判工作的同时在思维、语言上进行快速转换，巡回工作过程还要求法官去到偏远地区或是交通相对不便利的地方，可想而知会耗费更多的精力与时间，司法工作人员的食宿得不到保障，他们所付出的时间成本、经济成本与待遇不成正比，必然也会挫伤巡回法官开展巡回审判的积极性。换个角度来看，若是巡回法官违反程序、规定也没有相应的惩罚措施，比如本该是进行巡回审判的日期没有开展巡回审判工作、应当立案却没有立案且未予以说明、违背当事人的意愿而采取调解忽视法律权威性等行为该如何惩罚也都没有明确的规定，这同样会影响巡回审判工作的质量与发展。

---

❶ 苏力.送法下乡：中国基层司法制度研究[M].北京：中国政法大学出版社，2011：146.
❷ 张志远.当前中国巡回审判制度研究[D].上海：华东政法大学，2012：32.

四、巡回审判制度缺乏与基层组织的协作

我国司法审判活动中，法院往往是以居中裁判的身份来进行审判活动，并且法院和当地基层组织之间是没有行政隶属关系的，不存在领导与被领导或者监督与被监督的身份关系。但是，在巡回审判中，各区域的基层组织客观上有着与群众紧密联系、人员熟识度高、基层工作经验丰富、地域熟悉度高的优势，如果将这些优势融入人民法庭的巡回审判活动之中，就会从另一角度放大它的优势，如在法律宣传、调解纠纷、维护法庭秩序等方面。但是，在实践中人民法庭和基层组织或多或少欠缺长期有效的合作，导致应有的配合没有紧密联系上，如因缺乏有效的沟通和合作，人民法庭巡回审判的信息可能传达不到位，有诉讼需求的人民群众由于信息获取的不对称而错失利用巡回审判解决纠纷的机会。又如在开庭审理案件之前，人民法庭巡回审判工作人员没有与基层组织的调解人员联系协作，使得基层的社会调解人员没有加入案件审理的过程中，其工作量也会或多或少地增加，这也使巡回审判工作的效果没有最大化。从基层组织的角度来看，缺乏沟通协作也让其丧失了深入学习法律知识、提高业务能力的重要途径，对其自身的职业发展也是不利的。

第四节 人民法庭巡回审判制度的完善

在国家治理体系、治理能力现代化的背景下，绝对不能否认巡回审判对于化解民族地区纠纷、维护民族地区稳定和谐所具有的优势。我们应该牢牢把握住巡回审判制度的精髓，结合各少数民族地区的风俗习惯和风土人情摸索出贴合民族地区的巡回审判道路，进而完善巡回审判制度适应的法律法规，让民族地区巡回审判工作开展过程也有法可依、有章可循，而不只是流于形式或者缺乏体系化、

规范化的操作，使巡回审判制度充分发挥其便民利民、高效解纷的作用效果，让民族地区的人民群众在每一个司法案件中感受到公平正义。

一、建立健全巡回审判制度体系，完善相关法律法规

纵观巡回审判制度相关的法律法规，目前尚未建立统一的法律规范，因此在国家法治高速发展的当下应当尽快出台具体运行细则，支持巡回审判工作的进行。

首先，要合理界定巡回审判审理案件的范围及适用条件。基层人民法院巡回审判所受理的案件范围不应超过基层人民法院的受案范围，在不同地区，基层法院巡回法庭受案范围主要包括民商事案件辅之以轻微刑事案件和简单的行政案件。笔者认为应当明确统一受案范围，巡回审判工作主要还是应该考虑民事案件，商事案件涉及的法律关系往往比较复杂，很多情况下标的额也较大，对于矛盾冲突大、当事人双方争执太过激烈的案件不应由巡回审判来解决，毕竟巡回审判过程中人力物力有限，若是发生难以控制的情况威胁到审判人员的安全也是极为不利于审判工作的进行，具体情况还是可以参照《民事诉讼法》及《刑事诉讼法》中规定的关于简易程序适用范围的规定来确定巡回审判的受案范围。

其次，对于是否开展巡回审判也应当有明确的规定。目前来看，巡回审判多使用在偏远地区、民族地区、经济欠发达或者交通不便利的地区，由于各地区情况不同，因此应该结合人员分布情况、当地群众诉讼需求程度、涉及的案件类型等审核应该展开巡回审判工作的区域，最大程度地节省人力物力，最大限度地发挥巡回审判的效力，在审判人员紧缺的现状下，避免浪费司法资源。

最后，巡回审判工作的组成人员和巡回周期尚未有明确规定。在不同的基层人民法院，是否有专门的巡回审判组织也存在差异。对比驻庭式审判中的审判组织来看，巡回审判组织的合议庭成员组成显得较为单一，无法保障司法的权威性，也会让群众对于司法制度的信任感打折扣，因此不论是从程序还是从实质上

看，进行巡回审判的审判组织都应该保证其成员组成的完备程度。在笔者看来，巡回审判组织的合议庭应该由固定的成员来专职负责巡回审判工作。在民族地区，为了确保没有语言上的障碍，还应该确保至少有一名精通当地民族语言的审判成员，这样既可以缓解群众担心无法满足其诉讼需求的情绪，又能充分提高审判工作的效率。考虑到巡回审判还会去到偏远地区，也为了应对各种庭审中会出现的突发状况，组织中还可以配备适量的法警。为了保证审判的公正，也可以根据案件实际情况来邀请当地基层干部出席旁听。以四川中西部地区为例，到了冬季常常有零下几十摄氏度的极端天气，巡回审判工作可能会因此延误，那么巡回的周期长短该如何划定也值得重视，基层人民法院可以采取定期与不定期结合的方式，在气候稳定、交通相对便利、人口相对集中的区域采取定期开展巡回审判的方式，缩短巡回周期时间；在极端天气情况下或者是其他特殊情况下，可以提前发布公告，将巡回审判的时间告知群众，并且还可与当地基层组织取得联系，相互配合，以保证巡回审判工作的顺利进行。若当事人在已经确定的日期无法参与庭审，当事人也可以申请协商再次巡回的日期和地点以保证纠纷得到化解，诉讼需求得到满足。

二、兼顾法律与人情，正确处理程序正义和实体正义的关系

在传统乡土社会，人与人之间的交流交往十分密切，即使在诉讼中也充满人情味，这也间接导致在面对矛盾纠纷时调解的比重很大。在这种熟人社会中，调解常常会向使双方当事人都满意的方向努力，可以深思，一个能让当事人双方满意、群众满意，满意度如此之高的调解结果是否会牺牲法律的尊严来妥协情理的泛滥？当让群众满意、让当事人接收判决结果的力量不再是法律的权威性而是调解人员的反复劝说时，这种违背司法原则强行撮合权利义务边界的行为看似解决了矛盾，实际上会引发更深层次的纠纷。重视群众感受、追求群众满意固然是正确的，但程序正义的价值也不容忽视，绝不能为了案结事的目标就忘了司法过程

的本质，就如巡回审判工作让群众足不出户、在家门口就能高效解决纠纷，从这个角度而言我们重视案件的审判效率，但也不能因为强调效率就对应有的程序进行压缩。因此我们可以借力民族地区的特有优势也就是民族自治的制度优势，寻求双方当事人的同意之后，可以邀请熟悉当地习惯的干部旁听案件审理过程，处理好少数民族群众的人情化需求和司法专业化的要求。

在群众法律意识相对薄弱的地区，当事人还会出现举证质证能力欠缺的情况，特别是在一些民族地区，群众的法律知识欠缺、诉讼能力不足，取证环节举步难行。面对司法实践中的问题，为了保证当事人的诉讼权利，可以在一定程度上放宽法官解释法律的权利，特别是在民族地区开展巡回审判工作时，当少数民族群众的当事人对自己的主张不够清晰时，双语巡回法官就可以运用当地民族语言为当事人解释法律，引导双方当事人找到争议焦点，对案件事实达成共识，来尽量弥补当事人在庭审过程中诉讼能力不足的缺点。从这个角度来看，在巡回审判工作的实践中应当适当放宽巡回法官的释明权，但也要有明确的界限防止发生释明过多，造成司法不公或者释明不足，达不到很好的审判效果。因此，在保证程序公正、法官中立的情况下，可以合理地强化法官在审判中的权利，引导双方当事人进行诉讼，进而保障群众诉讼权利和巡回工作的有效展开。

三、重视双语法官队伍建设

在民族地区开展巡回审判工作的过程中，要充分保障少数民族群众使用本民族语言进行诉讼的权利，帮助群众克服畏难情绪。但是，在实践中，双语法官的位置常处于缺失状态，双语法官、双语书记员的培训、考核、奖惩体系尚未建立，因此在面对案多人少、人员紧缺的现状，双语巡回法官的队伍建设显得尤为重要。如果说语言是沟通的桥梁，那么双语法官就是少数民族群众与司法服务之间的纽带。针对实践中的不足，现阶段应该加大双语法官培训力度，一方面在社会中加大对双语审判人员的招录力度，在基层法院中可以适当增加相关编制的比例，同时将能够熟练掌握双语的审判人员向巡回审判工作一线引导，或是直接在公务员招录中参考各地区的实际需求，如案件数量、法官数量等，科学合理地设置符合双语条件的公务员岗位，还可以适当放宽符合该条件的人员的学历水平，从而扩大双语司法工作人员的比例，扩充巡回审判的一线双语审判人员队伍，缓解巡回审判组织的工作压力。另一方面可以在法官中加强双语培训力度。首先，可以和高校合作，在法学生授课的过程中加入民族语言授课教师讲授的专业课程，培养双语法律人才。其次，在各法院的内部也可以根据各地实际情况，特别是位于少数民族地区的法院，可以直接开展民族语言培训、少数民族文化习惯普及等培训课程，不仅要重视巡回审判人员法律素养的专业化，还要突出强调民族地区审判人员的双语办案能力。最后，还需要补充完善对于双语巡回法官的考核、奖惩制度以优化队伍建设，可以在法院内部成立专门的考核组织，巡回工作考核小组在通过了解群众满意程度、纠纷解决情况、庭审过程的规范程度等具体情况后再对办案的巡回法官进行考核。对于通过考核的优秀法官应该予以奖励，如在经费补贴、岗位补贴、评级待遇等方面作出适当的倾斜和照顾，而对于有违法行为、双语巡回效果较差的法官也要进行惩戒和处罚。可以通过在固定巡回点或者巡回审判工作中接收群众举报反映、巡回审判工作结束后进行回访等方式对法官的审判工作进行监督和考核。并且不管是考核制度还是奖惩制度，双语巡回法官都应与普通的巡回法官、驻庭式法官有所差异，这样才能激励双语巡回法官的积极性，利于双语巡回法官工作队伍的建设。

四、加强人民法庭与基层组织的沟通协作

《人民法院组织法》第二十五条规定："基层人民法院对人民调解委员会的调解工作进行业务指导。"各地基层组织作为当地群众化解矛盾纠纷的主要载体，人民法院在开展巡回审判工作时应当利用其客观优势，加强与各基层组织之间的有效沟通、长期协作，充分保障巡回审判工作的进展。人民法院在开展巡回审判

的过程中可以邀请当地村委会、居委会的工作人员作为人民陪审员来参与案件的审理，特别是民族地区，可以充分发挥"地方权威"的效力来中和法官可能存在的乡村、民族社会生活的知识空白，从而推动审判工作的顺利进行。此外，还可以强化与人民调解员的合作。例如，在庭审前邀请人民调解员参与到调节工作中，凭借调解员对案件掌握的熟悉度可以迅速找到案件争议焦点；在庭审过程中也可以征求人民调解员的意见后依法作出裁判；在庭审结束后，审判人员可以与人民调解员进行深度交流，对其调解工作及专业法律知识进行指导培训，提高人民调解员的业务能力，有效化解群众纠纷，从根本上调动基层调解组织的积极性，让其能够更好地参与到巡回审判工作中，更好地服务于人民法庭的巡回审判工作。

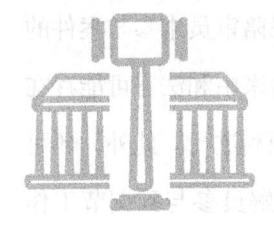

第十二章 ▲ 人民法庭审执一站式诉讼服务

改革开放进入新征程，社会对于司法的需求也逐渐增长。人民法庭作为与人民群众密切相关的基层司法组织，在满足司法需求多样性方面起着至关重要的作用。在中国共产党成立100周年之际，地方人民法庭响应法治号召开展一系列诉讼制度改革，逐步加大对审判执行两步工作的贯彻力度。为满足人民群众的司法需求多样化，各个地方人民法庭接连建立审执一站式的诉讼服务，真正贯彻落实为人民服务的发展理念，为我国司法审判事业的发展作出重大贡献。本章主要以目前审执一站式的立法、实践现状为基点，着重探讨目前该诉讼服务模式存在的问题和如何更加有效地开展一站式诉讼服务的建设工作。

第一节 人民法庭一站式诉讼服务的现状

人民法庭作为人民法院的派出机构，在密切联系上位者和人民群众方面具有重要的司法意义，是连接两者的桥梁。作为直接与人民群众相链接的窗口，人民法庭能够更好地向社会展示国家司法的权威，同时提高司法在整个社会中的公信力。

如今，执行难问题已经成为全面推进依法治国道路上最大的障碍之一。为此，我国对切实解决法院执行的问题给予高度重视，并在党的十八届四中全会上作出明确工作指示，实质保障胜诉当事人的各项权益。为响应最高人民法院"用两到三年时间基本解决执行难问题"的号召，可以把人民法庭的执行问题作为切入点，建立人民法庭审执"一站式"诉讼服务，促进人民法庭审判执行协调发展。

人民法庭身处法院工作阵地的最前沿，直接与辖区群众接触，因此在整个法院系统中与基层的联系最为紧密。作为基层法院的派出机构，其设立的初衷是方便居住在远离基层法院所在地的人民群众实质参与诉讼，同时方便法院对于案件相关情况调查取证。在人民法庭运行的几十年间，其作为法院审判工作的"先锋队伍"，不仅肩负着辖区内民事纠纷与轻微刑事案件的审理职责，对于当地的人民调解等社会综合治理等工作也同样有着至关重要的引导作用。然而，自1999年人民法庭职能体系构建以来，人民法庭数量减少，剩余人民法庭的职能也逐渐向机关庭的运行模式转变，导致人民法庭的职能从多元化向单一化缩小，逐渐远离基层社会，造成了司法在基层社会治理结构中缺位的现状。同时，由于我国司法改革之风盛行，相关改革工作全面展开，人民法庭在审执分立的实践基础下，依照最高人民法院的审执分立改革理念指示逐步上交执行权能，直接等同于架空人民法庭的执行权，使人民法庭成为人民法院机关外的另一个单纯的审判业务庭。

随着司法为民、司法公正理念的深入人心，加强司法权在社会综合治理中的重要作用的发挥也在逐步成为当前司法改革的一大目标。在这种司法风向指引下，如何引导人民法庭合理配备审执资源、帮助人民法庭正确处理审执关系，是推进各项工作高效运行、规范运行的紧迫问题。笔者认为，建立高效有序的人民法庭审执一站式诉讼服务是改革人民法庭职能单一化的有效措施之一。

一、立法现状

建立高效有序的审判执行一站式诉讼服务首先应当明确我国关于人民法庭在审判与执行领域的相关立法，尤其是执行领域的立法。讨论执行的立法就应该先明确目前人民法院及其派出法庭承担执行的案件类型。人民法庭的设立基础是基层人民法院充分考量地区、人口数量和该地区案件情况，其直接受基层人民法院的管理和领导，是基层人民法院的重要组成部分，人民法庭所作出的裁判与基层人民法院作出的裁判具有同等效力，其执行职能也相应的受基层人民法院执行职能的立法约束。最高人民法院明确规定，除了可以审理执行民事案件和刑事自诉案件以外，在条件允许的情况下，人民法庭对辖区内经济案件也可以进行审理并执行。❶

与此同时，为了保证执行的顺利进行，也出于对当事人权益进行保护的目的，《最高人民法院关于全面加强人民法庭工作的决定》对人民法庭的执行做了更详尽的规定，即对于由法院执行机构负责执行有关执行审查事项的案件，以及其他法院认为由人民法庭执行不适宜的案件，法院统一上收这两种情况的执行权，由执行机构统一负责管理。❷

在人民法庭审理的案件中，有关人民法庭执行职能的立法多是针对民事案件，执行中被执行人拒绝主动履行执行文书规定义务的情形。根据我国民事法律的规定，强制执行的对象是被执行人的财产或者行为，只有当被执行人暴力反抗执行、严重妨碍执行人员履行执行职务时，才能够对其人身权利进行一定的限制，如拘留、追究刑事责任等。

目前我国尚未出台独立且完整的强制执行法，很多执行相关问题都只能从其他相关程序法中进行探索，如《民事诉讼法》规定，目前强制执行有以下九

---

❶ 胡夏冰，陈春梅.人民法庭制度改革：回顾与展望[J].法律适用，2011（8）：88.
❷ 毛煜焕，罗小平.人民法庭审执关系：从分立到协调——以基层社会治理优化切入[J].法治研究，2014（12）：102.

种。第一，查询、冻结、划拨被执行人的财产；第二，扣留、提取被执行人的财产；第三，查封、扣押、拍卖、变卖被执行人的财产；第四，搜查隐匿财产；第五，强制被执行人交付生效裁判指定标的物；第六，强制执行法律文书指定的行为；第七，强制被执行人腾退房屋、退出土地，对拒不履行被执行人强制其迁出房屋、退出土地；第八，强制加倍支付；第九，强制办理有关财产权证照转移手续。不难看出，我国有关强制执行的法律条文存在大量缺位，无法满足如今的社会现状，同时配套的个人破产和执行相关的救济制度急需完善，实践中人民法庭与其他机关配合的力度不够，导致抗拒执行的罪名适用不高。❶

在刑事诉讼方面，虽然《刑事诉讼法》规定由人民法院执行死刑，但有权作出死刑判决的一审法院层级较高，人民法庭作为基层法院派出机构对可能判处死刑的刑事案件没有审判权限。刑事案件中"就高不就低"原则决定不能审理就意味着没有执行权力，故本章只针对刑事案件中由法院承担执行职能的财产刑立法进行探讨。

刑事案件中的财产刑分为罚金和没收财产两种，均由人民法院执行，以保证执行顺利进行。这两种财产刑可以与主刑一同适用，也可以单独适用财产刑，其中没收财产的判决可以与公安机关一同执行。在实践中，人民法庭作出的没收财产的判决由人民法庭执行，且为了防止在法庭执行前因被执行人或者利害关系人转移财产而影响执行，人民法庭还可以预先采取查封、扣押、冻结被执行人财产等措施。

二、实践现状

近年来，随着法治建设，普法宣传深入人心，大部分涉诉当事人都有着良

---

❶ 周强.最高人民法院关于人民法院解决"执行难"工作情况的报告——2018年10月24日在第十三届全国人民代表大会常务委员会第六次会议上［J］.全国人民代表大会常务委员会公报，2018（6）：980.

好的道德和诚信意识，因此愿意自动履行已生效的判决文书，进入执行程序的未自动履行案件数量不断下降。根据法律规定，人民法庭执行自己辖区内由自己审理的案件，而人民法院执行机构负责执行人民法庭审理的复杂、疑难或者裁判后被执行人不在其辖区的案件。以四川省为例，针对2020年四川省全省法院的执行情况，四川省高级人民法院院长发表了全力推进加强执行联动机制建设的工作报告，报告展示了四川省司法机关的凝聚执行强大合力，同时指出2020年全省法院执结案件46.19万件、执行到位745.04亿元，同比分别上升6.70%、12.25%；全省法院完善失信人员异议、退出机制，及时将5.11万名已履行义务的被执行人移出失信"黑名单"，部分中级人民法院建立失信被执行人信用承诺和修复机制，推动社会诚信体系建设；全省法院积极研究制定司法拍卖、执行听证等16项监督管理规定，纠正不规范执行行为703起，督促、协调办理重点案件120件，对44件案件启动"一案双查"，实现了执行案件、事项和人员的全方位监管。

由于各地发展情况与物质条件等因素存在差异，各地法院与基层法庭在工作中的实际操作与所取得的成效也存在区别。一些经济发展较快的地区更偏向于在人民法庭内部对审判业务和执行业务进行组别划分，不同的组别人员分管不同司法职能。一些经济发展较慢的地区则是选择将执行职能统一上交人民法院执行机构，自身不承担执行职能；部分存在执行职能反复横跳情形，由人民法院统一管理一段时间后又交由人民法庭负责。

随着最高人民法院五年改革的相继实施，审执分立的改革措施逐步落实全国各地，导致人民法庭大多失去执行职能，而转由人民法院的执行机构执行。目前实践中对于执行标的物的评估拍卖和管理大多由人民法院的执行机构承担，这不仅造成了人民法庭执行职能的空转，也加重了人民法院的执行负担。少部分执行案件由人民法庭办理，但也往往是审执分立为主、审执合一为辅的模式，案件审理和裁判执行相分离的比例较高。

调研报告显示，目前四川省大多数基层的执行案件依旧统一由执行机构负责，人民法庭办理执行案件的数量较少。通过对 2020 年四川省人民法庭在司法实践中执行的实际情况进行分析，以及对近几年四川省人民法庭的执行案件与执行情况进行归纳梳理，总结出以下五个人民法庭执行现状。

（一）人民法庭人力、物力欠缺，执行效率低下

实践中，人民法庭管辖辖区范围较大，其辖区内人口数额较多，但平均办案人员数量较少，无法满足日渐增长的执行案件数量。据统计，目前我国执行干警人均每年办案数量达 100 件以上。此外，许多人民法庭的办案队伍平均年龄越来越小，大部分为刚毕业的年轻干警，缺少实践经验，专业素质参差不齐，导致在实际执行工作中执行力度不够等各种衍生问题。在实际执行中，存在许多被执行人通过转移财产、隐匿跑路等方式躲避法庭执行的情况，尽管法庭可以采取登门的方式查找被执行人，但这种方法耗费时间和精力，使得本就不成正比的办案人员与被执行人数量差距更加悬殊。同时，这种方式成本高昂，所能触及的执行区域也较为有限，许多基层法院案件数量巨大，在这样的情况下分出人手对被执行人及其财产进行追踪并不是最优解。

随着"审判中心主义"思想盛行，法官在日常的案件办理中常常被"重审判轻执行"的思想引导，资源向案件审理倾斜的情形越来越多，进而忽视案件的执行办理，这也是执行效率偏低的主要原因之一。此外，由于我国立法对人民法庭物质保障的规范不完善，导致在实践中人民法庭很大程度上需要依靠当地人民政府的财政支持。一些物质基础较弱的地区无法保证人民法庭的硬件设施完善，录音、照相、摄影设备缺失造成了许多资料无法妥善保存，给执行效率带来了极大的阻碍。

（二）相关法律对人民法庭执行案件范围与制度设定不明确

《最高人民法院关于人民法院执行工作若干问题的规定》明确规定，一些复杂、疑难或被执行人不在人民法庭辖区的案件，虽然由基层法庭进行审理，但出

于对资源配置和效率保障等因素考虑，这两类案件的执行统一由人民法院执行机构负责。

目前我国法律法规并没有对该条文中的"复杂、疑难"进行明确的定性，由此导致实践中法官在执行时对于此类案件界定不明，法庭与法院执行机构之间对于执行相互推诿，案件的执行受影响。胜诉当事人的合法权益无法及时实现不仅容易导致当事人对司法产生不满，同时执行制度机制不够健全还会造成法院内部工作各环节衔接不畅。对于需要财产变现的情况，传统的评估拍卖方式相比目前的社会发展情形较为落后过时，现场执行实施过程管理风险较大、异地执行的监督力度不够都是目前执行工作效率低下的原因。

（三）地方保护主义、当事人法律意识淡薄影响执行

人民法庭作为人民法院的派出机构，往往身处乡村和城镇的基层一线，其直接面对的群众大部分没有接受过良好的教育，对于法律观念与法律意识的敏感度和认可度不够，导致法庭的执行环境达不到预期。有相当数量的单位和个人为了私利干预、妨碍执行，对被执行的标的物进行强占不予交出，甚至一些地方政府和执法部门存在严重的"地方保护主义"，为了保护自身的利益，以政代法，以权压法，甚至暴力抗拒法院的执行工作人员。这种现象随着教育普及在逐渐减少，但依旧存在于一些教育不发达地区。

由于基层法院所处地理位置的原因，案件类型大部分是主体一方为农民的劳动争议案件。此类案件本身涉及面广，容易造成舆论漩涡，社会影响较大，且由于案件当事人大多法律意识淡薄，阻挠执行的情形屡见不鲜，是人民法庭执行中的"老大难"，也是社会舆论的关注点与群体事件的开端。另外，由于地区经济发展不平衡，许多劳动争议案件的主体为流动务工人员，难以精确定位当事人也造成了执行困难。这类主体收入单一，许多案件根本无财产可供执行，从根本上难以实现有效执行，"执行不能"案件数量的增多反而会造成人民群众对裁判的不信任，对国家司法产生怀疑，矛盾越发激化，存在严重的风险隐患，后期投入

解决的人力物力力会更加庞大。社会公众观念意识不强，究其根本是社会诚信体系不够健全，未能建成全覆盖式的征信系统。尽管现如今已经有针对失信人员的惩治，但惩治力度与管理力度的双重不够导致当事人规则意识依旧淡薄，许多当事人甚至提起虚假诉讼，其实质上是为拒不履行生效法律文书拖延时间。

（四）财产形式多样导致变现执行本身存在困难

随着社会发展，如今人民群众保留财产的方式并不仅限于银行存款等货币形式，更多是将财产投入房产、车辆、股票和证券等。在执行时许多非传统形式财产不仅面临着被执行人行踪不明的困难。同时，由于目前市面流行拍卖形式本身所具有的成本高、耗时长的缺陷，一些如鲜活水产农副产品本身具有极易贬值、不易长期存放的特点，使财产变现执行难上加难。

（五）执行依据复杂，后续工作无法顺利展开

由于我国的生效法律文书不仅是指民事、刑事等案件审理后作出的生效裁判，还包括调解书、公证书、仲裁书等各种法律文书，这些法律文书生效后也可以作为法庭执行的依据。现实中当事人对法律文书的争议在一定程度上会影响执行进程，被执行人为了拖延执行多次向法庭提出异议，借此延长执行时效，影响执行工作的情形并不少见。胜诉当事人的合法权益无法得到有效且及时的保障，"真正解决人民问题"的司法目标完成受阻。

由此可见，社会各式各样的问题与矛盾相互交织，导致人民法庭在司法实践中难以达到理想的执行成果。如何有效解决司法实践中执行难的问题是构建人民法庭审执行一站式诉讼服务的一大核心问题，是有效衔接审判与执行问题的前提。只有正确解决司法实践中所存在的执行问题，才能建立起有效的审执一体的诉讼服务。

三、问题成因

随着"审判中心主义"法治理念的深入,人民法庭以审判为中心的工作已经逐渐成熟。不论是立案、侦查还是审查起诉,人民法庭已经逐步达成"将所有证据出示于法庭""一切与案件有关审判都呈现于法庭",以程序公正为保障作出判决的审判活动更大程度接近实体公正。由此可见,建设健全的审执一站式诉讼服务要将工作重心逐渐转到建设可行有效的执行程序上。

人民群众依靠法律文书判断权益的归属,也是依靠生效的法律文书的执行来判断合法权益是否实现、纠纷是否化解。由此可见执行不仅是司法程序中的关键环节,更是事关司法权威和司法公信力的体现,执行与否直接影响着诚信社会的基础建构、全面依法治国基本方略的贯彻落实。❶

目前我国人民法庭的执行水平存在不足很大程度上是由于审执的分立。虽然人民法庭审执关系的分立在某种程度上提高了业务水平,有利于办案人员总结经验、提高执法水平,但也不可避免地出现一些弊病。笔者认为,主要是由以下几个方面导致的。

一是全国各地执行工作实施程度不一致。由于各个地区的经济和社会发展水平不同,对于执政工作的投入也会呈现差异,导致出现实施程度不一致。部分经济发展较快的地区对法院的执行工作投入的物质和人力也较多,整体执行工作趋于成熟,配套的执行联动机制相对完善,主要任务是针对目前的工作进行查漏补缺、固强补弱。而经济发展相对缓慢的地区,其地方政府等支持投入不够,导致法院在执行工作上还有很大的实施空间,进度相对滞后。从整体来看,全国的执行工作仍然有许多的问题和阻碍需要克服。

二是执行队伍数量与素质无法匹配。实践中执行案件数量多、增长速度快,

---

❶ 周强. 最高人民法院关于研究处理对解决执行难工作情况报告审议意见的报告——2019 年 4 月 21 日在第十三届全国人民代表大会常务委员会第十次会议上 [J]. 全国人民代表大会常务委员会公报, 2019(3): 655.

许多过往案件由于被执行人恶意抗拒、逃避执行现象严重,导致整个执行队伍工作任务繁重、工作压力大,甚至一些地方执行队伍人员存在流失严重,对执行最新知识储备不够,种种原因造成整个执行队伍能力素质与当前执行形势不匹配,同案件积压形成恶性循环,消极执行等不良现象得不到遏制,甚至有违法乱纪、贪污渎职等问题存在。

三是执行工作体系有待改进。一方面,执行工作的信息化与惩戒机制尚未形成系统体系,人民法院内部对于执行工作重视不够,全院统筹工作难以开展;其他相关部门之间沟通不畅,执行工作难以协调,如冻结财产等功能无法实现全面覆盖,操作烦琐。因此,人民法庭需要对整个执行系统不断完善,进一步优化和升级相关的执行管理平台,切实做好提升执行效果的落实工作。另一方面,全国一部分地区法院未设置有效的惩戒制度,对于阻碍高效落实执行工作的单位未落实管理考核、责任追究制度,影响执行的实施与失信惩戒的实际效果。另外,对于被执行人的限制举措管理也普遍存在未能落实的情况。

四是社会对于执行工作理解不够。对于"执行不能"的问题,虽然法院在平常的司法实践中通过各种方式进行阐述解释,但大部分公众仍然对执行工作缺乏正确的认知,在平时的生活工作也缺少风险防范意识,因此往往会出现由于对生效裁判或者其他法律文书的抗拒和不信任。引导社会加强对法律执行工作认知的是法院,尤其是与基层接触密切的人民法庭在执行工作更应当加以重视。

人民群众将纠纷诉至法院,人民法庭依法对争议焦点或纠纷事实作出裁判来实现权利义务的明确,以此达到确定"应然"的作用,而执行则是由国家司法机关来帮助胜诉当事人实现司法裁判的内容,维护胜诉当事人权益,最终达成"实质"的权利义务分配。解决纠纷依靠的是国家强制力的保障,执行作为会真正影响当事人利益,实质意义上区分标的归属、化解矛盾的程序,其所包含的对抗性自然远远高于庭审,也是整个司法活动中最能激化矛盾的一环。

经济的快速发展造成了如今各类民事诉讼层出不穷,以往由于物质条件的匮乏,其所衍生的纠纷类型相对较少。随着信息化的丰富,线上交易所产生的纠纷也越来越多,新型的纠纷也如"雨后春笋",导致案件数量相比以往大幅增长,人民群众对生效司法裁判的执行需求也随之增长。如果执行工作得不到保障,生效法律文书从"应然"无法转为"实然",胜诉当事人的合法权益得不到实现,会使群众对法律的权威和司法的公信力产生怀疑,造成人民法院及其派出法庭的困扰。长此以往必将影响全面依法治国的顺利开展,从而影响建设社会主义法治国家的进程。

第二节 人民法庭一站式诉讼服务的意义

一、贯彻落实"两便"原则

人民法庭在最初设置的时候,其宗旨是贯彻"两便"原则:一是方便人民法院因地制宜、开展工作;二是方便当事人参加诉讼,在"家门口"化解纠纷,维护合法利益。人民法庭的巡回审判制度可以在纠纷发生时帮助当事人及时确定权利归属、化解纷争,满足他们的司法审理需求。但是,在人民法庭上交执行权到基层法院后,涉诉当事人为了保障自己合法权益的实现,就需要到远离住所的基层法院机关去行使权利,申请执行。虽然如今交通、通信十分便利,但由于没有合适的针对地域偏远群众的措施,导致他们一直到最后结案都要承担这种诉讼阶段不曾有的麻烦与不便。

人民群众信任司法,将纠纷诉至国家机关,其目的在于通过一种国家认可的活动获得争讼的利益,而不仅是一张支持自己主张的纸质文书。不可否认的是,一些经济相对发达地区的基层法庭受信息化发展的便利实行统管模式,但正如上文所提到的,还有许多偏远地区经济发展缓慢,其地理因素与物质条件不足以支撑其实行已有模式。所以,探索有效的审执协调模式,建立适宜的审执一站式诉讼服务，由人民法庭统一承担审理案件和执行案件的职能，能够有效减少当事人参与诉讼的不便，减少执行申请人在申请执行时所需要付出的成本，真正贯彻落实"两便"原则。

二、及时有效追求"实质正义"

纵观我国人民法庭的发展历史，可以看出人民法庭在探索执行最优化的道路上前进着、摸索着，同时建立执行制度和设置执行机构也经历了一个漫长且曲折的过程。❶ 上位者之所以将执行职能统一上收到人民法院，由法院的执行机构统一管理，是因为过往的实践证明审执分立能够更好地加强执行队伍专业化，增强执行队伍工作力度，进而提高实践中的执行效率，破解"执行难"的困境。然而随着时间的推移，由于执行队伍人员专业素质参差不齐和不了解执行辖区现实情况等种种原因，执行活动的效率越发低下，其中很大程度上是由于执行过程中得不到审理案件的法庭的支持和配合，导致被执行人难以认可执行活动，甚至阻挠执行活动的情形屡有发生，由此造成的"执行难"问题直接影响执行工作在整个法院系统的认可程度。

人民法庭所处地区大部分都在远离人民法院的城镇、乡村等，其辖区内的群众大多文化程度及法律诚信意识不强，熟人社会的情形比较常见，尤其是在发展较为落后的村落中，人际关系较为紧密，相互之间利益牵扯较多。❷ 在这种熟人社会中，风俗习惯、村规民约往往比国家法律更受信任，即便是纠纷诉诸法院，也常常表现出对现代法律法规的陌生与怀疑，对诉讼程序与条件也缺少认知。同时，由于人民法庭处理的纠纷大部分属于传统的民间纠纷，如婚姻关系、财产借

---

❶ 毛煜焕，罗小平. 人民法庭审执关系：从分立到协调——以基层社会治理优化切入 [J]. 法治研究，2014（12）：102.

❷ 李鑫，王世坤. "一站式"诉讼服务体系的构建逻辑及其实践展开 [J]. 学术论坛，2020（6）：56.

贷等，在这些因素的影响下导致法官在审理过程中不得不尽可能地用以贴合当事人认知的中间角色居中化解纠纷的方式去解决纠纷，这就需要人民法庭对于自身判决能否及时准确地执行、能否获得群众的认可有更加直接地掌握。因此，审理、执行协调对于人民法庭满足所处辖区特有司法需求极为重要。

三、人民法庭参与基层社会治理

人民法庭之所以设置在远离法院的地方，目的是让这些远离法院的辖区群众能够更好地参加诉讼。这些远离法院的人民群众和辖区内的机关部门、企事业单位与基层法院乃至我国法院整体系统的链接就是人民法庭。❶根据法律规定，人民法庭不仅要对辖区内案件进行审理、执行，对于辖区的人民调解委员会工作还要给予指导，并正确引导社会提升综合治理能力。这两种指引任务都是立法者在设置人民法庭时对于其职能的期许，建立在其固有职能的基础上。

人民群众对司法公信力的认同感很大程度上来源于司法机关对其合法利益的切实保护与实现。当人民法庭只承担审理业务的职能，无法满足胜诉当事人的实际主张时，势必会影响其在辖区人民群众心中的地位与威信，导致人民法庭无法发挥其设立的延伸功能。在全国大力推进治理体系与治理能力现代化的时代基础下，人民法庭作为与基层人民群众链接最为密切的司法者，更应当大力发挥其所处的地理位置优势，对周边人群进行良好的法制宣传，构建诚信良好的社会诚信风气。要树立人民法庭的司法公信力，增强人民群众对于司法的信任，就应让执行权理性地回归人民法庭。

---

❶ 毛煜焕，罗小平.人民法庭审执关系：从分立到协调——以基层社会治理优化切入 [J].法治研究，2014（12）：103.

第三节 人民法庭审执一站式诉讼服务的完善

在全国推进依法治国的道路上，"执行难"问题已经成为不可忽视的一只"拦路虎"，必须尽快探索适宜的解决方式。在"五位一体"总体布局和"四个全面"战略布局的时代背景下，最高人民法院于2019年就司法体制改革、解决执行困难等问题发布《关于深化人民法院司法体制综合配套改革的意见》，该意见为现代化诉讼服务体系明确了新的建设方向：要推进"一站式多元解纷、一站式诉讼服务"的司法改革。笔者认为，其对人民法庭建设审执"一站式"诉讼服务模式最优化也提供了明晰的指引。[1]

人民法庭审执"一站式"诉讼服务的构建，要坚决以"切实解决执行难、依法保障胜诉当事人及时实现权益"为指引，统筹推进与谋划有关于法庭执行案件类型、执行程序规范化及延伸辅助服务构建和有效监督管理等方面工程。

基层工作是所有机关、单位开展工作的基础，而人民法庭作为人民法院的派出机构和重要组成部分，其工作也是人民法院开展基层司法工作的重要组成部分。根据相关法律法规，人民法庭对于自己审结的案件享有执行的权力，不仅要对辖区案件进行审理，还要保障审结案件的顺利执行，包括由人民法庭自身调解结案的案件。不难看出，审执分立虽然有许多弊端，但在审执分立中不同职能的法律活动更加专业、不同组别的人员分工也更加精细，这对解决执行不力等问题存在一定的支持作用。总而言之，审执分立是特定时代的社会对司法需求的产物，在一定时期对司法改革起到了指引作用，同时对引导社会监督司法腐败与司

---

[1] 李鑫，王世坤."一站式"诉讼服务体系的构建逻辑及其实践展开[J].学术论坛，2020（6）：57.

法不公有着重要的积极导向作用。

如今，在全面推进依法治国背景下，法院系统内部正在努力探索能够有效实现审执衔接配合的模式，这种模式不仅能完美调和"审执分立"和"审执合一"的实践现状，还能在兼顾两种模式的优势的同时去除两种模式独立运行的"糟粕"，使人民法庭能够更好地履行自己的职能，如在案件审理方面"审执合一"，同时又在机构内部管理上贯彻"审执分立"的要求。❶

本节将从以下四个方面来讨论如何优化构建适宜的人民法庭审执"一站式"诉讼服务，并且针对人民法庭执行难的问题提供思路，以期加大审判的执行力度，保障"一站式"诉讼服务的顺利运行。

一、明确细化"一站式"诉讼类型

由于人民法庭身处司法机关场域和城乡地区，导致其在职能上也具有双重角色：既是与人民法院行使相同职权的派出机构，又归类于城乡的权力部门，在城乡领域内运用法律化解纠纷，维护一方稳定。❷这就意味着在基层法庭构建一站式诉讼服务时对于所指向的诉讼案件类型应当有较为清晰明确的划分。

最高人民法院明确规定了人民法庭可以审理的案件类型，并且将辖区内由法庭审结案件的执行职能一并赋予人民法庭。在对最高人民法院的规定进行仔细研读后可以将人民法庭的职能主要划分为两个方面：一是法庭固有的基本职能，如审理案件和执行生效裁判等与司法权直接相关的职能。二是由固有职能延伸的各种社会治理所必需的非诉职能，如正确引导人民调解委员会的调解工作、对人民法院交办的其他事项及时办理、对辖区进行普法宣传以此完善社会综合治理等由司法权延伸的非传统职能。从这两种职能的区分可以看出立法者对人民法庭的制

---

❶ 毛煜焕，罗小平. 人民法庭审执关系：从分立到协调——以基层社会治理优化切入 [J]. 法治研究，2014（12）：104.

❷ 袁壹. 我国人民法庭审判职能的反思与重构 [D]. 成都：西南财经大学，2019：6.

度进行设计时并未将其职能局限于司法审判任务，而是囊括了一系列的非讼事务功能。

由于法律规定人民法院的执行机构承担复杂、疑难案件和被执行人不在法庭辖区案件的执行职能。其中被执行人不在该辖区的情况，由法院执行机构来执行能够更好地保障执行效率和效果，以及对司法资源进行合理的配置，防止滥用。要探讨如何明确界定"复杂、疑难"这一概念，笔者认为，可以参考最高人民法院《关于进一步完善"四类案件"监督管理工作机制的指导意见》中对于"复杂、疑难"的界定。该指导意见规定，"四类案件"之一的"重大、疑难、复杂、敏感"的案件主要包括有关国家、社会公共利益的，具有首案效应的新类型案件，对法律适用具有普遍指导意义的，对事实认定或者法律适用存在较大争议的，涉及国家安全、外交、民族、宗族等敏感案件。

由于人民法庭的审理案件类型为"民事、刑事自诉案件"，故可以类比上述指导意见中的规定对"复杂、疑难"案件的概念进行范围的限缩，如在人民法庭的审判实践中，对案件事实或者法律适用存在较大争议的案件、具有首案效应的案件可以归为"复杂、疑难"案件，这些案件的执行应由人民法院的执行机关来负责，即这两类案件应排除在基层法庭"一站式"诉讼服务的受案范围之外。

二、规范"一站式"诉讼服务执行程序

（一）通过分流引导建立专属案件信息系统

在讨论规范诉讼服务程序之前，首先应当明确诉讼事务办理的对象。实践中人民法庭所面对的不仅是已经提起诉讼的案件当事人，还有一些提起诉讼意愿但还没有付出实际行动的群体。❶ 在探讨建立规范服务程序时，要针对不同的服务对象进行制度程序设计的分流。由此人民法庭审执"一站式"诉讼服务必须紧紧

---

❶ 李少平．对人民法院诉讼服务机制的理性思考［J］．人民司法，2009（5）：6.

围绕着诉讼事务,要针对不同的对象提供不同的专业诉讼服务,同时贯彻"一站式诉讼服务"的设计初衷,引导其自助办理服务。

通过将审判与执行两种类型的诉讼事务进行一体化地整合,从而更好地对"一站式"诉讼服务进行重新定义。然而这种方式虽然对于诉讼服务的功能区域进行了拓宽延展,同时也容易造成当事人的不便。人民法庭所面对的辖区群众大部分是在外务工的劳动者或者农村城镇的农民群众,这类主体对于法庭的整体布局与功能区域并不熟悉,常常会造成困扰,也会对法庭的内部秩序造成堵塞。因此,为人民群众提供适宜合理的分流服务可以方便人民群众更加迅速找到其所需服务区域与窗口,是"一站式"诉讼服务的最开始,更是整个诉讼程序的开端。"一站式"诉讼服务体系下开展的分流服务也可以称为"导诉分流服务",可以通过区分办理诉讼事项和案件情况来对法庭的当事人进行初步分流。[1]这样既可以帮助当事人及时快捷地找到自己所需的诉讼服务,又能够缓解人民法庭日常工作繁琐杂乱的问题。

一般诉讼的所有相关程序都是围绕着案件展开,因此人民法庭内部可以尝试建立专属案件信息的信息网络模式,通过将当事人的信息与其所涉案件进行链接,帮助办理法官或者涉诉当事人准确定位当前诉讼的进展,从而方便当事人更精准地得到与当前诉讼进展相匹配的诉讼建议,也能够方便当事人得到更加专业、精确的诉讼咨询,当事人可以根据这些意见选择适合自己的纠纷解决方式。此外,法官可以将上一阶段的纠纷处理成果作为辅助,帮助下一阶段纠纷处理得更加完善。通过建立专属信息网络可以充分链接人民法庭和社区,帮助司法权在整个社会纠纷治理中发挥更大作用。

(二)强化法院执行机构与法庭连接,分工明确,兼顾均衡

人民法庭与人民法院的执行机构共同承担执行功能。在实践中,办理审理、

---

[1] 李鑫,王世坤."一站式"诉讼服务体系的构建逻辑及其实践展开[J].学术论坛,2020(6):55.

执行的法庭人员不同，会令当事人产生陌生感，因此在"一站式"诉讼服务模式下，人民法庭内部可以对办理审判和执行的人员分工进行确定，以组别形式固定分工人员，有效降低办案人员在行使法律赋予的职责时可能发生的对自身角色定位的混淆。

"一站式"诉讼服务中的执行人员确定，可以采用由人民法院执行机关选派的方式，被选派的执行人员平时常驻辖区内人民法庭，由法庭对其工作进行统一的安排管理。这种方式可以减少人民法庭在实践中审判、执行沟通不畅的困境，能够更好地处理基层法庭在审判、执行中遇到的各种问题。在实际案件中统一由法庭庭长对办案人员实施管理，能够更好地对工作进行指导和统筹安排，保障人民法庭的协调发展。对于执行过程中可能出现的其他障碍，可以配备专门人员处理，如配备一名副庭长负责协助庭长分管执行工作。❶对于执行案件中遇到的障碍，及时组织力量进行协调、化解。

人民法庭执行业务的改进也需要法院执行机构的指导与培训。通过建立固定科室加强执行机构对法庭执行组的指导沟通，同时还能方便执行机构灵活采取措施，帮扶法庭的执行人员规范执行、有效执行。一些社会影响重大但由法庭执行更为适宜的案件，执行机构要主动协调，做好对执行组执行行为的指导与考核，必要时可以直接制订执行方案，人民法庭的执行人员应当按照该执行方案执行。同时定期举行法院与法庭执行的联合会议，对近期的执行工作进行总结和反思。

（三）与时俱进探索执行方式，有效破解财产变现难题

随着信息网络的进步、直播等多媒体的发展，以往的执行方式暴露出了许多弊病。如何解决这些传统执行方式所存在的不足，是法院执行工作所必须面对的难题。为此，各地人民法庭开始结合信息化网络探索新的执行模式。最高人民法院及时总结江浙沪地区法院执行工作的有效经验，在对网络司法拍卖的成效进行

---

❶ 毛煜焕，罗小平.人民法庭审执关系：从分立到协调——以基层社会治理优化切入［J］.法治研究，2014（12）：105.

确认考察后，逐步确立以线上拍卖为主，传统拍卖为辅的新的司法拍卖新模式。

由于网络拍卖相较于传统拍卖方式成本较低，并且能够及时变现财产，成交率也相对较高，许多法院都选择使用这种新模式。传统拍卖模式中操作空间和时间较长，以权谋私的行为也层出不穷，网络拍卖则可以大幅减少这种违法的空间。因此，要保证司法拍卖工作规范化、系统化，就必须建立起具有统一标准的司法拍卖，同时完善其工作机制的管理规范。

一个标准明确、实施程序科学且合理的网络评估平台能够确保评估环节更加公正、规范且高效。通过贯彻落实相关司法解释，创建当事人自主商议价格、查询合适价格和委托市场评估机构等多种功能共存的网络评估平台，方便当事人了解并参与网络拍卖，帮助不了解司法拍卖的涉诉当事人切实有效行使权利。通过提高信息化的程度，帮助市场评估更加规范，不断完善现有的系统功能，力求评估工作操作精准便利，同时保证评估全过程的有效监管。加强地方评估系统与全国评估系统的良好链接，根据当地市场设定合适的评估标准，监督委托评估机构行业自律规范，为网络拍卖的新司法拍卖模式提供良好的背景基础。❶

加快落实配套工作机制的建设工作，要保障执行过程中被执行人的合法权益不受影响，坚决打击恶意提高被执行人偿债成本的行为。同时，对于被执行人的合法权益予以保障，设置指定期限内被执行人可以赎买拍卖物的工作机制，让执行工作兼具合法性与合理性。允许信誉良好、无拒不履行意图的被执行人在指定期限内自行处置财产，以此保障被执行人财物最大化变现。

（四）加大管理力度，保障执行工作依法规范运行

执行权兼具司法权和行政权双重属性，所以笔者认为可以把是否对实体权益进行处置作为切入点，将实践中的执行分为执行裁决行为和执行实施行为，其中

---

❶ 最高人民法院.关于深化执行改革健全解决执行难长效机制的意见——人民法院执行工作纲要（2019—2023）[EB/OL].（2019-06-11）[2022-05-11].https://www.court.gov.cn/fabu-xiangqing-163022.html.

人民法庭通常办理的执行案件主要是不涉及对实体权益进行处置的一些常规性执行实施行为，对于执行异议等涉及程序、实体权益的问题，则统一由人民法院的执行机构行使。

1. 完善执行规范体系

执行规范体系的建设是有效解决"执行难"问题的基础，只有完整的规范体系才能全面指导规范执行工作。因此，最高人民法院前后发布多项有关执行的司法解释和规范性文件，主要对执行规范体系的层级繁多庞杂、履行执行职能的办案人员相互之间分工模糊，以及执行内容存在一定程度重复、相互冲突等问题进行指导，并且对执行领域中涉及的财产保全、执行和解、先于仲裁和执行担保等方面的问题重点进行了立法规范。❶同时还着手建立了四级法院统一的执行办案平台，人民法庭可以据此加强自身执行体系的完善。通过联动四级法院统一平台结合辖区内部群众信息，强化管控案件执行过程中的一些关键节点，对执行办案标准化和流程的规范化加大重视、不断完善，以期能够达到整个执行管理的规范化、标准化和可视化，保障"一站式"服务的执行公开顺利进行。对于实践中的困难，如建立异地执行备案制度，作出执行判决的人民法庭如果需要异地执行的，应当向其上一级法院报备，并寻求执行地法院执行机构或法庭的协助，并且要加大异地执行协助法院或法庭的监督、考核力度，防止相互推诿、无正当理由拒绝协助情形的发生。

人民法院对于无财产可供执行的案件通常以终结本次执行程序的方式结案，这类案被称作"执行不能"案件，也是人民法庭执行工作中最为困难的案件。对于此类案件应该提供可管理的机制，防止一些被执行人故意隐匿财产，使原本可以依法执行财产的案件被纳入终结案件范围。例如，通过信息化的方式加强对此类案件的监督和考核，定期对已经终结的案件进行随机审查，一经发现存在可供执行的财产应立即恢复执行，且随机审查结果与终结案件数据应当向全社会公

---

❶ 最高人民法院关于深化执行改革健全解决执行难长效机制的意见[N].人民法院报，2019-06-12（003）.

开，邀请公众共同监督。

对于那些确实"执行不能"的案件，也应当建立完善的审查机制，一旦认定属于"执行不能"案件，应及时退出执行程序，保证司法资源的合理配置与不浪费。同时，积极探索解决"执行不能"案件的方法，对此类案件进行有序分流处理，帮助"执行不能"案件的当事人申请破产，对家庭困难、无法维持基本生存的当事人采取司法救助与社会救助协同帮扶的措施。❶

2. 加强对执行标的管理

完善执行标的款物管理系统与地方财务系统的协调对接，同时强化地方财务系统和法庭案件流程的信息管理系统链接，充分利用信息媒体网络，通过供应商短信通知等方式实现执行标的款物管理的全程跟踪和可视化。

（五）推进联合惩戒体系建设，完善失信惩戒系统

人民法庭可以采用全国信用信息共享平台，将失信被执行人名单信息载入联合惩戒单位的系统中。通过互联网与监管协调的模式，实现对其面部特征、指纹信息等专属生物信息自动比对，加强对失信人的精准定位与监督惩戒，如日常限制高额消费等，并且加大推进失信被执行人信息与各相关部门、人民团体、社会组织保存的有关社会公众的信用信息资源共享。❷

但是，对于惩戒的内容与程度要始终以"比例原则"为中心，对于不同的失信行为采取不同程度的惩戒标准，细化分级，保证惩戒措施的力度适中、范围明确。同时完善信用惩戒的救济途径，对于适用标准错误、适用期限过时和公开信息不准等问题及时予以纠正，对失信人信用修复的工作机制进行明确完善，让失

---

❶ 最高人民法院.关于深化执行改革健全解决执行难长效机制的意见——人民法院执行工作纲要（2019—2023）[EB/OL].（2019-06-11）[2022-05-11].https://www.court.gov.cn/fabu-xiangqing-163022.html.

❷ 最高人民法院.关于深化执行改革健全解决执行难长效机制的意见——人民法院执行工作纲要（2019—2023）[EB/OL].（2019-06-11）[2022-05-11].https://www.court.gov.cn/fabu-xiangqing-163022.html.

信人知错能改。

失信执行人名单从 2016 年开始建立，由最高人民法院统筹全国法院逐步推进完善，并且通过与司法系统以外的民生民利相关部门进行联动，一同对失信被执行人实施联合惩戒，以此督促失信被执行人履行义务，从而解决执行难题。最高人民法院已经与多家单位共同协作开展了针对失信被执行人的联合惩戒行动，多项有效的惩戒措施已经投入采用。例如，对失信被执行人在事业招聘、旅游出行、购物消费、证券投资等各个不同的领域进行了不同程度的限制，并且已经逐渐完善对失信被执行人信用监督机制的建设。❶

（六）强调执行全程公开、透明

"公开、透明"是法治发展的生命，"阳光是最好的防腐剂"，不论是审判还是执行工作都必须严格贯彻公正公开的原则，办案人员在履行审理、执行职能时要时刻牢记依法公开、主动公开和全面公开三条准则。只有做到公开、透明，才能帮助人民群众理解司法，从而支持司法。人民法庭在诉讼服务中要认真落实《最高人民法院关于进一步深化司法公开的意见》，不断健全完善执行公开工作机制，坚持"以公开为原则，以不公开为例外"，不断探索方便当事人参与司法的形式与渠道，加强各类公开信息检索平台的建设，深入推进执行工作的可视化、透明化和信息化建设。

设置从"一站式"诉讼服务网站直接跳转执行信息公开网的快速链接，增强执行公开网与检索网站的群众的交流，通过加强平台与法庭系统业务网络内的执行案件管理系统、对执行标的价格的查询评估系统、针对被执行人财产网络的拍

---

❶ 周强.最高人民法院关于研究处理对解决执行难工作情况报告审议意见的报告——2019 年 4 月 21 日在第十三届全国人民代表大会常务委员会第十次会议上［J］.全国人民代表大会常务委员会公报，2019（3）：654–662.

卖平台、失信被执行人联合惩戒系统和终结"执行不能"案件系统的对接❶，帮助公民更好地了解和接触有关审判、执行的事项，提供更优质的"一站式"执行信息公开服务。在系统网站上设置专门的悬赏公告区域与执行线索提供邮箱，调动社会参与司法、监督司法，确保司法的每一个环节都在阳光下运行，让群众真正从心里支持司法。

如今各地人民法庭借助多媒体向社会公众全景呈现工作，生动地展示了司法系统内部工作状态。这种方式既能有效营造良好舆论氛围，又能体现司法的权威。对于如何帮助当事人了解案件审执的关键节点，并参与司法流程，有条件的人民法庭可以灵活利用微信、电话热线、手机软件等多种渠道，向当事人传达对应案件节点等阶段信息，满足人民群众对人民法庭工作的合理参与需求。因此，要充分利用现有网络技术，不断加快人民法庭与相关部门建立案件联动信息共享查询的工作机制。

三、开展纠纷化解"一站式"辅助服务

诉讼服务体系的构建并不仅靠其主要的工作职能，而应当包括许多辅助链接职能的同步建立。因此构建审执"一站式"诉讼服务并不能仅依靠审判与执行两个职能，而应当同步对其他具有辅助效能的工作一并建立。

通过对四川省人民法庭的调研可以看出，在实际运作中大部分人民法庭受"审判中心主义"理念的影响，依旧以审判为主。同时，由于人民法庭常常"案多人少"，行使职权或多或少受外部的限制，导致一些指导性工作并没有得到落实与贯彻，非传统职能基本处于虚置状态。

随着《人民调解法》的颁布、非诉纠纷解决工作机制的贯彻落实与社会对人

---

❶ 最高人民法院.关于深化执行改革健全解决执行难长效机制的意见——人民法院执行工作纲　要（2019—2023）［EB/OL］.（2019-06-11）［2022-05-11］.ttps://www.court.gov.cn/fabu-xiangqing-163022.html.

民法庭职能需求的增加，人民法庭亟须在诉讼与非诉纠纷化解机制中探寻诉讼服务与非诉服务的衔接，找到有效拓展非诉纠纷化解职能的着力点。

笔者认为，构建人民法庭审执"一站式"诉讼服务的目的在于贯彻"两便"原则，让人民法庭的职能深入人民群众，方便人民群众及时有效地化解纠纷，定分止争。因此，对于完整的诉讼服务构建不能只对审判与执行的工作进行协调规划。

（一）打造"一站式"调解模式

要在诉讼服务中打造"一站式"调解模式，可以分别从纠纷类型与调解方式进行。

第一，在法庭大厅设置不同类型的专门调解工作室。通过对当地纠纷类型进行调研和归纳，建立起多个针对不同案件类型的调解工作室，如借贷纠纷、婚姻关系、子女抚养和劳动争议等。并且针对不同纠纷的特点与案件数量，对专门调解工作室的人员分配进行调整，法庭人员可以先引导到庭起诉的当事人进行有针对性的调解，提前化解纠纷，保证司法资源分配的最优化。

人民法庭相较于人民法院来说最大的优势就在于其深入人民群众，了解当地的习惯与现实基础。这些诉讼以外的现实因素能够帮助人民法庭在非诉纠纷化解上起着重要作用。针对民间纠纷的非诉调解，可以在法庭内部设置专业化调解工作室，探索要素式调解。❶许多社区工作人员在辖区工作单位中经常处理一些争议较小的纠纷，因此法庭可以与社区居委会、村委会协作，建立由人民法庭法官牵头传授调解经验，社区工作人员担任主力协助调解的专业调解室。实践中这种带有司法专业背景的调解室更容易被当事人认可，也能够更好地发挥社区调解的因地制宜和便利。

第二，调解活动作为一种柔性司法，不同于审判活动，其对应的诉讼阶段不

---

❶ 李鑫，王世坤."一站式"诉讼服务体系的构建逻辑及其实践展开［J］.学术论坛，2020（6）：57.

同，有着不同的纠纷化解功能与意义。目前我国的调解主要分为诉外调解、诉前调解等模式。在整个诉讼程序中，调解相较于审判更偏向于赋予当事人更多自由处分的空间。所以为了更好地规范调解活动，基层法庭可以在调解阶段采取要素式调解的方式，对同种类型的案件进行归纳总结，提炼出适合此类案件的调解模板，并据此开展调解。要素式调解是结合类案审判而形成的一种调解方式，在意思自治和权利处分等方面更加偏向当事人，能够在诉前以调解的模式对争议不大的案件进行"审理"，最大化追求司法的效率价值和便民原则。❶

（二）建立基层联动"一站式"法制宣传机制

在实践中，许多案件执行难归根结底还是人民群众法律意识淡薄，缺乏诚信观念。人民法庭作为直接与人民群众接触的司法机关，要不断加强组织和领导普法宣传活动的开展，强调执行宣传工作的重要性，健全相关重要工作机制。必须通过不断地实践确立司法的公信力，通过分析归纳平时的审判执行工作，并将其与社区纠纷的特征和焦点整理提炼，围绕该结果大力开展对应的法律知识宣传和法治理念教育。在城镇社区、乡村营造浓厚的学法和用法氛围，促进人民群众提升法治意识，主动履行自己的义务，引导辖区群众正确依法解决生活中的矛盾，发扬能动司法理念，做到理解执行、尊重执行，最后能协助执行。这也促使人民法庭的工作从单一的审判向社会服务进一步延伸，参与社会治理，从而提高辖区民众的法律意识与诚信观念，帮助审判与执行工作的顺利开展。同时要严格落实"三同步"原则，做到群众问题及时回应、群众矛盾有效引导等。

除此之外还应与党委政府协同加大对政府官员的普法力度。人民法庭要贯彻推动基层社会治理的工作，离不开当地甚至上级政府的支持与经费保障。积极学习各地人民法庭经验，如福建莆田江口镇人民法庭在其政府机关的支持下，硬件和宣传措施都得到了升级。当地党委政府带头守法普法的行为在该镇形成了良好

---

❶ 罗斌，徐澄.融"刚"于"柔"[N].人民法院报，2012-11-29（005）.

的法治氛围，基层法庭的办案效率大大提升，调解纠纷数量增多，做到矛盾有效地化解在基层。❶一个辖区内的法治发展离不开政府的支持和推动，同时也需要注意人民法庭的主要职责是行使司法权，对于当地政府、党委应当适当提供法律参谋与建议，时刻恪守本分、注意限度。

（三）切实加强人民法庭队伍建设

在实践中人民法庭经常面对的是最基层的人民群众，与人民群众沟通接触的法庭工作人员是保障法庭审判与执行工作顺利开展的关键，故对于法庭队伍的建设也应当给予应有的重视。在教育和引导法庭人员时，应当时刻牢记政治建设的重要性；加强法庭人员专业知识和能力的培养，建设更加正规、职业的法庭队伍；同时不断提高理论研究，创新与时俱进的教育培训方式，时刻紧抓办案人员的执行能力。在培养选拔时要充分权衡年龄、学历和工作经历等因素，对法庭人员进行合理的队伍分工。

四、强化"一站式"监督队伍建设

任何事务都需要在有效监督下进行，司法活动更是如此。强化监督队伍建设，加强对人民法庭"一站式"诉讼服务的内外监督是消除"执行难"问题、建立审执"一站式"诉讼服务不可或缺的重要环节。

（一）人民法庭应当主动接受人民代表大会监督和政协民主监督

人民代表大会是我国的根本政治制度，其监督也是所有监督中影响力最大、涉及面最广的一种监督。它的监督是保证司法坚定不移地走正确道路的重要保障。因此，人民法庭应当主动定期制作相关工作报告呈送人民法院，法院要定期

---

❶ 王强，唐嘉君，春洪.基层司法机关如何参与社会治理创新——以P县人民法庭为分析样本[J].司法改革论评，2015（1）：24.

将人民法庭的报告进行总结提炼呈送给地方人民代表大会,同时人民代表大会代表和政协委员反映的工作问题不得忽视怠慢,要认真贯彻提出的工作建议,并将落实情况作为下一次的工作报告内容。人民法庭也可以通过定期邀请人民代表大会代表、政协委员到庭视察审判、执行工作,并根据反馈的建议提案,积极改进、明确分工、专人专责,确保工作开展得正确有效。

(二)依法接受检察监督

支持法院执行是检察机关工作中的重要环节,执行检察监督效力的保障,需要法检在日常工作中处理好监督与配合的关系,积极消除分歧,形成互相配合、互相支持的局面。

检察机关应当充分利用各级法检建立的协同工作机制,完善对案件执行活动的法律监督制度,发挥检法联席会议制度作用,实现从个案沟通常态化向类案沟通常态化的转型。

对于一些有重大社会影响力的复杂、疑难案件的执行,基层人民法院可以主要邀请检察机关到场监督,以及时对一些被执行人暴力抗拒执行或者其他外界因素导致执行无法顺利进行的案件进行处理,达到检法联动共同推动执行环境的改善的目的。

(三)广泛接受社会监督

人民法庭可以在法庭内部建立"执行事务中心",通过搭建审执"一站式"执行事务服务窗口,邀请社区工作人员、企事业单位的咨询监督员等观摩人民法庭执行工作,视察人民法庭执行事务中心,保证当事人与法庭办案人员沟通不受阻碍。

同时,接受社会监督就必须充分保障群众的知情权、参与权和表达权。通过开通辖区法庭审执"一站式"诉讼服务信息网,迅速公布与民相关的诉讼服务改革重要举措和实施程序,接受社会大众的监督,最大限度保证群众的知情权。有条件的人民法庭还可以以信息化网络技术为基础，建立对批评建议答复的相关系统构建，实现法庭答复数据库与公开网络对接，将对批评建议的回复情况向社会公开。

人民法庭作为与群众接触最为密切的司法机关，其职能模式的单一化发展极大地阻碍司法权参与社会治理。构建"一站式"诉讼服务是司法改革中司法便民理念的直接体现，与人民法庭的资源配置、立案管理、纠纷解决、智慧法庭建设等多项具体措施都有着密不可分的联系。构建适宜的人民法庭审执"一站式"诉讼服务有助于司法内部办案体制综合配套改革，不仅是对现有司法模式的补充，同时还能与相关改革措施协同形成良好的联动机制，有助于整个社会治理的规范化、法治化，为建设法治社会、法治国家打下良好的基础。

第十三章 ▲ 人民法庭助力乡村治理

国家高度重视农村建设发展,在党的十九大报告中提出"乡村振兴战略"。我国改革开放以来第20个指导"三农"工作的政策文件《中共中央、国务院关于实施乡村振兴战略的意见》中提到"法治乡村建设"。❶ 2020年2月5日,中央全面依法治国委员会第三次会议审议通过了《关于加强法治乡村建设的意见》,强调完善司法为民便民利民措施,畅通司法便民"最后一公里"。乡镇人民法庭作为加强法治乡村建设的主要参与者,一方面要彰显其专业化、职业化的法治水准,运用法律技能引领乡村治理走向法治化轨道;另一方面要坚持法治与自治、德治相结合,强调依法治理与系统治理、综合治理、源头治理相结合,追求治理的最优化。法治乡村是保障农村建设发展,进一步推进法治中国建设,推动2035远景规划中关于基本建成法治国家、法治政府、法治社会目标实现的重要战略举措。人民法庭作为基层法治建设中的重要机构,在法治乡村建设中应当定分止争,充分听取人民群众的诉求,公正公平处理案件的同时尊重当地民事习惯,向人民群众普及法律知识,移风易俗,发挥人民法庭在乡村治理中的积极作用,形成自治、法治与德治相结合的乡村治理体系。法治的进步永远是和国家的现代化同步的,乡村治理体系现代化也是国家治理体系和治理能力现代化的一部

---

❶ 2018年中央一号文件,2018年1月2日中共中央、国务院发布《中共中央、国务院关于实施乡村振兴战略的意见》,自2018年1月2日起实施。

分。法律作为现代化的保障和后盾，在乡村地区还未完全地发挥其作用，乡村的客观条件也对法律普及和人民法庭的工作有一定的限制。在乡村的巨变和转型时期，人民法庭应把握好自身的职能定位，在法治的道路上更好地助力乡村的法治建设和乡村治理。人民法庭作为扎根基层的司法据点，在乡村治理体系中占据重要地位，找出当前人民法庭参与乡村治理的困境和路径至关重要。

第一节 人民法庭参与乡村治理的困境

截至 2021 年 8 月，全国实际运行的人民法庭数量有一万余个❶，其中乡村法庭占比百分之六十以上。作为广大乡镇农村百姓与司法救济之间的第一道大门，人民法庭对司法的建设和服务在研究深化的过程中取得了较大突破。基层农村存在大量的土地征收征用、婚姻家庭、民间借贷、相邻关系、农村土地承包等纠纷，这些纠纷纷繁复杂，直接起诉并不是问题的最优解。据此，人民法庭充分发挥它的调解功能，注重使用多元化方式、非诉讼方式即时即地化解矛盾纠纷，促进整个农村社会的和谐与稳定。在实践过程中，人民法庭提供专业、高质量的法律服务，如在《民法典》正式实施之后基层人民法庭干警走上街头，走进千家万户为广大人民群众进行普法教育，为法律资源获取困难的农村法治建设起到了推动作用。但是，从目前来看，人民法庭明显专注于法治建设，而法治建设的方式方法与如今乡村的自治与德治建设之间存在一些沟壑，不能完美衔接。并且直接参与庭审对于法律意识和专业知识较为欠缺的农村百姓来说门槛太高，一部分人会因为高昂的司法成本而放弃寻求司法救助。此外，人民法庭的部分干警不了解农村实际，即使是在农村出生之后也因求学或者工作而脱离了农村环境，且我国

---

❶ 2021 年 9 月 15 日，最高人民法院举行新闻发布会，发布《最高人民法院关于推动新时代人民法庭工作高质量发展的意见》暨案例选编（一），最高人民法院副院长贺小荣在会上的讲话。

法律人才的学习培养方式和培养环境不会涉及农村文化，对于农村的纠纷矛盾、乡土文化、民风习惯等并没有清晰地认知，仅以理论知识去处理案件与农村地区复杂的实际情况并不匹配协调。

一、传统思想观念和民间习惯的桎梏

"无讼""息争"作为中国传统的法制文化思想已经延续数千年。"无讼"一词源于《论语·颜渊》"听讼，吾犹人也，必也使无讼乎！"这是统治者追求的美好社会状态，也是普通百姓所认同的思想。在乡村中此种思想的影响力尤为明显，乡土社会中人与人之间存在着一种牢固且又稳定的人际关系，他们以宗族或者地域为界线，在各自的界限里无论是有血缘关系的亲属还是并非亲属的邻里都趋向于追求一种人与人之间的和谐。一般情况下无人愿意打破这种"和谐"，遇到矛盾或者纠纷大家都愿意以"忍一时风平浪静，退一步海阔天空"的心态来面对，这种思想观念对于国人的影响延续至今。但是，矛盾是无处不在、无时不有的，这是马克思主义哲学的基本观点。自然资源的有限性与人类需求的无限性决定了人与人之间永恒的矛盾[1]，存在矛盾就需要有解决的方式，"诉讼"作为解决方式之一，一直以来在中国农村都是"第二选择"，不会作为矛盾双方解决争议的首要方式，而是一种别无他法的结果。提起诉讼、打官司被认为是撕破脸皮、不懂忍让、关系破裂的象征，即使赢得诉讼后在一定程度上也会使得乡亲邻里的关系变得僵化。古语有道"失之东隅收之桑榆"，但在乡村百姓的诉讼中或许会变为"收之桑榆而失之东隅"，农村社会里的这种关系僵化带来的不利影响比让其割舍一部分利益更加难以接受，故其更倾向于忍让已经发生的矛盾而非寻求法律救济。

儒家思想自汉朝以来作为传统文化思想薪火相传，儒家所提出的"亲

---

[1] 刘世廷. 资源有限性与人类需要无限性的矛盾——人类社会基本矛盾的现代透视[J]. 科学社会主义, 2006 (6): 91.

亲""尊尊"思想使得传统社会中的纠纷矛盾首先是在家族范围内进行协调，家族无法处理的情况下才会对簿公堂。并且在两个家族之间发生矛盾首先也是由家族长者或者乡绅出面协商，协商无果后才让公权力介入，更甚者在"父债子偿""为父报仇"等家债世仇随代际延续的理念影响下，一些较为严重的事务可能会发展为家族之间世代的症结。即使在社会迅速发展、家族观念逐渐淡化的情况下，曾有矛盾的两大家族也比陌生人之间发生冲突的概率更高。

在传统地方文化中还有一类法律实施者——"乡土法杰"，"乡土法杰"作为地方乡绅能够构建一方的乡村秩序，在地方问题的处理中起到一定的积极作用，推动了"自治"，但在法律实施的过程中会出现个人主义、滥用权威等现象。例如，在四川凉山州彝族地区所盛行的"德古"调解，其依照公序良俗、习惯法对民间发生的纠纷进行调解，产生积极影响的情况下也面临适用的习惯法有局限性，属于民间行为，没有法律支撑等问题。[1]民间调解的法律适用中民间法、习惯法和民事习惯占据较大比例，其中一部分民事习惯在汰劣留良的基础上已发展得较为完善，并且已经被上升为法律法规，以国家强制力来对社会事务进行规范，但仍有不少的乡村地区有着落后传统的民间习惯。这些习惯根深蒂固，尤其是民事纠纷，大多数人的思维方式都是首先用地方习俗来处理，这与法治往往是南辕北辙。《民法典》中规定"继承权男女平等，且在第一顺位继承人中的子女包括婚生子女、非婚生子女、养子女和有扶养关系的继子女"，但在一些乡村中受传统思想的影响，有"嫁出去的女儿泼出去的水"这一说法，否定了已嫁女的继承权，导致财产纠纷甚至是一些不必要的冲突。乡村地区避讳诉讼、使用传统习惯解决纠纷的方式无疑给人民法庭的工作推进造成很大影响。一方面，出现法律纠纷无须通过司法途径进行救济就可以得到预期的结果，那么成本较高、途径较为曲折的司法救济方式就不会是民众的首选，长此以往会对人民法庭的公信力和权威性造成影响；另一方面，如未被提起的诉讼使用内部解决的方式未能妥善

---

[1] 张邦铺. 彝族民间调解制度的现代转型［J］. 西华大学学报（哲学社会科学版），2020（3）：90.

处理，后续可能引发一系列的矛盾纠纷，增加了人民法庭的案件量，需要更多司法资源。另外，适用民间习惯会造成习惯优先于制定法的假象，对乡村法治工作的开展造成阻碍。

二、人民法庭参与乡村治理存在的问题

（一）人员配备不合理

《最高人民法院关于人民法庭若干问题的规定》指出，设立人民法庭至少有三名以上法官、一名以上书记员，有条件的地方可配备司法警察。可在现实生活中，一些地区的人民法庭存在人员配置不齐全的情况，有时只有一个审判员，合议庭的组成只能依靠陪审员来实现，人员配置不足和不合理影响了人民法庭的实际工作进程。2016—2020年，全国人民法庭收案2040.8万件，审结2027.5万件，收结案约占基层法院收结案总数的25%❶，由此可见人民法庭每年的办案数量惊人，这就要求完备的人员构成和专业过硬的司法工作人员。在实践中要同时满足二者较为困难，若要求人员质量，通过各种考核与遴选来筛选势必就会使得符合条件的人员数量减少；若要求人员数量，放宽条件大量招募基层司法人员又会导致所招募的人员由于培养模式和成长环境的原因不了解乡村的工作机制，导致办案质量良莠不齐，无法推动人民法庭工作高质量、高水平的发展。

（二）工作机制过于被动

《最高人民法院关于推动新时代人民法庭工作高质量发展的意见》中提到，人民法庭作为基层人民法院的派出机构，是服务全面推进乡村振兴、基层社会治理、人民群众高品质生活需要的重要平台。作为司法机关，人民法庭的工作机制和基层法院相同，对经手的案件依照案件事实和有关法律进行准确的判断，解决

---

❶ 2021年9月15日，最高人民法院举行新闻发布会，发布《最高人民法院关于推动新时代人民法庭工作高质量发展的意见》暨案例选编（一），最高人民法院副院长贺小荣在会上的讲话。

民众之间的矛盾和纠纷，并且能够以案释法，加强基层群众法治观念，提升基层群众法治水平。但是，同人民法院一样，人民法庭的工作机制具有被动性❶，这是整个国家审判机关的一大特点，人民法庭要对所经手的案件进行司法救济就必须要求有案件提起诉讼，人民法庭不能主动地去进行司法干预。干警们仅以当下事实和法律已经提起诉讼的案件进行裁决，并未对案件中涉及的当事人问题进行审查，只达到当案当判，没有进一步深入。这种工作机制决定了人民法庭对于民间纠纷案件的司法干涉只能处于一种被动的状态，而不能主动地、积极地介入。但是，正如前文提到的民间思想习惯、司法工作机制等的影响，部分案件纠纷是无法进入司法系统进行解决的，这类不曾被看到的案件会处于隐蔽状态，或者当事人选择非司法途径解决问题，对司法工作极大的造成困扰，不利于人民法庭的法治建设，也不利于和谐乡村的建构。

（三）诉讼服务不足

除了运用审判权处理矛盾纠纷外，人民法庭还肩负以案释法、深入乡村进行普法宣传、提升地区综合法治水平、弘扬法治精神等任务，任务繁多经常让司法工作人员们身兼数职，"上山下乡"一系列的普法活动就让干警们的工作压力剧增，无疑也间接性地增加了存案量，卷宗资料连篇累册，干警们花费大量时间在处理案件上，无心为群众提供高质量的诉讼服务，存在空设法律服务部门的现象。

（四）后方保障不足

当前一些数据资料显示，基层人民法庭工作人员的薪酬待遇普遍较低，却又要求高水准的专业知识和综合素质，如果录用人员能力不足，将会造成司法工作停滞不前、影响司法秩序管理等不良后果。薪酬待遇不能跟上地区消费水平，就

---

❶ 黄金桥. 司法的被动性与审判职能定位 [J]. 湖北社会科学，2003（11）：112-113.

会导致优秀人才流失严重，城市与乡村司法工作人员配置比例失衡、人民法庭法治水平低下。再者，人民法庭普遍处于较为偏僻和经济较不发达地区，基础硬件设施较为简陋，俗话说"工欲善其事，必先利其器"，一次完美的庭审不仅需要高质、专业的工作人员，还需要科技先进的设施设备，用以更好地辅助人民法庭的司法工作，极力提升司法效率。在全面数字化、信息化的时代背景下，国家强调"要遵循司法规律，把深化司法体制改革和现代科技应用结合起来""推动大数据、人工智能等科技创新成果同司法工作深度融合"❶。司法工作应随着社会和科技的发展而发展，技术设备在其中的作用是不可或缺的，且随着信息获取的轻松化、简易化，公众越加希望对庭审过程进行监督，庭审公开成为民众对司法公正进行监督的重要渠道，部分人民法庭的硬件设施还不足以完全胜任一场完整的庭审直播。

三、人民法庭在多元解纷机制中的引领不足

人民法庭在基层法治建设中要体现其特殊性，不可与法院审判庭功能同质化，对于我国庞大复杂的农村问题来说，加强建设多元化纠纷解决机制是人民法庭服务基层社会治理的工作重心。多元化纠纷解决机制要求解纷主体将化解纠纷的思路、方法、措施、途径多元化，以满足基层社会主体的不同需求，更好地推动乡村社会的转型和发展。面对农村案件数量庞大、主体关系错综复杂等因素，人民法庭并未发挥出自身的解纷优势，引领、强化多元化纠纷解决机制。乡村社会的解纷主体除了人民法庭还有政府、妇联等，而不同主体分析问题的角度不同导致处理方式不同，多方主体的价值认知、法律素养、利害关系不同，对同一案件也有着不同的看法，人民法庭难以调动政府资源参与纠纷化解，也无法与其他解纷主体进行契合的衔接，甚至一些地区会出现政府干涉司法裁判对人民法庭施

---

❶ 习近平. 习近平谈治国理政（第三卷）[M]. 北京：外文出版社，2020：354.

压的境况。我国人民法庭是随着社会经济、科技、文化发展而产生，在此前并未有所涉及的情况下，乡村人民法庭正处于飞速发展和转型的时期，出现了区别于农村传统解纷的新型案件，如在"三权分置"情况下农村土地中出现了"土地经营权"、村集体经济组织的设立、内部决策、经营纠纷等新型化的案件类型本身需要花费较多时间来查明审理，解纷方式、途径等的多元化更是人民法庭在建设多元化纠纷解决机制的难点。多元化纠纷解决的目的是希望达到法理与情理合一，乡村社会"剪不断，理还乱"的人情网络使这一目的的实现存在较多阻碍。人民法庭的判决结果不能服众，为了矛盾的妥善化解其会过多地侧重于情理，甚至受制于其他主体的看法，缺乏整体的统一引导，有破坏司法公正的风险。

第二节 人民法庭助力乡村治理

党的十九届四中全会提出"健全党组织领导的自治、法治、德治相结合的城乡基层治理体系"，并将其视为构建基层社会治理新格局的重要内容。

"以和为贵"的司法理念贯穿古今，在实践中表现为调解息讼的司法传统。诉讼内调解、宗族调解、民间调解都可以贯穿纠纷解决过程的始终。纠纷发生之后，首先注重发挥地方自治力量在纠纷解决中的作用，强调有名望的乡贤能人为主要纠纷处理机制，只有在其难以调息纠纷或调解结果有失公允时，才会通过人民法庭来定分止争。人民法庭应厘清自己所处的地位，坚持公平公正，依照法律法规进行裁判。从西周我国就开始了以德治法，明德慎罚，礼在中国传统社会已经上升到具体化的行为规范，既包含对民众言行举止的规范性要求，也包含对民众可能产生影响的道德后果。法律作为最后的底线，作用在于辅佐礼、支持礼，并弥补其治理的空白点。在健全自治、法治、德治相结合的乡村治理体系目标下，人民法庭参与社会治理应当充分吸收中华优秀传统文化中注重和谐、淡化对抗、礼仪教化的理念，延续乡村治理传统。同时准确把握当下乡村社会和村民诉讼观念的巨大转变，将法律规范、道德礼仪、乡规民约充分融合，探索乡村治理的新模式。自治、法治、德治相结合，相辅相成，使乡村治理体系更加完善。

一、自治

"自治"一词早在秦汉时期就已出现。《史记·陈涉世家》："诸将徇地，至，令之不是者，系而罪之，以苛察为忠，其所不善者，弗下吏，辄自治之。"《汉书·南粤传》："服岭以南，王自治之。"在此"自治"二字的意义是自行管理或者处理。秦始皇一统中国后实行郡县制，中央分权于地方，让其掌握一定的行政司法权力，更便于对地方事务进行管理，自此在华夏大地上对于自治二字有了更深刻的诠释。发展到明朝，百姓自治的方式得到进一步的完善，明太祖朱元璋于洪武五年命内外府州县及乡之里社皆立申明亭，处理各方土地、婚姻家庭、财产纠纷和轻微的刑事案件，由当地德高望重之人掌事，被称为"老人"。明太祖制度的《教民榜》中有"民间户婚田土斗殴相争一切小事，不许辄便告官，务要经由本管里甲、老人理断"，即不经里甲、老人理断的，不问虚实，先将告状人杖断六十，仍然发回评理。此种民间调解制度一定意义上推动了地方自治的发展。不只中国，在西方近代意义上的自治源自罗马时期设立的"自治国"，罗马帝国衰亡之后，这一做法在欧洲沿袭下来。这种地方自治最早是对城市而言的，自治是捍卫城市特权的理论根据，是实现城市自由的手段，其在政治和组织上的典型特征是实行代议制，"自己管理自己"。由此可见，"自治"似乎是人作为一种具有社会属性的个体，在无数的连接和羁绊中想要找到属于自己的一方天地。不仅如此，中国是个多地形地貌的国家，高原、盆地、丘陵、喀斯特地貌等使中国百姓的聚居地或被山地阻隔，或因土地辽阔而相距甚远，使小农经济占据主体地位，由于具有分散性、封闭性、自足性等特性，使国家司法权力不能直接作用于每一位百姓。随着科技现代化、工业化的发展，此种情形已经得到较大改善，但在一些农村偏远地区，此种经济现象仍然存在。自周以来宗族组织就是中国古代最重要的社会组织之一，因而宗族自治一直是古代社会治理模式的重要构成。时至今日这类自治方式在农村地区仍有留存，一些地区在田土、家庭等一些事务上还会由宗族的大家长进行裁定处理，且能在一定范围内达到协调和谐的局面。自治不同于人治，"人治"是指一种贤者政治，以一人或者少数人的思想理念去治理社会事务，使社会范围内的大小事务的运转皆是基于个人的意志来进行。自治并非基于一种个人主义，它是在一定的规则制约下发挥区域内的"能动性"，从而更好地协调个体与个体之间的关系。当然，提倡自治也并非否定法律的作用，二者处于天平的两端，在对社会进行治理时应当相辅相成，彼此促进。

我国农村地区现已有较为完善的自治基础，如村委会就是典型的群众自治组织，对于农村地区的正向发展起到了十分重要的作用，但在历史、地理、文化等多方因素的作用下，实现良好的自治仍需进一步优化。在优化发展的道路上，人民法庭可以充分发挥其能与基层人民群众和国家司法直接连接的特性，引导人民群众充分参与乡村自治，从以下几个方面提升乡村治理能力和治理水平。

（一）人民法庭助力自治规范性提升

乡村自治一般以村为单位，在传统文化和地域因素的作用下形成一种以特殊伦理和人际血缘关系为中心的自治方式。与其他的治理方式不同，乡村自治是一个更注重人情情理关系的治理方式。在传统的乡村治理中，村委会、村集体在治理中起着重要的作用，但主要是在行政方面，缺乏司法角度的治理。且在乡村范围内存在的亲属邻里关系容易出现一些权力的滥用，破坏了群众自治的基础，使得"自治"变成了"人治"，这不仅不能使乡村得到综合发展，反而会让一些腐败现象获得滋生。随着时代更迭、经济发展，传统的"熟人社会"已开始向半熟人社会甚至是陌生人社会转变，交通越加便利，乡村与城镇的边界开始逐渐模糊，形成大量农村人口向外流动，以及大量信息向乡村内部渗透的循环，传统的乡土社会自治方式已经不再适用于今日的新农村，更需要的是一种科学、规范的自治方式。

人民法庭助力类案预防。事后处理不如事前化解，曾经的乡村纠纷化解机制侧重于在事后进行干预，是一种"遇到一事，处理一事"的方式，但目前的农村发展状况使得各种矛盾纠纷急剧上升，各村已经无法将传统的行政司法兼理的模式运用于如今的乡土社会中，超出基本道德伦理的事件必须由人民法庭进行司法干预。人民法庭面对的是全国最大数量的司法案件，作为"信息库"可以进行一系列的类案分析，将农村中发生频率较高的家庭婚姻、征地赔款、农村土地承包经营等案件数据进行分析并据此而得的一些类案数据提供给村委会，在村委会建立起类案纠纷风险预防提示❶，在源头进行事前预防，减少纠纷的发生概率。

人民法庭推动增强村规民约的规范化程度。乡村现代化发展迅速，传统的乡规民约无法适应社会的更新迭代，在发展与传统中存在一定的断层。村规民约是乡村治理中的"立法"阶段，作为管理农村的起始阶段，关系到群众直接利益的村规民约在乡村自治中起着尤为关键的作用，在国家法规体系日益健全的情况下，村规民约也日益被吸收为国家治理体系的重要元素。正如学者郭剑平所言："作为乡村治理中法律化和制度化载体的村规民约与国家法律的融合，是国家法律嵌入乡村治理的深刻反映。"❷制定科学、民主、规范的乡规民约已是建设新农村的迫切需要。人民法庭作为一个适用、实施国家法律的机构，可对乡规民约的制定程序、制定内容进行规范性的审查，或在发生矛盾纠纷需适用村规民约条款进行案件处理时，可对该规约进行附带性的审查，对于一些不合理的规约条款可以进行撤销。科学的村规民约能够降低村内矛盾纠纷激化扩大的风险，减少人民法庭案件受理量，人民法庭对村规民约进行辅助制定、审查，构建一套系统完整并且符合当地风俗习惯的村规民约，又可以使规约更加适合于村内实际情况。如

---

❶ 龚浩鸣．乡村振兴战略背景下人民法庭参与社会治理的路径完善——基于法社会学，法律史学双重视角［C］// 司法体制综合配套改革与刑事审判问题研究——全国法院第30届学术讨论会获奖论文集（上），2019：21.

❷ 郭剑平．乡村治理背景下村规民约民事司法适用的理论诠释与优化路径［J］．西南民族大学学报（人文社科版），2020（8）：81.

此形成一套行政与司法的联动机制，推进农村建设发展的正向循环。

（二）移风易俗，推进民事习惯的优化

习惯是社会生活和个人生活积累形成的生活方式，民事习惯不同于一般习惯，它是一定时间内在一定区域范围内由传统风俗、地方文化、民间活动等不断实践得出的较为固定的被大多数人认可的非正式规范，且多为涉及主体双方权利义务的习惯。民事习惯是我国民法的渊源之一，在乡村治理的过程中民事习惯随着社会发展而发展，不断适应着农村社会的变迁。近年来，一些地区法官直接援引适用民事习惯进行审判的案件逐渐增多。"习惯法作为乡村治理的一种本土法治资源，是传统乡土社会构建和稳定社会秩序的纽带，也是乡村社会治理最常见的一种形式。"❶ 因此，如何发挥优良的民事习惯在乡村治理中所起的积极作用，已是推进乡村移风易俗、构建良好的民事社会环境中不可忽略的重要模块。《民法典》第十条明确规定："处理民事纠纷，应当依照法律；法律没有规定的，可以适用习惯，但是不得违背公序良俗。"该条规定以国家强制力赋予了人民法庭在处理纠纷案件时适用民事习惯的权力，也给我们提供一些思考：如何将民事习惯嵌入乡村治理中？以及人民法庭怎样针对于已有的民事习惯取其精华去其糟粕，发挥其正面作用，推进乡村治理？

1. 推动民事习惯转型

民事习惯中部分内容兼顾了双方权利义务分配和情理人伦，在农村这样一个需要法理情理兼容治理的社会，优良的民事习惯无疑可以提升治理效率。但是，民事习惯始终没有落到书面，仅以一种意识观念的形态存在，不利于在实践中进行实际的援引。对此，人民法庭在大量案件的庭审过程中可以汇集部分运用率高、符合现今法治观念的民事习惯，于制定村规民约时将其吸纳，使之成为村规民约的一部分，纳入行政、司法领域的有效管理中，以一种新的方式嵌入乡村治理。

---

❶ 张邦铺. 羌族习惯法对羌区乡村治理的作用与运用［J］. 地方文化研究辑刊，2020（2）：171.

2. 有效适用民事习惯

民事习惯在实际生活中的运用指不胜屈，尤其是在民族地区，习惯的运用甚至影响案件的判决结果。可在一些地区习惯与法律规定存在冲突，如在藏族地区仍有一夫多妻的传统，这与《民法典》规定的一夫一妻制度存在冲突。在具体个案中人民法庭应当在不违反法律规定的基础上尽量平衡这种法理与情理的冲突，并且能在进行案件判决的同时否定一些地区落后腐朽的习惯，在我国法律框架内将高质量的民事习惯通过案件裁判进行宣扬，有效地将民事习惯运用于个案裁判中，促进乡村民事习惯的去芜存菁，让新思想、新习惯在农村社会治理中发挥应有的价值。

3. 联合多方主体参与推进民事习惯优质化

在参与乡村治理的过程中，适用民事习惯的主体除了人民法庭外还有调解组织、村委会等自治组织等，多方主体在村域治理时可形成诉讼与非诉相结合、情理法相结合的多元化纠纷解决机制。这种多元纠纷解决机制在乡村建设中存在可能性：①村域中自然存在多方主体。在我国农村，无论是经济发达地区还是发展欠佳的地区，已经"天然"地存在多方主体，每个村均有村委会、村级干部、妇女委员会、辖区人民法庭等机构组织，多方主体是形成多元化纠纷解决机制的前提。②多方主体有机结合的可能性。在村域解纷的多方主体中每个主体都有自身的局限性，村委会的干部可能存在不太洞悉法律法规的问题，妇联可能有着较为偏袒女性当事人利益的缺陷，而人民法庭则存在不够了解该村乡土文化的不足。但是，将他们有机结合后，懂得人情世故、农村习惯的村委与保障妇女权利的妇联和透彻掌握法律法规的人民法庭多方联动进行解纷，必然会有事半功倍的效果。在此种纠纷解决机制中运用民事习惯可以弥补国家法律在面对疑难纠纷时的漏洞，填补法律的空白，无论是诉讼前的调解还是在诉讼中皆能以民众更为接受的、更具有人情味的方式来化解纠纷，并在一方村域范围内通过法律和习惯的共同作用提高村民认可度，达到定分止争的目的。

二、法治

法治是治国理政的基本方式，要加快建设社会主义法治国家，全面推进依法治国，要更加注重发挥法治在国家治理和社会管理中的重要作用。法治意味着在规则的框架下行为，社会的运行需要秩序，无序的社会就像是一盘散沙无法凝聚。乡村作为社会管理的最小单元，就像是一个一个的神经元，连接构成一个庞大的社会体系，因此乡村的法治化水平影响着一个社会乃至整个国家的法治化进程。"乡村振兴，法治先行。"法治建设保障着乡村发展，而乡村法治化水平的提升又推动着整个国家的法治建设。在现今乡村的治理中，乡村法治是对历史潮流的顺应，是实现乡村振兴的重要路径，为2035年乡村治理体系和治理能力现代化，基本建成法治乡村打下坚实的基础。❶想要实现这一目标绝非一日之功，如今的农村仍然存在很多问题，或是历史遗留，或是时代发展，人民法庭应着力解决农村发展中的法治建设问题，提高乡村法治水平。

（一）农村法治建设的阻碍

1. "三农"问题

如在"三权分置"的情况下土地流转方面和土地归属认识上，虽《民法典》规定了土地承包经营权、土地经营权，使得土地的流转率上升，但普通村民对于集体土地所有权等法律规定缺乏认知，无法真正将土地的利用率提高，获得应有的价值。且在土地流转中时常发生关于土地边界划分、使用权归属、流转合同不规范等问题，往往引起后续的法律纠纷。同时还存在宅基地使用权归属问题、农民民主法制素养问题、农业立法空白问题等农村环境的法治建设困难。

2. 法律意识较弱

由于农村的一些自身局限性，法治建设在农村环境中并不完善。具体体现在

---

❶ 2020年2月5日，习近平总书记主持召开中央全面依法治国委员会第三次会议并发表重要讲话。会议审议通过了《关于加强法治乡村建设的意见》。

以下三方面：①法律意识薄弱，法律实施有阻力。法律作为上层建筑是建立在经济基础之上的，在农村环境中大部分民众的劳作是围绕基础物质生活进行，解决生计问题，缺乏了解法律的渠道和方式。并且农村发展的一大趋势是青年群体纷纷涌向城市，在城市扎根安顿，留在农村的人口中老人、妇女儿童比例较高，他们没有普遍受到高等教育，知识文化层面停留在较低水平，缺乏法律教育也使得农村人口不懂法律规则，对于法律的认识程度较低甚至认为法律是精英阶层所拥有，而非国家赋予每个人用于保护自己权利的武器，出现敬法畏法的情况。②国家司法权未完全下沉到基层。近年来国家高度重视人民法庭建设，希望运用人民法庭直接接触基层事务的优势来推进国家基层法治建设。人民法庭的设立能有效地对农村地区的矛盾纠纷进行立案审判，但在农村地区，发生司法纠纷群众的第一反应是寻找村委会、村干部等行政力量，人民法庭等司法力量的参与程度低，且人民法庭的干警也无法随时深入农村，造成实际需要解决问题的人民法庭与群众之间始终存在阻隔，司法力量无法发挥其最大的价值。③公共法律服务体系不完善。公共法律服务是政府公共职能的重要组成部分，是为公众提供法律保障的重要途径，可群众在寻求法律服务、法律援助的过程中仍然存在诸多困难。在农村地区，公共法律服务通常由政府机构人员身兼数职，没有专业法律知识储备，法制素养不够；国家虽重视城乡公共法律服务体系建设，但相关领域的实施规则和立法存在漏洞，有关政策得不到良好实施；农村法律资源稀缺，我国在近几十年的法治建设上取得许多重大成就，但在农村地区法律基础设施不完备、法律人才缺乏等法律资源稀缺的情况仍然存在。

3. 农村的司法积极性较低

在法治建设中司法成本是阻碍群众积极寻求法律救济的一大因素，人性使然，人们在遇到问题寻求解决办法时会将成本考虑在前，过高的成本会让人放弃这一途径。目前，我们的司法成本对于农村地区的老百姓来说依然比较高。司法成本包括经济成本、时间成本和人力成本。首先是经济成本，在人民法庭提起诉讼时涉及诉讼费用、财产保全费用、律师费用等多项支出，在一些财产纠纷中，胜诉的一方当事人看似维护了自己的利益，但将上述费用支付后，可能使其因诉讼而获得的财产也所剩不多，导致当事人并未在经济上获得太多利益。在人身纠纷案件中更是怕得不到应有的公正判决，所以很多人愿意以私下协商的方式处理纠纷。其次是时间成本，群众提起诉讼需要经过起诉、立案审查、排期开庭、开庭审理、宣判的过程，整个过程会花费大量时间。人民法庭案件受理量越来越多，如前文所诉，一些地方开始有了案件积压的情况，这也会拉长结案时间。花费时间过长也会导致群众因怕麻烦，转而放弃自己应有权利的行为。最后是人力成本，在司法诉讼中的每个环节都需要当事人的参与，在农村地区有的参与人会因为交通不便、自身疾病或者外出务工等情况而导致参与困难，阻碍群众的司法积极性。较低的司法积极性不利于人民法庭在基层推进法治工作，助力法治乡村的建设。

（二）如何构建法治乡村

1. 提升法治思维

法治思维是一种规则思维，它使人在一种既有的规则秩序框架中指引自己的行为，尊重崇尚法律，以法律手段解决问题。我国已经有着较为完备的法律规范体系，这一前提使法治思维成为可能，也必然需要形成法治思维。提升法治思维主要是在领导干部这一层面，在农村，村领导干部和基层司法机关的权力可以渗透到村域事务的方方面面，如没有以法治思维进行治理，很可能出现权力滥用的情况。权力必须关进"笼子"里，在法律框架内发挥其应有的作用，领导干部必须坚持党的领导，坚持法律至上，坚持以人民为中心，提升自身法治思维，以科学理性的思维方式进行社会治理。

2. 加强法治文化建设

国家强调把建设社会主义法治文化作为建设社会主义法治国家的战略性、基础性工作和建设社会主义文化强国的重要内容。❶农村法治文化建设作为国家法

---

❶ 本刊特约评论员. 坚持和发展"和"文化 积极推进社会主义法治文化建设［J］. 人民调解，2021（5）：1.

治文化建设的重要部分，还需加强建设力度。文化认同感是一地区凝聚力所在，中国农村土地广袤，各地区、各民族的文化传统各不相同，因其对各自的文化具有认同感，形成一种信仰而团结在一起。法治文化亦如此，它需要群众的认同，从而信仰法律，让法律融入生活中，形成自己的法律精神、法律文化信仰，"一切法律之中最重要的法律，既不是刻在大理石上，也不是刻在铜表上，而是刻在人们的心里"。在我国农村地区，可以根据各地不同的文化风格来推进各地特色法治文化建设，让法律法规知识与地区文化交汇融合。增强村民群众的法律认同感，才能使法律得到良好的实施和传播。

3. 提高农民法治意识

群众的法治意识关系到基层司法机关能否通过案件的裁判来宣传法律法规、弘扬法治思想，基层自治组织能否良好地运用村规民约做好决策，在法治的范围内实现更高目标的乡村自治，进而推进法治乡村的建设。社会的发展离不开人，群众集体的素养越高越能促进社会的发展。在农村地区也是如此，想要建设法治乡村离不开对农民法律素养的培养，法治意识的提升是建设法治乡村的重要方向。

4. 大力培养法治人才

乡村法治人才不仅拥有专业的法律知识、良好的道德素养，还有理性的法治思维，在农村地区能起到法治引领的作用，是推进法治乡村建设的中坚力量，引入法治人才能够给乡村法治注入新鲜血液。而实际情况却是法治人才缺乏，基层司法机关中的法治人员配置也不平衡，在遇到矛盾纠纷需要调解的时候会遇到人员不足，需要临时抽调的情况。随着社会发展，大部分年轻人愿意留在城市发展，在法律从业者的身上尤为明显，城市丰富的法律资源吸引着他们。农村地区没有良好的法治环境、法律资源，且乡村地区由于财政经济等原因对法律人才的激励政策不足也是限制乡村成功引进法律人才的原因，法律人才的缺失也阻碍了法治的发展，因此应当大力培养乡村地区的专业法律人才。一是要对现有的干部职工进行法律法规知识和法律素质的培养，提升现有工作者的法治水平，加强法制工作队伍建设。二是要加大力度引入人才，提高法律人才的奖励机制，与地区高校或者职业院校联合进行法律人才的定向培养，鼓励本地人才造福本地群众，同时也要改善农村法律工作环境，创造良好的工作环境和氛围，留住乡村法律人才。

（三）人民法庭推进法治乡村建设的路径

1. 在个案中正确适用法律，体现公平正义

这是设立人民法庭应达到的最基本的目的，司法公正是维护社会公平正义的"最后一道防线"，实现司法公正首先要在每一个案件中体现程序和结果公正。由于乡村社会与城市社会相比封闭性较高，某一个案的判决过程和判决结果会在村域起到一种类似于"指导案例"的效果，某一具体案件的审判会对群众的行为起到指引和规范的作用，因此人民法庭作出的一系列审查判案的工作必须体现司法公正，以提高司法机关的司法公信力。在审判过程中充分考虑当地民风民情，对于当地民事习惯加以利用，在以法律为准绳的基础上尊重当地的民事习惯。如果是少数民族地区，在适用法律的同时还要考虑当事人的文化水平和理解能力，用该民族语言文字进行审判工作，提高群众的认可度。对于简易的案件可充分利用案前调解，努力在此阶段将纠纷化解，并且对案件当事人进行疏导劝说，让当事人之间不因矛盾而产生仇恨。遇到疑难复杂的案件不能完全以理性的法律来判案说法，应当将法理与情理兼顾，赋予法律一定的温度，在此过程中既可以公正地审理案件，又可以通过一种有温度的方式使当事人认可法律并接受该案的最终结果，达到既能公正裁判又能化解矛盾的效果。但是，对于情理的考虑不能超出一定的范围，人民法庭仍然必须严守法律的边界，在法律的许可范围内讲情理、说习惯，把握好法律与人情之间的平衡。

2. 提高人民法庭以案释法的水平

公正审判案件是人民法庭的基本职能，但在审判后以案件进行以案释法亦是人民法庭的一项重要职能。以案释法的过程中会提高一地区域内的法治文化、法

治意识和法治水平,解决案件绝不是人民法庭工作的终点,更重要的是如何通过案件的审判来对地区的法治水平进行提高。一是提高司法裁判文书的水平。司法裁判文书是司法公开的重要途径,也是对诉讼结果进行说明的唯一凭证,其是体现司法裁判过程和结果的载体。一份逻辑严谨、结构完整、说理丰富的裁判文书能够体现出人民法庭的司法能力,也能使阅读者感受到该司法机构的办案水平。公正地审理案件并不是结束,法官还应在之后的裁判文书中释案说法,提高自身制作裁判文书的能力,优质的文书在案后仍然产生积极的影响。二是归纳一地区的典型案例。在典型案例中寻找该地区的法律治理逻辑。每个地区虽都会发生各种各样的案件,但不同地区的典型案件会存在区别。例如,在我国东部沿海地区发生较多的可能就是经济商业纠纷,而在西部内陆山区可能就会因为土地资源缺乏而较常发生田土纠纷。对地区典型案件进行归纳不仅可以让人民法庭成熟地处理类似案件,自成一套完整的系统,还可以做一些典型案例分析会议,邀请村委干部、村民代表等参加会议,让各方对纠纷的处理方式和路径有一定的了解之后,再下沉到群众中对群众进行法制教育,行政机构也可以在纠纷未达到司法机关时,依据村规民约和民事习惯将矛盾在诉前化解,减少人民法庭的案件负担。

3. 宣传法治思想、弘扬法治精神

人民法庭作为基层法制教育的重要参与者,可创新普法教育的形式。互联网的飞速发展使农村社会也能依靠网络获取信息。人民法庭可通过建立自己的公众号、微信群等方式每日在里面推送一些法律小知识,并且可以设置一些群众互动,如过一段时间可以做一个法律知识有奖竞猜,提高人民的参与度,在宣传人民法庭自身的情况下也进行了法律知识的普及。改变以往"游击战"的宣传方式,在固定时段固定地点进行法律知识解答,宣传法治思想。有条件的人民法庭还可设置法制宣传员的岗位,下乡提供法律咨询服务。

4. 坚持源头化解,发挥人民法庭的司法引领作用

"扬汤止沸,不如去火抽薪。"想要彻底化解必须从根源入手。要将人民法院预防化解职能精准延伸到纠纷产生的初始源头、讼争源头,因地制宜、分门别

类建立递进式预防化解工作路径，确保矛盾纠纷有效分流、源头化解。❶ 人民法庭应当充分发挥法治建设中的主导作用，推动乡村各部门、各主体全面参与到乡村纠纷解决治理当中，在法律问题上指导基层组织，将政府领导干部、人民调解员、法律顾问等培育为能够解决纠纷的助手，并且充分听取群众诉求，引导群众以法律标准审视自身，促进村民法律素养提升，推动良法善治，达到源头预防和减少纠纷的效果。

三、德治

德治是中国古代的一种治国理论，它以道德作为治理的基础，让人们在道德的约束下规范自己的行为，几千年以来被奉为主流治理思想。道德在社会治理中所起的作用不容小觑，尤其是在农村欠发达地区，道德规范的约束程度可能高于法律规范，因为在村域范围道德地位的高低会影响周围的人对其的看法，影响他们在农村的社会地位。因此用道德的约束力来治国理政在古代中国取得了良好的效果。随着社会进步，人们的道德观念发生碰撞，原有的一些道德标准在发生变化，仅以德治来治理国家已是不可取的，但由于其在中国思想文化中的重要地位，德治仍旧会在未来的长时间内继续产生深远影响。法治作为治国理政的主要方式也并非万能，需要德治与其相结合而形成更好的治理模式。在乡村治理中，道德治理的重要性更需要得到重视，农村群众崇尚仁义礼智信，道德对其造成的规范思维更强烈，因此在乡村的道德建设中加入社会治理内容，构建德治乡村是人民法庭助力乡村治理时需要专注的方向。

（一）帮助村干部和自身提升道德思想觉悟，以德化民

乡村治理中村干部所起到的作用与司法工作机构人员起到的作用不同，村干

---

❶ 《最高人民法院关于深化人民法院一站式多元解纷机制建设推动矛盾纠纷源头化解的实施意见》。

部直接深入地接触群众，对整个集体起到一种带头领导的作用。就目前来看，农村地区干部职工年龄比例不均衡、学历达标率不够高，且自身法律道德思想觉悟不够高的情况依然存在，而提升村干部道德水平是推进乡村德治的基础。由于农村条件资源有限，村干部可能无法意识到此问题，人民法庭作为国家法治建设的重要组成部分，需要与农村德治主体进行交往融合。人民法庭要从外部去督促、帮助提升村干部道德素质水平，其可以定期举行思想道德法律讲座，除了村干部，也可要求多元化纠纷解决机制中参与的多方主体参与，在宣传法治精神的同时提出道德建设对于乡村善治的重要性，不能因强调法治而忽略德治。人民法庭要从内部突破自我，人民法庭的设立产生、职能定位都只是将人民法庭放在一个理性的司法角度来看，但其在实际治理过程中所起到的作用远高于此。人民法庭往往过于强调司法工作人员专业性的法治水平，而忽略了道德建设，达不到最佳的治理效果，因此在人民法庭内部也要进行道德教育，以优秀的道德水准来更好地辅助法治工作进程。

（二）弘扬社会主义核心价值观

社会主义核心价值观是当今社会从国家层面到社会层面再到个人层面中，对每个层面美好追求的生动写照，是群众向往的理想生活中的最大公约数。换言之，社会主义核心价值观能得到每个人的认同。在这样的基础上，弘扬社会主义核心价值观的过程并不会太过复杂，作为国家机构，人民法庭有义务面向整个社会去培育和践行社会主义核心价值观。从社会层面来讲，"公正、法治、自由、平等"是需要各方努力构建的美好社会状态，人民法庭在其中扮演的角色可以起到积极作用，在个案中体现公平正义，在受理的案件中向农村群众反馈法治的重要性，保障农村人口的权益。例如，在农村外出务工人员的工资纠纷、劳动纠纷中体现国家和社会对于农村群体的保护；对于农村特殊人口不进行区别对待，保障妇女儿童、残疾人的合法权益，让其在每个阶段都感受到平等的待遇，提高他们的社会参与度和认可度，以一个机构的力量向整个农村传播社会主义核心价值观，进而影响所有的群体，让他们认可社会主义核心价值观并且愿意参与践行，从社会惠及个人，再以个人影响社会，形成积极向上的社会风气。拥有和谐稳定的精神支柱也能减少社会矛盾，使人与人之间的相处更加融洽友爱，一定意义上也会减少人民法庭的司法工作强度和难度，因此在农村弘扬社会主义核心价值观是一种人民法庭与村民的双赢行为。

第三节 人民法庭推进"三治融合"

自治、法治、德治，三者并非对立割裂，而是一个整体，就算其中一方独立治理，也离不开另外两者的辅助作用。推进乡村治理不能仅依靠其中某一方面的力量，而是应该相互协同，共同转动乡村治理发展的方向盘。"三治融合"中三者的关系并不是简单地并列排序，而是相辅相成，相互作用，共同推进乡村善治。首先，自治是途径，以村民自治的方式能够吸引更多的群众主体参与到乡村治理的过程中，通过提高参与度获得群众认同感，将法治与德治建设渗透进参与自治的过程中，以法治规范自治主体，以德治滋养自治主体的道德感、责任感。其次，法治是保障与底线，法治能够规范自治主体的行为，自治主体也必须在法律的框架内进行治理，相同地，德治也不能突破法律的规定，将道德推到超过法律的地步。规范的同时，法治提供的规范有秩序的环境是自治与德治充分发展的保障。最后，德治是基础，将道德素养扎根于自治群体与法治主体的心中，以提高自我约束水平，进一步贯彻乡村的自治与法治。德治也可以弥补法治的漏洞与空白，实现乡村的全面治理。三者的完美融合必将新农村建设推向一个更高的台阶。作为乡村法治工作的主要运行机构，人民法庭从法治出发，保障人民群众的利益，严守法律边界，体现公平正义，保证结案率的同时发挥司法的能动性，贯彻"两便"原则，移风易俗，促进村规民约、民事习惯的规范化、法治化，帮助基层自治组织全能化，构建全新的乡村治理环境；在法治中嵌入道德治理，增强群众的认同感和参与感，以法治引领德治，以德治补充法治，最终在法治的轨道上推进乡村治理体系和能力现代化。

总之，随着国家法治建设及普法宣传地不断深入，基层群众的法治观念也越来越强，以往一些本可以不进法庭的小事，如今也被送上审判台。人民法院员额制法官改革的实行，使得繁重的工作只靠为数不多的员额法官来处理，往往显得力不从心。但是，人民法庭不能等同于审判法庭，二者有本质的区别。人民法庭代表国家行使审判权，同时还肩负着支持其他国家机关和群众组织协调处理社会矛盾纠纷、指导人民调解参与辖区综合治理等任务。因此，在新形势下乡村人民法庭应当因地制宜，适时调整工作重心，突出人民法庭的特色，将审判职能之外的其他重要职能发挥到极致，充分彰显乡村人民法庭在法治建设进程中的特殊作用。同时，乡村基层人民法庭在办理案件时要充分发挥其示范教育引导作用，要到案发地进行巡回审判，注重调解以更好地化解矛盾纠纷。无论采用何种方式，目的均应"便于查明事实，便于当事人诉讼，便于纠纷解决"和"便于发挥人民法院解决纠纷的辐射作用"。总体而言，应以继承和弘扬"马锡五审判方式"，坚持和发展"枫桥经验"为特征，构建科学有效的诉调对接体系，进而不断提高社会管理能力、利益协调能力等。

发挥司法引领作用，以法为纲，引导良性自治。乡规民约产生于乡村社会之中，在村民日常生活逻辑中形成、生长，具有内生性，是不同于国家法律的社会规范，在乡村治理中有其发挥作用的空间。人民法庭在对这些案件剖析的基础上，结合乡村礼俗，对辖区内案件进行类型化分析、归类，总结纠纷成因及特点，形成类案纠纷风险预防提示，在类案剖析数据的基础上，指导乡规民约制定或审查并提出修改意见。乡规民约应当纳入中国传统基层社会、现代乡村社会中蕴含的道德规范、行为准则，弥补法理规则在调整范围局限性、调整时间滞后性等方面不足。

从现代法律进入中国的第一天起，法律就不是作为一种解决纠纷的手段来理解的，而是作为一种文明体系试图理解世界的一种方式。❶法律帮助农村群众理解规则、制定规则，在集体的共同努力下构建出新时代农村发展的蓝图，实现社会全面小康。人民法庭作为实施法律、普及法律、以案释法的重要国家机构，更要跟上时代的发展，站在浪潮的前端，为中国法治乡村建设添上浓墨重彩的一笔。

---

❶ 强世功. 深深地嵌入到现代中国的重建之中［J］. 法律与生活，2004（9）：5.

参考文献

[1] 习近平.习近平谈治国理政（第一卷）[M].北京：外文出版社，2014.

[2] 顾培东.社会冲突与诉讼机制[M].北京：法律出版社，2004.

[3] 苏力.送法下乡——中国基层司法制度研究[M].北京：北京大学出版社，2011.

[4] 王亚新.社会变革中的民事诉讼[M].北京：中国法制出版社，2001.

[5] 张希坡.马锡五与马锡五审判方式[M].北京：法律出版社，2013.

[6] 何兵.现代社会的纠纷解决[M].北京：法律出版社，2013.

[7] 喻中.乡土中国的司法图景[M].2版.北京：法律出版社，2013.

[8] 王铭铭，王斯福.乡土社会的秩序、公正与权威[M].北京：中国政法大学出版社，1997.

[9] 高其才，周伟平，姜振业.乡土司法——社会变迁中的杨村人民法庭实证分析[M].北京：法律出版社，2009.

[10] 范愉.纠纷解决的理论与实践[M].北京：清华大学出版社，2007.

[11] 范愉，李浩.纠纷解决——理论、制度与技能[M].北京：清华大学出版社，2010.

[12] 唐力.人民法庭研究系列——依法治国与人民法庭建设第1卷[M].厦门：厦门大学出版社，2017.

［13］赵旭东.权力与公正——乡土社会的纠纷解决与权威多元［M］.天津：古籍出版社，2003.

［14］赵旭东.诉调对接的理论探索——以丹凤模式的考察为基础［M］.北京：法律出版社，2015.

［15］罗斯科庞德.通过法律的社会控制、法律的任务［M］.沈宗灵，译.北京：商务印书馆，1984.

［16］顾培东.人民法庭地位与功能的重构［J］.法学研究，2014（1）：29-42.

［17］栗峥.国家治理中的司法策略：以转型乡村为背景［J］.中国法学，2012（1）：77-88.

［18］左卫民."诉讼爆炸"的中国应对：基于W区法院近三十年审判实践的实证分析［J］.中国法学，2018（4）：238-260.

［19］章武生.基层法院改革若干问题研究［J］.法商研究：中南财经政法大学学报，2002（6）：46-53.

［20］邵俊武.人民法庭存废之争［J］.现代法学，2001（5）：146-151.

［21］胡夏冰，陈春梅.我国人民法庭制度的发展历程［J］.法学杂志，2011（2）：82-85.

［22］李鑫，马静华.中国司法改革的微观考察——以人民法庭为中心［J］.华侨大学学报（哲学社会科学版），2016（3）：51-60.

［23］高岚.乡土社会治理下人民法庭的司法功能［J］.人民司法，2015（17）：4-8.

［24］亓宗宝.法治逻辑语境下人民法庭的职能定位［J］.中国审判，2015（14）：64-65.

［25］范愉.人民法庭是基层社会治理的中枢［J］.中国审判，2014（8）：33.

［26］李凌云.新时代人民法庭参与乡村治理的司法逻辑——基于北京市Z人民法庭的分析［J］.福建行政学院学报，2018（3）：71-78.

［27］冯兆蕙，梁平.新时代国家治理视野中的人民法庭及其功能塑造［J］.法学

评论，2022（1）：131-141.

[28] 王国龙.法院参与基层治理及其角色定位[J].东岳论丛，2020（4）：138-148.

[29] 周苏湘.法院诉源治理的异化风险与预防——基于功能主义的研究视域[J].华中科技大学学报（社会科学版），2020（1）：28-37.

[30] 四川省成都市中级人民法院课题组，郭彦.内外共治：成都法院推进"诉源治理"的新路径[J].法律适用，2019（19）：15-23.

[31] 吴明军，王梦瑶.诉源治理机制下法院的功能定位[J].行政与法，2020（7）：87-95.

[32] 侯国跃，刘玖林.乡村振兴视阈下诉源治理的正当基础及实践路径[J].河南社会科学，2021（2）：18-27.

[33] 苏力.关于能动司法与大调解[J].中国法学，2010（1）：5-16.

[34] 施新州.人民法院在国家治理中的功能定位分析[J].治理现代化研究，2019（1）：44-52.

[35] 汪开明.乡村振兴背景下人民法庭参与乡村司法治理研究[J].巢湖学院学报，2021（5）：63-70.

[36] 曹建军.诉源治理的本体探究与法治策略[J].深圳大学学报（人文社会科学版），2021（5）：92-101.

[37] 谢冰斌.乡村振兴视野下人民法庭的困境与出路[J].哈尔滨学院学报，2021（1）：51-55.

[38] 张丽丽.新时代人民法庭参与乡村治理的理论逻辑与反思[J].西北大学学报（哲学社会科学版），2019（2）：46-53.

[39] 李瑞昌.论社会治理新格局站位下的人民调解制度建设方略[J].湘潭大学学报（哲学社会科学版），2018（2）：20-24.

[40] 龚浩鸣.乡村振兴战略背景下人民法庭参与社会治理的路径完善[J].法律适用，2018（23）：89-96.

［41］杜前，赵龙.诉源治理视域下人民法院参与社会治理现代化的功能要素和路径构建［J］.中国应用法学，2021（5）：62-75.

［42］刘新星.社会整合与人民法庭的功能定位［J］.河北法学，2012（6）：162-165.

［43］周磊，徐贵勇.人民法庭职能转型实证调研［J］.东南司法评论，2013（6）：82-96.

［44］姚莉.法院在国家治理现代化中的功能定位［J］.法制与社会发展，2014（5）：57-59.

［45］余晓龙.新时代人民法庭职能定位与转型发展调研报告——基于山东地区人民法庭样本的分析［J］.山东审判，2019（12）：179-188.

［46］高其才，黄宇宁，赵小峰.人民法庭法官的司法过程与司法技术——全国32个先进人民法庭的实证分析［J］.法制与社会发展，2007（2）：3-13.

［47］张青.乡村司法的社会构造与诉讼构造——基于锦镇人民法庭的实证分析［J］.华中科技大学学报，2012（3）：40-47.

［48］张邦铺.诉调对接纠纷解决机制的完善——基于Ｓ省Ｐ县法院的实证分析［J］.西华大学学报（哲学社会科学版），2016（1）：82-88.

［49］贺少峰，陈赓.人民法庭参与转型期乡村社会治理的思考——以偏远地区基层法院为视角［J］.西南政法大学学报，2013（5）：121-127.

［50］赵风暴.准确把握人民法庭的职能定位［J］.理论视野，2018（12）：40-43.

［51］周强.认真学习贯彻习近平法治思想全面推动新时代人民法庭工作实现新发展［J］.法律适用，2021（1）：3-8.

［52］李凌云，陈杰.人民法庭参与社会治理70年：回顾与展望［J］.现代法治研究，2020（1）：13-25.

［53］禹得水，高峰.国家治理视野下的人民法庭（1949—2014）［J］.政法学刊，2015（2）：18-29.

［54］周佑勇.推进国家治理现代化的法治逻辑［J］.法商研究，2020（4）：3-17.

[55] 郑智航.乡村司法与国家治理——以乡村微观权力的整合为线索[J].法学研究,2016(1):73-87.

[56] 赵志.人民法庭参与社会治理创新的范例分析——现实与制度构建[J].法律适用(司法案例),2018(2):70-75.

[57] 王斌通.马锡五式人民法庭:人民法庭参与社会治理实证研究[J].山东法官培训学院学报,2021(6):98-106.

[58] 高其才.通过司法健全乡村治理体系[J].贵州大学学报(社会科学版),2019(3):38-43.

[59] 毛煌焕,罗小平.人民法庭审执关系:从分立到协调——以基层社会治理优化切入[J].法治研究,2014(12):100-107.

[60] 牟军,张青.社会学视野中的乡村司法运作逻辑——以鄂西南锦镇人民法庭为中心的分析[J].思想战线,2012(4):131-132.

[61] 刘晓涌.乡村人民法庭研究[D].武汉:武汉大学,2011.

[62] 姜园.能动司法的理论基础与实践路径[D].大连:辽宁师范大学,2014.

[63] 田培杰.协同治理:理论研究框架与分析模型[D].上海:上海交通大学,2013.

[64] 时蔓利.人民法庭功能定位再审视[D].重庆:西南政法大学,2018.

[65] 李明月.传统与现代:蒙东人民法庭的日常实践[D].燕山:燕山大学,2018.

[66] 龙翔.基层人民法庭职能研究——以贵州省铜仁市人民法庭为样本[D].重庆:西南政法大学,2015.

[67] 杨阳.人民法庭功能价值实证研究[D].成都:四川省社会科学院,2019.

[68] 戴鸿峰.我国人民法庭司法运作方式存在的问题与完善[D].苏州:苏州大学,2010.

[69] 郭欣侨.多元解纠下的诉调对接工作机制研究[D].沈阳:沈阳师范大学,2021.

[70] 薛永毅.“诉源治理”的三维解读[N].人民法院报,2019-08-01(02).

[71] 钟明亮.法院在诉源治理中的角色定位及完善[N].人民法院报,2020-01-01(08).

[72] 郭彦.内外并举全面深入推进诉源治理[N].法制日报,2013-01-14(07).

[73] 中共中央关于坚持和完善中国特色社会主义制度、推进国家治理体系和治理能力现代化若干重大问题的决定[N].人民日报,2019-11-06(02).

[74] 中共中央关于党的百年奋斗重大成就和历史经验的决议[N].人民日报,2021-11-17(02).

[75] 姚建宗.乡村社会的司法治理[N].人民法院报,2012-01-12(05).

后 记

本书是对人民法庭嵌入基层治理研究的一些思考和心得。本书按照"两个层面、十大板块"的结构思路来展开。两个层面：从理论和实践两个层面剖析人民法庭嵌入基层治理。十大板块：人民法庭职能定位；人民法庭运作及运行模式优化；诉源治理；诉调对接；繁简分流；一站式（多元化纠纷解决、审执）；智慧法庭；指导人民调解；巡回审判制度；助力乡村治理。

本书由张邦铺（西华大学法学教授）总体策划、编写大纲、统稿。具体写作分工如下：张邦铺撰写前言、第一章、第二章、第三章、第六章、后记；张邦铺、陈佳冰（西华大学法律硕士研究生）合写第五章；张邦铺、张楷莉（西华大学法律硕士研究生）合写第七章；西华大学法律硕士研究生高薇净、黄静、余沛谚、邓盛文、祝悦、唐昕、邱若岚分别撰写第四章、第八章、第九章、第十章、第十一章、第十二章、第十三章。

本书能得以顺利完成，要感谢给予我关心、支持和帮助的单位、领导、老师和亲人朋友。感谢我工作的单位西华大学和所在的法学与社会学学院（知识产权学院），没有单位领导和老师的支持，本书难以顺利完成。感谢知识产权出版社及编辑为本书的出版付出的辛勤劳动。

由于时间和水平有限，收集的资料不够完整，最终成果与预期的设想有一定的差距，不足之处有待今后进一步研究。书中的不完善之处在所难免，敬请各界人士批评指正！我定会虚心接受，继续学习，在科研探索的道路上继续前进。

张邦铺

2023年1月于成都